प्रतिनिधि कहानियाँ

भगवतीचरण वर्मा

प्रतिनिधि कहानियाँ

भगवतीचरण वर्मा

राजकमल प्रकाशन

ISBN : 978-81-267-0333-3

मूल्य : ₹395

पहला संस्करण : 1988
छठा संस्करण : 2023

प्रकाशक : राजकमल प्रकाशन प्रा.लि.
1-बी, नेताजी सुभाष मार्ग, दरियागंज
नई दिल्ली-110 002
शाखाएँ : अशोक राजपथ, साइंस कॉलेज के सामने, पटना-800 006
पहली मंजिल, दरबारी बिल्डिंग, महात्मा गांधी मार्ग, प्रयागराज-211 001
वेबसाइट : www.rajkamalprakashan.com
ई-मेल : info@rajkamalprakashan.com

मुद्रक : बी.के. ऑफसेट
नवीन शाहदरा, दिल्ली-110 032

PRATINIDHI KAHANIYAN
Representative Stories of Bhagwati Charan Verma

क्रम

प्रायश्चित्त

अगर कबरी बिल्ली घर भर में किसी से प्रेम करती थी, तो रामू की बहू से, और अगर रामू की बहू घर भर में किसी से घृणा करती थी, तो कबरी बिल्ली से। रामू की बहू, दो महीने हुए मायके से प्रथम बार ससुराल आई थी, पति की प्यारी और सास की दुलारी, चौदह वर्ष की बालिका। भंडार-घर की चाभी उसकी करधनी में लटकने लगी, नौकरों पर उसका हुक्म चलने लगा, और रामू की बहू घर में सबकुछ। सास जी ने माला ली और पूजा-पाठ में मन लगाया।

लेकिन ठहरी चौदह वर्ष की बालिका, कभी भंडार-घर खुला है, तो कभी भंडार-घर में बैठे-बैठे सो गई। कबरी बिल्ली को मौका मिला, घी-दूध पर अब वह जुट गई। रामू की बहू की जान आफत में और कबरी बिल्ली के छक्के-पंजे। रामू की बहू हाँडी में घी रखते-रखते ऊँघ गई और बचा हुआ घी कबरी के पेट में। रामू की बहू दूध ढँककर मिसरानी को जिन्स देने गई और दूध नदारद। अगर बात यह यहीं तक रह जाती, तो भी बुरा न था, कबरी रामू की बहू से कुछ ऐसा परच गई थी कि रामू की बहू के लिए खाना-पीना दुश्वार। रामू की बहू के कमरे में रबड़ी से भरी कटोरी पहुँची और रामू जब आए तब कटोरी साफ चटी हुई। बाजार से बालाई आई और जब तक रामू की बहू ने पान लगाया बालाई गायब।

रामू की बहू ने तै कर लिया कि या तो वही घर में रहेगी या फिर कबरी बिल्ली ही। मोरचाबंदी हो गई, और दोनों सतर्क। बिल्ली फँसाने का कठघरा आया, उसमें दूध, मलाई, चूहे और भी बिल्ली को स्वादिष्ट लगनेवाले विविध प्रकार के व्यंजन रखे गए, लेकिन बिल्ली ने उधर निगाह तक न डाली। इधर कबरी ने सरगर्मी दिखलाई। अभी तक तो वह रामू की बहू से डरती थी; पर अब वह साथ लग गई, लेकिन इतने फासिले पर कि रामू की बहू उस पर हाथ न लगा सके।

कबरी के हौसले बढ़ जाने से रामू की बहू को घर में रहना मुश्किल हो गया। उसे मिलती थीं सास की मीठी झिड़कियाँ, और पतिदेव को मिलता था रूखा-सूखा भोजन।

एक दिन रामू की बहू ने रामू के लिए खीर बनाई। पिस्ता, बादाम, मखाने और तरह-तरह के मेवे दूध में औटाए गए, सोने का वर्क चिपकाया गया और खीर से भरकर कटोरा कमरे के एक ऐसे ऊँचे ताक पर रखा गया, जहाँ बिल्ली न पहुँच सके। रामू की बहू इसके बाद पान लगाने में लग गई।

उधर बिल्ली कमरे में आई, ताक के नीचे खड़े होकर उसने ऊपर कटोरे की ओर देखा, सूँघा, माल अच्छा है, ताक की ऊँचाई अंदाजी और रामू की बहू पान लगा रही है। पान लगाकर रामू की बहू सास जी को पान देने चली गई और कबरी ने छलाँग मारी, पंजा कटोरे में लगा और कटोरा झनझनाहट की आवाज के साथ फर्श पर।

आवाज रामू की बहू के कान में पहुँची, सास के सामने पान फेंककर वह दौड़ी, क्या देखती है कि फूल का कटोरा टुकड़े-टुकड़े, खीर फर्श पर और बिल्ली डटकर खीर उड़ा रही है। रामू की बहू को देखते ही कबरी चंपत।

रामू की बहू पर खून सवार हो गया, न रहे बाँस न बजे बाँसुरी, रामू की बहू ने कबरी की हत्या पर कमर कस ली। रातभर उसे नींद न आई, किस दाँव से कबरी पर वार किया जाए कि फिर जिंदा न बचे, यही पड़े-पड़े सोचती रही। सुबह हुई और वह देखती है कि कबरी देहरी पर बैठी बड़े प्रेम से उसे देख रही है।

रामू की बहू ने कुछ सोचा, इसके बाद मुस्कराती हुई वह उठी, कबरी रामू की बहू के उठते ही खिसक गई। रामू की बहू एक कटोरा दूध कमरे के दरवाजे की देहरी पर रखकर चली गई। हाथ में पाटा लेकर वह लौटी तो देखती है कि कबरी दूध पर जुटी हुई है। मौका हाथ में आ गया, सारा बल लगाकर पाटा उसने बिल्ली पर पटक दिया। कबरी न हिली न डुली, न चीखी न चिल्लाई, बस एकदम उलट गई।

आवाज जो हुई तो महरी झाड़ू छोड़कर, मिसरानी रसोई छोड़कर और सास पूजा छोड़कर घटनास्थल पर उपस्थित हो गईं। रामू की बहू सिर झुकाए हुए अपराधिनी की भाँति बातें सुन रही है।

महरी बोली—"अरे राम! बिल्ली तो मर गई, माँ जी, बिल्ली की हत्या बहू से हो गई, यह तो बुरा हुआ।"

मिसरानी बोली—"माँ जी, बिल्ली की हत्या और आदमी की हत्या बराबर

है, हम तो रसोई न बनावेंगी, जब तक बहू के सिर हत्या रहेगी ।"

सास जी बोलीं—"हाँ ठीक तो कहती हो, अब जब तक बहू के सिर से हत्या न उतर जाए, तब तक न कोई पानी पी सकता है न खाना खा सकता है । बहू, यह क्या कर डाला ?"

महरी ने कहा—"फिर क्या हो, कहो तो पंडित जी को बुलाए लाएँ ।"

सास की जान-में-जान आई—"अरे हाँ, जल्दी दौड़ के पंडित जी को बुला ला ।"

बिल्ली की हत्या की खबर बिजली की तरह पड़ोस में फैल गई—पड़ोस की औरतों का रामू के घर में ताँता बँध गया । चारों तरफ से प्रश्नों की बौछार और रामू की बहू सिर झुकाए बैठी ।

पंडित परमसुख को जब यह खबर मिली, उस समय वे पूजा कर रहे थे । खबर पाते ही वे उठ पड़े—पंडिताइन से मुस्कराते हुए बोले—"भोजन न बनाना, लाला घासीराम की पतोहू ने बिल्ली मार डाली, प्रायश्चित्त होगा, पकवानों पर हाथ लगेगा ।"

पंडित परमसुख चौबे छोटे-से मोटे-से आदमी थे । लंबाई चार फीट दस इंच, और तोंद का घेरा अट्ठावन इंज । चेहरा गोल-मटोल, मूँछ बड़ी-बड़ी, रंग गोरा, चोटी कमर तक पहुँचती हुई ।

कहा जाता है कि मथुरा में जब पंसेरी खुराकवाले पंडितों को ढूँढ़ा जाता था, तो पंडित परमसुख जी को उस लिस्ट में प्रथम स्थान दिया जाता था ।

पंडित परमसुख पहुँचे, और कोरम पूरा हुआ । पंचायत बैठी—सास जी, मिसरानी, किसनू की माँ, छन्नू की दादी और पंडित परमसुख ! बाकी स्त्रियाँ बहू से सहानुभूति प्रकट कर रही थीं ।

किसनू की माँ ने कहा—"पंडित जी, बिल्ली की हत्या करने से कौन नरक मिलता है ?"

पंडित परमसुख ने पत्रा देखते हुए कहा, "बिल्ली की हत्या अकेले से तो नरक का नाम नहीं बतलाया जा सकता, वह महूरत जब मालूम हो, जब बिल्ली की हत्या हुई, तब नरक का पता लग सकता है ।"

"यही कोई सात बजे सुबह"—मिसरानी जी ने कहा ।

पंडित परमसुख ने पत्रे के पन्ने उलटे, अक्षरों पर उँगलियाँ चलाईं, मत्थे पर हाथ लगाया और कुछ सोचा । चेहरे पर धुँधलापन आया, माथे पर बल पड़े, नाक कुछ सिकुड़ी और स्वर गंभीर हो गया—"हरे कृष्ण ! हरे कृष्ण ! बड़ा बुरा हुआ, प्रातःकाल ब्राह्म-मूहूर्त में बिल्ली की हत्या ! घोर कुंभीपाक नरक का

विधान है ! रामू की माँ, यह तो बड़ा बुरा हुआ ।

रामू की माँ की आँखों में आँसू आ गए—"तो फिर पंडित जी, अब क्या होगा, आप ही बतलाएँ !"

पंडित परमसुख मुस्कराए—"रामू की माँ, चिंता की कौन-सी बात है, हम पुरोहित फिर कौन दिन के लिए हैं ? शास्त्रों में प्रायश्चित्त का विधान है, सो प्रायश्चित्त से सबकुछ ठीक हो जाएगा ।"

रामू की माँ ने कहा—"पंडित जी, उसी लिए तो आपको बुलवाया था, अब आगे बतलाओ कि क्या किया जाए !"

"किया क्या जाए, यही एक सोने की बिल्ली बनवाकर बहू से दान करवा दी जाए । जब तक बिल्ली न दे दी जाएगी, तब तक तो घर अपवित्र रहेगा । बिल्ली दान देने के बाद इक्कीस दिन का पाठ हो जाए ।"

छन्नू की दादी—"हाँ और क्या, पंडित जी ठीक तो कहते हैं, बिल्ली अभी दान दे दी जाए और पाठ फिर हो जाए ।"

रामू की माँ ने कहा—"तो पंडित जी, कितने तोले की बिल्ली बनवाई जाए ?"

पंडित परमसुख मुस्कराए, अपनी तोंद पर हाथ फेरते हुए उन्होंने कहा—"बिल्ली कितने तोले की बनवाई जाए ? अरे रामू की माँ, शास्त्रों में तो लिखा है कि बिल्ली के वजन-भर सोने की बिल्ली बनवाई जाए; लेकिन अब कलियुग आ गया है, धर्म-कर्म का नाश हो गया है, श्रद्धा नहीं रही । सो रामू की माँ, बिल्ली के तौलभर की बिल्ली तो क्या बनेगी, क्योंकि बिल्ली बीस-इक्कीस सेर से कम की क्या होगी । हाँ, कम-से-कम इक्कीस तोले की बिल्ली बनवा के दान करवा दो, और आगे तो अपनी-अपनी श्रद्धा !"

रामू की माँ ने आँखें फाड़कर पंडित परमसुख को देखा—"अरे बाप रे, इक्कीस तोला सोना ! पंडित जी यह तो बहुत है, तोलाभर की बिल्ली से काम न निकलेगा ?"

पंडित परमसुख हँस पड़े—"रामू की माँ ! एक तोला सोने की बिल्ली ! अरे रुपया का लोभ बहू से बढ़ गया ? बहू के सिर बड़ा पाप है, इसमें इतना लोभ ठीक नहीं !"

मोल-तोल शुरू हुआ और मामला ग्यारह तोले की बिल्ली पर ठीक हो गया । इसके बाद पूजा-पाठ की बात आई । पंडित परमसुख ने कहा—"उसमें क्या मुश्किल है, हम लोग किस दिन के लिए हैं, रामू की माँ, मैं पाठ कर दिया करूँगा, पूजा की सामग्री आप हमारे घर भिजवा देना ।"

''पूजा का सामान कितना लगेगा ?''

''अरे, कम-से-कम सामान में हम पूजा कर देंगे, दान के लिए करीब दस मन गेहूँ, एक मन चावल, एक मन दाल, मन-भर तिल, पाँच मन जौ और पाँच मन चना, चार पंसेरी घी, और मन-भर नमक भी लगेगा। बस, इतने से काम चल जाएगा।''

''अरे बाप रे, इतना सामान! पंडित जी इसमें तो सौ-डेढ़ सौ रुपया खर्च हो जाएगा''—रामू की माँ ने रुआँसी होकर कहा।

''फिर इससे कम में तो काम न चलेगा। बिल्ली की हत्या कितना बड़ा पाप है, रामू की माँ! खर्च को देखते वक्त पहले बहू के पाप को तो देख लो! यह तो प्रायश्चित्त है, कोई हँसी-खेल थोड़े ही है—और जैसी जिसकी मरजादा! प्रायश्चित्त में उसे वैसा खर्च भी करना पड़ता है। आप लोग कोई ऐसे-वैसे थोड़े हैं, अरे सौ-डेढ़ सौ रुपया आप लोगों के हाथ का मैल है।''

पंडित परमसुख की बात से पंच प्रभावित हुए, किसनू की माँ ने कहा—''पंडित जी ठीक तो कहते हैं, बिल्ली की हत्या कोई ऐसा-वैसा पाप तो है नहीं—बड़े पाप के लिए बड़ा खर्च भी चाहिए।''

छन्नू की दादी ने कहा—''और नहीं तो क्या, दान-पुन्न से ही पाप कटते हैं—दान-पुन्न में किफायत ठीक नहीं।''

मिसरानी ने कहा—''और फिर माँ जी आप लोग बड़े आदमी ठहरे। इतना खर्च कौन आप लोगों को अखरेगा।''

रामू की माँ ने अपने चारों ओर देखा—सभी पंच पंडित जी के साथ। पंडित परमसुख मुसकरा रहे थे। उन्होंने कहा—''रामू की माँ! एक तरफ तो बहू के लिए कुंभीपाक नरक है और दूसरी तरफ तुम्हारे जिम्मे थोड़ा-सा खर्चा है। सो उससे मुँह न मोड़ो।''

एक ठंडी साँस लेते हुए रामू की माँ ने कहा—''अब तो जो नाच नचाओगे नाचना ही पड़ेगा।''

पंडित परमसुख ज़रा कुछ बिगड़कर बोले—''रामू की माँ! यह तो खुशी की बात है—अगर तुम्हें यह अखरता है तो न करो, मैं चला''—इतना कहकर पंडित जी ने पोथी-पत्रा बटोरा।

''अरे पंडित जी—रामू की माँ को कुछ नहीं अखरता—बेचारी को कितना दुख है—बिगड़ो न!'' मिसरानी, छन्नू की दादी और किसनू की माँ ने एक स्वर में कहा।

रामू की माँ ने पंडित जी के पैर पकड़े—और पंडित जी ने अब जमकर आसन

जमाया।

"और क्या हो ?"

"इक्कीस दिन के पाठ के इक्कीस रुपए और इक्कीस दिन तक दोनों बखत पाँच-पाँच ब्राह्मणों को भोजन करवाना पड़ेगा।" कुछ रुककर पंडित परमसुख ने कहा—"सो इसकी चिंता न करो, मैं अकेले दोनों समय भोजन कर लूँगा और मेरे अकेले भोजन करने से पाँच ब्राह्मण के भोजन का फल मिल जाएगा।"

"यह तो पंडित जी ठीक कहते हैं, पंडित जी की तोंद तो देखो!" मिसरानी ने मुसकराते हुए पंडित जी पर व्यंग किया।

"अच्छा तो फिर प्रायश्चित्त का प्रबंध करवाओ रामू की माँ, ग्यारह तोला सोना निकालो, मैं उसकी बिल्ली बनवा लाऊँ—दो घंटे में मैं बनवाकर लौटूँगा, तब तक सब पूजा का प्रबंध कर रखो—और देखो पूजा के लिए..."

पंडित जी की बात खतम भी न हुई थी कि महरी हाँफती हुई कमरे में घुस आई और सब लोग चौंक उठे। रामू की माँ ने घबड़ाकर कहा—"अरी क्या हुआ री ?"

महरी ने लड़खड़ाते स्वर में कहा—"माँ जी, बिल्ली तो उठकर भाग गई!"

दो बाँके

शायद ही कोई ऐसा अभागा हो जिसने लखनऊ का नाम न सुना हो; और युक्तप्रांत में ही नहीं, बल्कि सारे हिंदुस्तान में, और मैं तो यहाँ तक कहने को तैयार हूँ कि सारी दुनिया में लखनऊ की शोहरत है। लखनऊ के सफेदा आम, लखनऊ के खरबूजे, लखनऊ की रेवड़ियाँ; ये सब ऐसी चीजें हैं जिन्हें लखनऊ से लौटते समय लोग सौगात की तौर पर साथ ले जाया करते हैं, लेकिन कुछ ऐसी भी चीजें हैं जो साथ नहीं ले जाई जा सकतीं, और उनमें लखनऊ की जिंदादिली और लखनऊ की नफासत विशेष रूप से आती हैं।

ये तो वे चीजें हैं, जिन्हें देशी और परदेशी सभी जान सकते हैं, पर कुछ ऐसी

भी चीजें हैं जिन्हें कुछ लखनऊवाले तक नहीं जानते, और अगर परदेसियों को इतना पता लग जाए, तो समझिए कि उन परदेसियों के भाग खुल गए। इन्हीं विशेष चीजों में आते हैं लखनऊ के 'बाँके'।

'बाँके' शब्द हिंदी का है या उर्दू का, यह विवादग्रस्त विषय हो सकता है, और हिंदीवालों का कहना है—इन हिंदीवालों में मैं भी हूँ—कि यह शब्द संस्कृत के 'बंकिम' शब्द से निकला है; पर यह मानना पड़ेगा कि जहाँ 'बंकिम' शब्द में कुछ गंभीरता है, कभी-कभी कुछ तीखापन झलकने लगता है, वहाँ 'बाँके' शब्द में एक अजीब बाँकापन है। अगर जवान बाँका-तिरछा न हुआ, तो आप निश्चय समझ लें कि उसकी जवानी की कोई सार्थकता नहीं। अगर चितवन बाँकी नहीं, तो आँख का फोड़ लेना अच्छा है; बाँकी अदा और बाँकी झाँकी के बिना जिंदगी सूनी हो जाए। मेरे खयाल से अगर दुनिया से बाँका शब्द उठ जाए, तो कुछ दिलजले लोग खुदकुशी करने पर आमादा हो जाएँगे। और इसीलिए मैं तो यहाँ तक कहूँगा कि लखनऊ बाँका शहर है, और इस बाँके शहर में कुछ बाँके रहते हैं, जिनमें गजब का बाँकपन है। यहाँ पर आप लोग शायद झल्लाकर यह पूछेंगे—'म्याँ, यह 'बाँके' है क्या बला ? कहते क्यों नहीं ?' और मैं उत्तर दूँगा कि आपमें सब्र नहीं; अगर इन बाँकों की एक बाँकी भूमिका नहीं हुई, तो फिर कहानी किस तरह बाँकी हो सकती है !

हाँ, तो लखनऊ शहर में रईस हैं। तवायफें हैं और इन दोनों के साथ शोहदे भी हैं। बकौल लखनऊवालों के, ये शोहदे ऐसे-वैसे नहीं हैं। ये लखनऊ की नाक हैं। लखनऊ की सारी बहादुरी के ये ठेकेदार हैं और ये जान ले लेने तथा जान दे देने पर आमादा रहते हैं। अगर लखनऊ से ये शोहदे हटा दिए जाएँ, तो लोगों का यह कहना 'अजी, लखनऊ तो जनानों का शहर है।' सोलह आने सच्चा उतर जाए।

जनाब, इन शोहदों के सरगनों को लखनऊवाले 'बाँके' कहते हैं। शाम के वक्त तहमत पहने हुए और कसरती बदन पर जालीदार बनियाइन पहनकर उसके ऊपर बूटेदार चिकन का कुरता डाटे हुए जब ये निकलते हैं, तब लोग-बाग बड़ी हसरत की निगाहों से उन्हें देखते हैं। उस वक्त इनके पट्टेदार बालों में करीब आध पाव चमेली का तेल पड़ा रहता है; कान में इत्र की अनगिनत फुरहरियाँ खुंसी रहती हैं और एक बेले का गजरा गले में तथा एक हाथ की कलाई पर रहता है। फिर ये अकेले भी नहीं निकलते, इनके साथ शागिर्द-शोहदों का जलूस रहता है, एक-से-एक बोलियाँ बोलते हुए, फबतियाँ कसते हुए और शेखियाँ हाँकते हुए। उन्हें देखने के लिए एक हजूम उमड़ पड़ता है।

तो उस दिन मुझे अमीनाबाद से नख्खास जाना था। पास में पैसे कम थे; इसलिए जब एक नवाब साहब ने आवाज दी, 'नख्खास' तो मैं उचककर उनके इक्के पर बैठ गया। यहाँ यह बतला देना बेजा न होगा कि लखनऊ के इक्केवालों में तीन-चौथाई शाही खानदान के हैं, और यही उनकी बदकिस्मती है कि उनका वसीका बंद या कम कर दिया गया, और इन्हें इक्का हाँकना पड़ रहा है।

इक्का नख्खास की तरफ चला और मैंने मियाँ इक्केवाले से कहा–"कहिए नवाब साहब! खाने-पीने भर को तो पैदा कर लेते हैं?"

इस सवाल का पूछा जाना था कि नवाब साहब के उद्गारों के बाँध का टूट पड़ना था। बड़े करुण स्वर में बोले– "क्या बतलाऊँ हुजूर, अपनी क्या हालत है, कह नहीं सकता! खुदा जो कुछ दिखलाएगा, देखूँगा! एक दिन थे जब हम लोगों के बुजुर्ग हुकूमत करते थे। ऐशो-आराम की जिंदगी बसर करते थे; लेकिन आज हमें–उन्हीं की औलाद को–भूखों मरने की नौबत आ गई। और हुजूर, अब पेशे में कुछ रह नहीं गया। पहले तो ताँगे चले, जी को समझाया-बुझाया, म्याँ, अपनी-अपनी किस्मत! मैं भी ताँगा ले लूँगा, यह तो वक्त की बात है, मुझे भी फायदा होगा; लेकिन क्या बतलाऊँ हुजूर, हालत दिनों-दिन बिगड़ती ही गई। अब देखिए, मोटरों-पर-मोटरें चल रही हैं। भला बतलाइए हुजूर, जो सुख इक्के की सवारी में है, वह भला ताँगें या मोटर में मिलने का? ताँगे में पलथी मारकर आराम से बैठ नहीं सकते। जाते उत्तर की तरफ हैं, मुँह दक्खिन की तरफ रहता है। अजी साहब, हिंदुओं में पुरदा उलटे सिर ले जाया जाता है, लेकिन ताँगे में लोग जिंदा ही उलटे सिर चलते हैं। और ज़रा गौर फरमाइए! ये मोटरें शैतान की तरह चलती हैं, वह बला की धूल उड़ाती हैं कि इंसान अंधा हो जाए। मैं तो कहता हूँ कि बिना जानवर के आप चलनेवाली सवारी से दूर ही रहना चाहिए, उसमें शैतान का फेर है।

इक्केवाले नवाब और न जाने क्या-क्या कहते, अगर वे 'या अली!' के नारे से चौंक न उठते।

सामने क्या देखते हैं कि एक आलम उमड़ा पड़ रहा है। इक्का रकाबगंज के पुल के पास पहुँचकर रुक गया।

एक अजीब समाँ था। रकाबगंज के पुल के दोनों तरफ करीब पंद्रह हजार की भीड़ थी; लेकिन पुल पर एक आदमी नहीं। पुल के एक किनारे करीब पच्चीस शोहदे लाठी लिए हुए खड़े थे, और दूसरे किनारे भी उतने ही। एक खास बात और थी कि पुल के एक सिरे पर सड़क के बीचोबीच एक चारपाई

रखी थी, और दूसरे सिरे पर भी सड़क के बीचोबीच दूसरी। बीच-बीच में रुक-रुककर दोनों ओर से 'या अली !' के नारे लगते थे।

मैंने इक्केवाले से पूछा—"क्यों म्याँ क्या मामला है ?"

म्याँ इक्केवाले ने एक तमाशाई से पूछकर बतलाया—"हुजूर, आज दो बाँकों में लड़ाई होनेवाली है, उसी लड़ाई को देखने के लिए यह भीड़ इकट्ठी है।"

मैंने फिर पूछा—"यह क्यों ?"

म्याँ इक्केवाले ने जवाब दिया—"हुजूर, पुल के इस पार के शोहदों का सरगना एक बाँका है और उस पार के शोहदों का सरगना दूसरा बाँका। कल इस पार के एक शोहदे से पुल के उस पार के दूसरे शोहदे का कुछ झगड़ा हो गया और उस झगड़े में कुछ मारपीट हो गई। इस फिसाद पर दोनों बाँकों में कुछ कहा-सुनी हुई और उस कहा-सुनी में ही मैदान बद दिया गया।"

चुप होकर मैं इधर देखने लगा। एकाएक मैंने पूछा—"लेकिन ये चारपाइयाँ क्यों आई हैं ?"

"अरे हुजूर ! इन बाँकों की लड़ाई कोई ऐसी-वैसी थोड़ी होगी; इसमें खून बहेगा और लड़ाई तब तक खत्म न होगी, जब तक एक बाँका खत्म न हो जाए। आज तो एक-आध लाश गिरेगी। ये चारपाइयाँ उन बाँकों की लाश उठाने आई हैं। दोनों बाँके अपने बीवी-बच्चों से रुखसत लेकर और कर्बला के लिए तैयार होकर आवेंगे।"

इसी समय दोनों ओर से 'या अली !' की एक बहुत बुलंद आवाज उठी। मैंने देखा कि पुल के दोनों तरफ हाथ में लाठी लिए हुए दोनों बाँके आ गए। तमाशाइयों में एक सकता-सा छा गया; सब लोग चुप हो गए।

पुल के इस पारवाले बाँके ने कड़ककर दूसरे पारवाले बाँके से कहा—"उस्ताद !"

और दूसरे पारवाले बाँके ने कड़ककर उत्तर दिया—"उस्ताद !"

पुल के इस पारवाले बाँके ने कहा—"उस्ताद, आज खून हो जाएगा, खून !"

पुल के उस पारवाले बाँके ने कहा—"उस्ताद, आज लाशें गिर जाएँगी, लाशें !"

पुल के उस पारवाले बाँके ने कहा—"उस्ताद, आज कहर हो जाएगा, कहर !"

पुल के उस पारवाले बाँके ने कहा—"उस्ताद, आज कयामत बरपा हो जाएगी, कयामत !"

चारों ओर एक गहरा सन्नाटा फैला था। लोगों के दिल धड़क रहे थे, भीड़ बढ़ती ही जा रही थी।

पुल के इस पारवाले बाँके ने लाठी का एक हाथ घुभाकर एक कदम बढ़ते हुए कहा—"तो फिर उस्ताद होशियार!"

पुल के इस पारवाले बाँके के शागिर्दों ने गगन-भेदी स्वर में नारा लगाया—"या अली!"

पुल के उस पारवाले बाँके ने भी लाठी का एक हाथ घुमाकर एक कदम बढ़ते हुए कहा, "तो फिर उस्ताद सम्हलना!"

पुल के उस पारवाले बाँके के शागिर्दों ने गगन-भेदी स्वर में नारा लगाया—"या अली!"

दोनों तरफ से दोनों बाँके, कदम-ब-कदम लाठी के हाथ दिखलाते हुए तथा एक-दूसरे को ललकारते आगे बढ़ रहे थे, दोनों तरफ के बाँकों के शागिर्द हर कदम पर "या अली!" के नारे लगा रहे थे, और दोनों तरफ के तमाशाइयों के हृदय उत्सुकता, कौतूहल तथा इन बाँकों की वीरता के प्रदर्शन के कारण धड़क रहे थे।

पुल के बीचोबीच, एक-दूसरे से दो कदम की दूरी पर दोनों बाँके रुके। दोनों ने एक-दूसरे को थोड़ी देर गौर से देखा। फिर दोनों बाँकों की लाठियाँ उठीं, और दाहिने हाथ से बाएँ हाथ में चली गईं।

इस पारवाले बाँके ने कहा—"फिर उस्ताद!"

उस पारवाले बाँके ने कहा—"फिर उस्ताद!"

इस पारवाले बाँके ने अपना हाथ बढ़ाया, और उस पारवाले बाँके ने अपना हाथ बढ़ाया। और दोनों के पंजे गुँथ गए।

दोनों बाँकों के शागिर्दों ने नारा लगाया—"या अली!"

फिर क्या था! दोनों बाँके जोर लगा रहे हैं; पंजा टस-से-मस नहीं हो रहा है। दस मिनट तक तमाशबीन सकते की हालत में खड़े रहे।

इतने में इस पारवाले बाँके ने कहा—"उस्ताद, गजब के कस हैं!"

उस पारवाले बाँके ने कहा—"उस्ताद, बला का जोर है!"

इस पारवाले बाँके ने कहा—"उस्ताद, अभी तक मैंने समझा था कि मेरे मुकाबिले का लखनऊ में कोई दूसरा नहीं है।"

उस पारवाले बाँके ने कहा—"उस्ताद, आज कहीं जाकर मुझे अपनी जोड़ का जवाँ मर्द मिला!"

इस पारवाले बाँके ने कहा—"उस्ताद, तबीयत नहीं होती कि तुम्हारे-जैसे बहादुर आदमी का खून करूँ!"

उस पारवाले बाँके ने कहा—"उस्ताद, तबीयत नहीं होती कि तुम्हारे-जैसे शेरदिल आदमी की लाश गिराऊँ!"

थोड़ी देर के लिए दोनों मौन हो गए; पंजा गुँथा हुआ, टस-से-मस नहीं हो रहा है।

इस पारवाले बाँके ने कहा—"उस्ताद, झगड़ा किस बात का है?"

उस पारवाले बाँके ने कहा—"उस्ताद, यही सवाल मेरे सामने है!"

इस पारवाले बाँके ने कहा—"उस्ताद, पुल के इस तरफ के हिस्से का मालिक मैं!"

उस पारवाले बाँके ने कहा—"उस्ताद, पुल के इस तरफ के हिस्से का मालिक मैं!"

और दोनों ने एक साथ कहा—"पुल की दूसरी तरफ से न हमें कोई मतलब है और न हमारे शागिर्दों को!"

दोनों के हाथ ढीले पड़े, दोनों ने एक-दूसरे को सलाम किया और फिर दोनों घूम पड़े। छाती फुलाए हुए दोनों बाँके अपने शागिर्दों से आ मिले। बिजली की तरह यह खबर फैल गई कि दोनों बाँके बराबर की जोड़ छूटे और उनमें सुलह हो गई।

इक्केवाले को पैसे देकर मैं वहाँ से पैदल ही लौट पड़ा क्योंकि देर हो जाने के कारण नख्खास जाना बेकार था।

इस पारवाला बाँका अपने शागिर्दों से घिरा हुआ चल रहा था। शागिर्द कह रहे थे—"उस्ताद, इस वक्त बड़ी समझदारी से काम लिया, वरना आज लाशें गिर जातीं।"—"उस्ताद हम सब-के-सब अपनी-अपनी जान दे देते!" "लेकिन उस्ताद, गजब के कस हैं!"

इतने में किसी ने बाँके से कहा—"मुला स्वाँग खूब भर्यो!"

बाँके ने देखा कि एक लंबा और तगड़ा देहाती, जिसके हाथ में एक भारी-सी लट्ठ है, सामने खड़ा मुस्करा रहा है।

उस वक्त बाँके खून का घूँट पीकर रह गए। उन्होंने सोचा—एक बाँका दूसरे बाँके से ही लड़ सकता है, देहातियों से उलझना उसे शोभा नहीं देता।

और शागिर्द भी खून का घूँट पीकर रह गए। उन्होंने सोचा—भला उस्ताद की मौजूदगी में उन्हें हाथ उठाने का कोई हक भी है?

मुगलों ने सल्तनत बख्श दी

हीरो जी को आप नहीं जानते, और यह दुर्भाग्य की बात है। इसका यह अर्थ नहीं कि केवल आपका दुर्भाग्य है, दुर्भाग्य हीरो जी का भी है। कारण, वह बड़ा सीधा-सादा है। यदि आपका हीरो जी से परिचय हो जाए, तो आप निश्चय समझ लें कि आपका संसार के एक बहुत बड़े विद्वान् से परिचय हो गया। हीरो जी को जाननेवालों में अधिकांश का मत है कि हीरो जी पहले जन्म में विक्रमादित्य के नव-रत्नों में एक अवश्य रहे होंगे और अपने किसी पाप के कारण उनका इस जन्म में हीरो जी की योनि प्राप्त हुई। अगर हीरो जी का आपसे परिचय हो जाए, तो आप यह समझ लीजिए कि उन्हें एक मनुष्य अधिक मिल गया, जो उन्हें अपने शौक से प्रसन्नतापूर्वक एक हिस्सा दे सके।

हीरो जी ने दुनिया देखी है। यहाँ यह जान लेना ठीक होगा कि हीरो जी की दुनिया मौज और मस्ती की ही बनी है। शराबियों के साथ बैठकर उन्होंने शराब पीने की बाजी लगाई है और हरदम जीते हैं। अफीम के आदी नहीं हैं; पर अगर मिल जाए तो इतनी खा लेते हैं, जितनी से एक खानदान का खानदान स्वर्ग की या नरक की यात्रा कर सके। भंग पीते हैं तब तक, जब तक उनका पेट न भर जाए। चरस और गाँजे के लोभ में साधु बनते-बनते बच गए। एक बार एक आदमी ने उन्हें संखिया खिला दी थी, इस आशा से कि संसार एक पापी के भार से मुक्त हो जाए; पर दूसरे ही दिन हीरो जी उसके यहाँ पहुँचे। हँसते हुए उन्होंने कहा—यार, कल का नशा नशा था। रामदुहाई, अगर आज भी वह नशा करवा देते, तो तुम्हें आशीर्वाद देता। लेकिन उस आदमी के पास संखिया मौजूद न थी।

हीरो जी के दर्शन प्रायः चाय की दुकान पर हुआ करते हैं। जो पहुँचता है, वह हीरो जी को एक प्याला चाय का अवश्य पिलाता है। उस दिन जब हम लोग चाय पीने पहुँचे, तो हीरो जी एक कोने में आँखें बंद किए हुए बैठे कुछ सोच रहे थे। हम लोगों में बातें शुरू हो गईं, और हरिजन-आंदोलन से घूमते-फिरते बात आ पहुँची दानवराज बलि पर। पंडित गोवर्धन शास्त्री ने आमलेट का टुकड़ा मुँह में डालते हुए कहा—"भाई, यह तो कलियुग है। न किसी में दीन है न ईमान। कौड़ी-कौड़ी पर लोग बेईमानी करने लग गए हैं। अरे, अब तो लिखकर भी लोग मुकर जाते हैं। एक युग था, जब दानव तक अपने वचन

निभाते थे, सुरों और नरों की तो बात ही छोड़ दीजिए। दानवराज बलि ने वचनबद्ध होकर सारी पृथ्वी दान कर दी थी। पृथ्वी ही काहे को, स्वयं अपने को भी दान कर दिया था।''

हीरो जी चौंक उठे। खाँसकर उन्होंने कहा–''क्या बात है ? ज़रा फिर से तो कहना !''

सब लोग हीरो जी की ओर घूम पड़े। कोई नई बात सुनने को मिलेगी, इस आशा से मनोहर ने शास्त्री जी के शब्दों को दुहराने का कष्ट उठाया–''हीरो जी ! ये गोवर्धन शास्त्री जो हैं, सो कह रहे हैं कि कलियुग में धर्मकर्म सब लोप हो गया। त्रेता में तो दैत्यराज बलि तक ने अपना सबकुछ केवल वचनबद्ध होकर दान कर दिया था।''

हीरो जी हँस पड़े–''हाँ, तो यह गोवर्धन शास्त्री कहनेवाले हुए और तुम लोग सुननेवाले, ठीक ही है। लेकिन हमसे सुनो, यह तो कह रहे हैं त्रेता की बात, अरे, तब तो अकेले बलि ने ऐसा कर दिया था; लेकिन मैं कहता हूँ कलियुग की बात। कलियुग में तो एक आदमी की कही हुई बात को उसकी सात-आठ पीढ़ी तक निभाती गई और यद्यपि वह पीढ़ी स्वयं नष्ट हो गई, लेकिन उसने अपना वचन नहीं तोड़ा।''

हम लोग आश्चर्य में आ गए। हीरो जी की बात समझ में नहीं आई, पूछना पड़ा–''हीरो जी, कलियुग में किसने इस प्रकार अपने वचनों का पालन किया है ?''

''लौंडे हो न !'' हीरो जी ने मुँह बनाते हुए कहा–''जानते हो मुगलों की सल्तनत कैसे गई ?''

''हाँ ! अँगरेजों ने उनसे छीन ली।''

''तभी तो कहता हूँ कि तुम सब लोग लौंडे हो। स्कूली किताबों को रट-रटकर बन गए पढ़े-लिखे आदमी। अरे, मुगलों ने अपनी सल्तनत अँगरेजों को बख्श दी।''

हीरो जी ने यह कौन-सा नया इतिहास बनाया ? आँखें कुछ अधिक खुल गईं। कान खड़े हो गए। मैंने कहा–''सो कैसे ?''

''अच्छा तो फिर सुनो !''–हीरो जी ने आरंभ किया–''जानते हो शाहंशाह शाहजहाँ की लड़की शाहजादी रौशनआरा एक दफे बीमार पड़ी थी, और उसे एक अँगरेज डॉक्टर ने अच्छा किया था। उस डॉक्टर को शाहंशाह शाहजहाँ ने हिंदुस्तान में तिजारत करने के लिए कलकत्ते में कोठी बनाने की इजाजत दे दी थी।''

"हाँ, यह तो हम लोगों ने पढ़ा है।"

"लेकिन असल बात यह है कि शाहजादी रौशनआरा–वही शाहंशाह शाहजहाँ की लड़की–हाँ, वही शाहजादी रौशनआरा एक दफे जल गई। अधिक नहीं जली थी। अरे, हाथ में थोड़ा-सा जल गई थी, लेकिन जल तो गई थी और थी शाहजादी। बड़े-बड़े हकीम और वैद्य बुलाए गए। इलाज किया गया; लेकिन शाहजादी को कोई अच्छा न कर सका–न कर सका। और शाहजादी को भला अच्छा कौन कर सकता था? वह शाहजादी थी न! सब लोग लगाते थे लेप, और लेप लगाने से होती थी जलन। और तुरंत शाहजादी ने धुलवा डाला उस लेप को। भला शाहजादी को रोकनेवाला कौन था। अब शाहंशाह सलामत को फिक्र हुई! लेकिन शाहजादी अच्छी हो तो कैसे? वहाँ तो दवा असर करने ही न पाती थी।

"उन्हीं दिनों एक अँगरेज घूमता-घामता दिल्ली आया। दुनिया देखे हुए, घाट-घाट का पानी पिए हुए पूरा चालाक और मक्कार! उसको शाहजादी की बीमारी की खबर लग गई। नौकरों को घूस देकर उसने पूरा हाल दरियाफ्त किया। उसे मालूम हो गया कि शाहजादी जलन की वजह से दवा धुलवा डाला करती है। सीधे शाहंशाह सलामत के पास पहुँचा। कहा कि डॉक्टर हूँ। शाहजादी का इलाज उसने अपने हाथ में ले लिया। उसने शाहजादी के हाथ में एक दवा लगाई। उस दवा से जलन होना तो दूर रहा, उलटे जले हुए हाथ में ठंडक पहुँची। अब भला शाहजादी उस दवा को क्यों धुलवाती। हाथ अच्छा हो गया। जानते हो वह दवा क्या थी?" हम लोगों की ओर भेदभरी दृष्टि डालते हुए हीरो जी ने पूछा।

"भाई, हम दवा क्या जानें?" कृष्णानंद ने कहा।

"तभी तो कहते हैं कि इतना पढ़-लिखकर भी तुम्हें तमीज न आई। अरे वह दवा थी वेसलीन–वही वेसलीन, जिसका आज घर-घर में प्रचार है।"

"वेसलीन! लेकिन वेसलीन तो दवा नहीं होती।" मनोहर ने कहा।

हीरो जी सम्हलकर बैठ गए। फिर बोले–"कौन कहता है कि वेसलीन दवा होती है? अरे, उसने हाथ में लगा दी वेसलीन और घाव आप-ही-आप अच्छा हो गया। वह अँगरेज बन बैठा डॉक्टर–और उसका नाम हो गया। शाहंशाह शाहजहाँ बड़े प्रसन्न हुए। उन्होंने उस फिरंगी डॉक्टर से कहा–'माँगो।' उस फिरंगी ने कहा–'हुजूर, मैं इस दवा को हिंदुस्थान में रायज करना चाहता हूँ, इसलिए हुजूर, मुझ हिंदुस्थान में तिजारत करने की इजाजत दे दें।'–बादशाह सलामत ने जब यह सुना कि डॉक्टर हिंदुस्थान में इस दवा का प्रचार करना

चाहता है, तो बड़े प्रसन्न हुए। उन्होंने कहा—'मंजूर! और कुछ माँगो।' तब उस चालाक डॉक्टर ने जानते हो क्या माँगा? उसने कहा—'हुजूर मैं एक तंबू तानना चाहता हूँ, जिसके नीचे इस दवा के पीपे इकट्ठे किए जावेंगे। जहाँपनाह यह फरमा दें कि उस तंबू के नीचे जितनी जमीन आवेगी, वह जहाँपनाह ने फिरंगियों को बख्श दी।' शाहंशाह शाहजहाँ थे सीधे-सादे आदमी, उन्होंने सोचा, तंबू के नीचे भला कितनी जगह आवेगी। उन्होंने कह दिया—'मंजूर।'

"हाँ, तो शाहंशाह शाहजहाँ थे सीधे-सादे आदमी, छल-कपट उन्हें आता न था। और वह अँगरेज था दुनिया देखे हुए। सात समुद्र पार करके हिंदुस्थान आया था न! पहुँचा विलायत, वहाँ उसने बनवाया रबड़ का एक बहुत बड़ा तंबू और जहाज पर तंबू लदवाकर चल दिया हिंदुस्थान। कलकत्ते में उसने वह तंबू लगवा दिया। वह तंबू कितना ऊँचा था, इसका अंदाज आप नहीं लगा सकते। उस तंबू का रंग नीला था। तो जनाब वह तंबू लगा कलकत्ते में, और विलायत से पीपे-पर-पीपे लद-लदकर आने लगे। उन पीपों में वेसलीन की जगह भरा था एक-एक अँगरेज जवान, मय बंदूक और तलवार के। सब पीपे तंबू के नीचे रखवा दिए गए। जैसे-जैसे पीपे जमीन घेरने लगे, वैसे-वैसे तंबू को बढ़ा-बढ़ाकर जमीन घेर दी गए। तंबू तो रबड़ का था न, जितना बढ़ाया, बढ़ गया। अब जनाब तंबू पहुँचा पलासी। तुम लोगों ने पढ़ा होगा कि पलासी का युद्ध हुआ था। अरे सब झूठ है। असल में तंबू बढ़ते-बढ़ते पलासी पहुँचा था, और उस वक्त मुगल बादशाह का हरकारा दौड़ा था दिल्ली। बस यह कह दिया गया कि पलासी की लड़ाई हुई। जी हाँ, उस वक्त दिल्ली में शाहंशाह शाहजहाँ की तीसरी या चौथी पीढ़ी सल्तनत कर रही थी। हरकारा जब दिल्ली पहुँचा, उस वक्त बादशाह सलामत की सवारी निकल रही थी। हरकारा घबराया हुआ था। वह इन फिरंगियों की चालों से हैरान था। उसने मौका देखा न महल, वहीं सड़क पर खड़े होकर उसने चिल्लाकर कहा—'जहाँपनाह, गजब हो गया। ये बदतमीज फिरंगी अपना तंबू पलासी तक खींच लाए हैं, और चूँकि कलकत्ते से पलासी तक की जमीन तंबू के नीचे आ गई है, इसलिए इन फिरंगियों ने उस जमीन पर कब्जा कर लिया है। जो इनको मना किया तो इन बदतमीजों ने शाही फरमान दिखा दिया।' बादशाह सलामत की सवारी रुक गई थी। उन्हें बुरा लगा। उन्होंने हरकारे से कहा—'म्याँ हरकारे, मैं कर ही क्या सकता हूँ। जहाँ तक फिरंगियों का तंबू घिर जाए, वहाँ तक की जगह उनकी हो गई, हमारे बुजुर्ग यह कह गए हैं।' बेचारा हरकारा अपना-सा मुँह लेकर वापस आ गया।

"हरकारा लौटा, और इन फिरंगियों का तंबू बढ़ा। अभी तक तो आते थे

पीपों में आदमी, अब आने लगा तरह-तरह का सामान। हिंदुस्थान का व्यापार फिरंगियों ने अपने हाथ में ले लिया। तंबू बढ़ता ही रहा और पहुँच गया बक्सर। इधर तंबू बढ़ा और उधर लोगों की घबराहट बढ़ी। यह जो किताबों में लिखा है कि बक्सर की लड़ाई हुई, यह गलत है भाई, जब तंबू बक्सर पहुँचा, तो फिर हरकारा दौड़ा।

''अब ज़रा बादशाह सलामत की बात सुनिए। वह जनाब दीवान खास में तशरीफ रख रहे थे। उनके सामने सैकड़ों, बल्कि हजारों मुसाहब बैठे थे। बादशाह सलामत हुक्का गुड़गुड़ा रहे थे—सामने एक साहब जो शायद शायर थे, कुछ गा-गाकर पढ़ रहे थे और कुछ मुसाहब गला फाड़-फाड़कर 'वाह-वाह' चिल्ला रहे थे। कुछ लोग तीतर और बटेर लड़ा रहे थे। हरकारा जो पहुँचा तो यह सब बंद हो गया। बादशाह सलामत ने पूछा—'म्याँ हरकारे, क्या हुआ—इतने घबराए हुए क्यों हो ?' हाँफते हुए हरकारे ने कहा—'जहाँपनाह, इन बदजात फिरंगियों ने अंधेर मचा रक्खा है। वह अपना तंबू बक्सर खींच लाए।' बादशाह सलामत को बड़ा ताज्जुब हुआ। उन्होंने अपने मुसाहबों से पूछा—'म्याँ, हरकारा कहता है कि फिरंगी अपना तंबू कलकत्ते से बक्सर तक खींच लाए। यह कैसे मुमकिन है ?' इस पर एक मुसाहब ने कहा—'जहाँपनाह, ये फिरंगी जादू जानते हैं, जादू !'—दूसरे ने कहा—'जहाँपनाह, इन फिरंगियों ने जिन्नात पाल रक्खे हैं—जिन्नात सबकुछ कर सकते हैं।' बादशाह सलामत की समझ में कुछ आया नहीं। उन्होंने हरकारे से कहा—'म्याँ हरकारे तुम बतलाओ यह तंबू किस तरह बढ़ आया।' हरकारे ने समझाया कि तंबू रबड़ का है। इस पर बादशाह सलामत बड़े खुश हुए। उन्होंने कहा—'ये फिरंगी भी बड़े चालाक हैं, पूरे अकल के पुतले हैं।' इस पर सब मुसाहबों ने एक स्वर में कहा—'इसमें क्या शक है, जहाँपनाह बजा फरमाते हैं।' बादशाह सलामत मुसकराए—'अरे भाई, किसी चोबदार को भेजो, जो इन फिरंगियों के सरदार को बुला लावे। मैं उसे खिलअत दूँगा।' सब मुसाहब कह उठे—'वल्लाह ! जहाँपनाह एक ही दरियादिल हैं—इस फिरंगी सरदार को जरूर खिलअत देनी चाहिए।' हरकारा घबड़ाया। वह आया था शिकायत करने, यहाँ बादशाह सलामत फिरंगी सरदार को खिलअत देने पर आमादा थे। वह चिल्ला उठा—'जहाँपनाह ! इन फिरंगियों ने जहाँपनाह की सल्तनत का एक बहुत बड़ा हिस्सा अपने तंबू के नीचे करके उस पर कब्जा कर लिया है। जहाँपनाह, ये फिरंगी जहाँपनाह की सल्तनत छीनने पर आमादा दिखाई देते हैं।' मुसाहब चिल्ला उठे—'ऐ, ऐसा गज़ब।' बादशाह सलामत की मुसकराहट गायब हो

गई। थोड़ी देर तक सोचकर उन्होंने कहा—'मैं क्या कर सकता हूँ? हमारे बुजुर्ग इन फिरंगियों को उतनी जगह दे गए हैं, जितनी तंबू के नीचे आ सके। भला मैं कर ही क्या सकता हूँ, फिरंगी सरदार को खिलअत न दूँगा।' इतना कहकर बादशाह सलामत फिरंगियों की चालाकी अपनी बेगमात से बतलाने के लिए हरम के अंदर चले गए। हरकारा बेचारा चुपचाप लौट आया।

''जनाब! उस तंबू ने बढ़ना जारी रक्खा। एक दिन क्या देखते हैं कि विश्वनाथपुरी काशी के ऊपर वह तंबू तन गया। अब तो लोगों में भगदड़ मच गई। उन दिनों राजा चेतसिंह बनारस की देखभाल करते थे। उन्होंने उसी वक्त बादशाह सलामत के पास हरकारा दौड़ाया। वह दीवानखास में हाजिर किया गया। हरकारे ने बादशाह सलामत से अर्ज की कि वह तंबू बनारस पहुँच गया है, और तेजी के साथ दिल्ली की तरफ आ रहा है। बादशाह सलामत चौंक उठे। उन्होंने हरकारे से कहा—'तो म्याँ हरकारे, तुम्हीं बतलाओ, क्या किया जाए।?' वहाँ बैठे हुए दो-एक उमराओं ने कहा—'जहाँपनाह, एक बड़ी फौज भेजकर इन फिरंगियों का तंबू छोटा करवा दिया जाए और कलकत्ते भेज दिया जाए। हम लोग जाकर लड़ने को तैयार हैं। जहाँपनाह का हुक्म भर हो जाए। इस तंबू की क्या हकीकत है, एक मर्तबा आसमान को भी छोटा कर दें।' बादशाह सलामत ने कुछ सोचा, फिर उन्होंने कहा—'क्या बतलाऊँ, हमारे बुजुर्ग शाहंशाह शाहजहाँ इन फिरंगियों को तंबू के नीचे जितनी जगह आ जाए, वह बख्श गए हैं। बख्शीशनामा की रूह से हम लोग कुछ नहीं कर सकते। आप जानते हैं, हम लोग अमीर तैमूर की औलाद हैं। एक दफा जो ज़बान दे दी वह दे दी। तंबू का छोटा कराना तो गैरमुमकिन है। हाँ, कोई ऐसी हिकमत निकाली जाए, जिससे ये फिरंगी अपना तंबू आगे न बढ़ा सकें। इसके लिए दरबारआम किया जाए और यह मसला वहाँ पेश हो।'

''इधर दिल्ली में तो यह बातचीत हो रही थी और उधर इन फिरंगियों का तंबू इलाहाबाद, इटावा ढँकता हुआ आगरे पहुँचा। दूसरा हरकारा दौड़ा। उसने कहा—'जहाँपनाह, वह तंबू आगरे तक बढ़ आया है। अगर अब भी कुछ नहीं किया जाता, तो ये फिरंगी दिल्ली पर भी अपना तंबू तानकर कब्जा कर लेंगे।' बादशाह सलामत घबराए—दरबारआम किया गया। सब अमीर-उमरा इकट्ठा हो गए तो बादशाह सलामत ने कहा—'आज हमारे सामने एक अहम मसला पेश है। आप लोग जानते हैं कि हमारे बुजुर्ग शाहंशाह शाहजहाँ ने फिरंगियों को इतनी जमीन बख्श दी थी, जितनी उनके तंबू के नीचे आ सके। इन्होंने अपना तंबू कलकत्ते में लगवाया था; लेकिन वह तंबू है रबड़ का, और

धीरे-धीरे ये लोग तंबू आगरे तक खींच लाए। हमारे बुजुर्गों से जब यह कहा गया, तब उन्होंने कुछ करना मुनासिब न समझा; क्योंकि शाहंशाह शाहजहाँ अपना कौल हार चुके हैं। हम लोग अमीर तैमूर की औलाद हैं और अपने कौल के पक्के हैं। अब आप लोग बतलाइए, क्या किया जाए।' अमीरों और मंसबदारों ने कहा–'हमें इन फिरंगियों से लड़ना चाहिए और इनको सज़ा देनी चाहिए। इनका तंबू छोटा करवाकर कलकत्ते भिजवा देना चाहिए।' बादशाह सलामत ने कहा–'लेकिन हम अमीर तैमूर की औलाद हैं। हमारा कौल टूटता है।' इसी समय तीसरा हरकारा हाँफता हुआ बिना इत्तला कराए ही दरबार में घुस आया। उसने कहा–'जहाँपनाह, वह तंबू दिल्ली पहुँच गया। वह देखिए, किले तक आ पहुँचा।' सब लोगों ने देखा। वास्तव में हजारों गोरे खाकी वर्दी पहने और हथियारों से लैस बाजा बजाते हुए तंबू को किले की तरफ खींचते हुए आ रहे थे। उस वक्त बादशाह सलामत उठ खड़े हुए। उन्होंने कहा–'हमने तै कर लिया। हम अमीर तैमूर की औलाद हैं। हमारे बुजुर्गों ने जो कुछ कह दिया, वही होगा? उन्होंने तंबू के नीचे की जगह फिरंगियों को बख्श दी थी। अब अगर दिल्ली भी उस तंबू के नीचे आ रही है, तो आवे! मुगल सल्तनत जाती है, तो जाए, लेकिन दुनिया यह देख ले कि अमीर तैमूर की औलाद हमेशा अपने कौन की पक्की है।'--इतना कह बादशाह सलामत मय अपने अमीर-उमरावों के दिल्ली के बाहर हो गए और दिल्ली पर अँगरेजों का कब्जा हो गया। अब आप लोग देख सकते हैं, इस कलियुग में भी मुगलों ने अपनी सल्तनत बख्श दी।"

हम सब लोग थोड़ी देर तक चुप रहे। इसके बाद मैंने कहा–"हीरो जी, एक प्याला चाय और पियो।"

हीरो जी बोल उठे--"इतनी अच्छी कहानी सुनाने के बाद भी एक प्याला चाय? अरे, महुवे के ठर्रे का एक अद्धा तो हो जाता।"

तिजारत का नया तरीका

मुंशी उल्फतराय के शराब के नशे में तिमंजिले से उड़ने की कोशिश करने पर वहाँ से गिरकर मर जाने की सूचना तार द्वारा जिस समय उनके एकमात्र सुपुत्र तथा उत्तराधिकारी मुंशी खुशबख्तराय उर्फ मिस्टर के.राय के पास आई उस समय वे एक एंग्लो-इंडियन गर्ल के कारण एक टामी से पिटने के बाद अस्पताल से मरहम-पट्टी करवाकर अपने कमरे में दर्द से कराह रहे थे।

इतवार का दिन था। मैं अपने मित्रों के साथ बैठा हुआ ब्रिज खेल रहा था। नौकर ने आकर इत्तला दी कि मिस्टर के.राय ने मुझे सलाम भेजा है। और, मुझे उठना ही पड़ा। वहाँ से उठना कुछ अखरा अवश्य; पर करता क्या, खुशबख्तराय मेरे सबसे घनिष्ठ मित्र थे।

मुझे देखते ही खुशबख्तराय ने तार मेरे सामने फेंक दिया। तार मैंने पढ़ा, मुख कुछ गंभीर हो गया, स्वर कुछ भारी; मैंने कहा—"अरे! दोस्त मुझे सख्त अफसोस है।"

एक हल्की मुस्कराहट खुशबख्तराय के मुख पर आई—"अफसोस की कोई ऐसी खास बात तो नहीं है। जो होना था वही हुआ; आखिर बाबू जी को मरना तो था ही, बीमार होकर महीनों चारपाई पर कराहकर तिल-तिलकर मरने की जगह कुछ क्षणों में ही उनके प्राण निकल गए, यह उनके लिए ही अच्छा हुआ।"

मैंने कहा—"यह तो ठीक है; पर तुम अनाथ हो गए—सारा उत्तरदायित्व अब तुम्हारे ऊपर आ पड़ा। पिता की मृत्यु तो लड़के के लिए बहुत बड़ी विपत्ति है।"

पर खुशबख्तराय पर उसका भी कोई असर न हुआ—"ठीक कहते हो; पर किया क्या जाए। आखिर एक दिन तो घर का उत्तरदायित्व मुझ पर आना ही था—कल की जगह वह आज मुझ पर आ गया। और देखो सुरेश, उत्तरदायित्व एक अयोग्य आदमी से उतरकर योग्य आदमी पर आ गया है. यह भी कुछ बुरा नहीं है।"

खुशबख्तराय ने जो कुछ कहा, उसमें सत्य का कुछ अंश अवश्य था। मुंशी उल्फतराय ने अपने पिता से दो गाँव सोलह आने, एक बड़ी हवेली, एक फिटन और पंद्रह हजार रुपए नकद पाए थे। अपने बीस वर्ष के शासन काल में

उनके दोनों गाँव बिक गए थे, पंद्रह हजार रुपया उड़ गया था तथा फिटन टूट गई थी। पर मुझे इसमें शक था कि उल्फराय और खुशबख्तराय इन दोनों में अधिक योग्य कौन है।

मैं एक कुरसी पर बैठ गया सिर झुकाए हुए–उसी तरह जिस तरह कोई भी मातमपुर्सी करनेवाला बैठता है। थोड़ी देर तक चुप रहने के बाद खुशबख्तराय ने कहा–"भाई सुरेश, मैं समझता हूँ कि मुझे घर जाना चाहिए। और तुम देखते हो कि मैं उठने के काबिल नहीं हूँ–इसीलिए तुम्हें बुलाया है कि तुम मेरे घर तक मुझे पहुँचा दो।"

यह बात मेरी समझ में ज़रा कम आई, मैंने कहा–"भाई, देखो यूनिवर्सिटी का अभी बहुत कामकाज करना है, फिर आज शाम को मिस ··· का डांस है और कल लोफर्स मूनलाइट में बोटिंग क्लब की बैठक है और परसों है–हाँ, स्टेशन तक चलकर तुम्हें गाड़ी पर लाद अवश्य दूँगा।"

पर खुशबख्तराय को उस समय तुलसीदास की एक चौपाई याद आ गई, जो मैंने उनसे दस रुपए माँगने के समय–ये दस रुपए मैं ब्रिज में हारा था और अगर उसी समय मैं न दे देता तो मेरी इज्जत जाती रहती, और दुर्भाग्यवश मेरे पास रुपए थे नहीं–उनको सुनाई थी और जिसको सुनते ही उन्होंने दस रुपए का नोट मुझे दे दिया था। उन्होंने मेरे ही स्वर में चौपाई पढ़ी–"धीरज धर्म मित्र औ नारी। आपत काल परखिए चारी।"

इस चौपाई को सुनते ही मैं निरुत्तर हो गया। मुझे उनके साथ उनके घर तक जाना ही पड़ा।

मुंशी उल्फतराय की बीबी अथवा यों कहिए कि मिस्टर के.राय की माता का देहांत बहुत दिन पहले हो चुका था, और खुशबख्तराय की बीवी अपने मायके में थी। घर में मुंशी उल्फतराय की मृत्यु पर रोनेवालों में सिवा एक चमारिन के, जिसको पाँच वर्ष पहले मुंशी उल्फतराय ने घर में डाल लिया था, और कोई न था, और वह चमारिन भी मुंशी उल्फतराय की मृत्यु पर रो रही थी, या उस घर से अपने निकाले जाने की आशंका पर रो रही थी, यह कहना कठिन है।

मैं दूसरे दिन सुबह ही लौट आया और अपने कामकाज में लग गया। हाँ, खुशबख्तराय की अनुपस्थिति मुझे ही क्या, हम लोगों की पार्टी को बुरी तरह अखर रही थी; पर करते क्या, मजबूरी थी। इतना निश्चय था कि तेरह दिन तक वे किसी तरह नहीं आ सकते।

और तेरह दिन भी बीत गए। मुंशी खुशबख्तराय तो नहीं आए। उनका

एक पत्र अवश्य आया। उसमें उन्होंने लिखा था कि जायदाद का हिसाब वे समझ रहे हैं, अभी कुछ दिन घर में और ठहरना होगा।

यह घटना जनवरी की थी। फरवरी आया और निकल गया, मार्च आया और निकल गया। एम.ए. की परीक्षा शुरू होनेवाली थी, हम लोगों की पढ़ाई-लिखाई जोरों पर थी। एक दिन क्या देखते हैं कि मिस्टर के.राय का ताँगा बोर्डिंग के फाटक पर रुका। दौड़कर हम लोगों ने उनका स्वागत किया, बहुत दिनों से बिछड़े हुए मित्र गले मिले।

सुचित होकर जब मिस्टर खुशबख्तराय बैठे, तब मैंने उनसे पूछा—"कहो भाई, क्या इस साल परीक्षा देने का विचार नहीं है ?"

"नहीं।"

"क्यो ?"

खुशबख्तराय मुस्कराए—"परीक्षा देकर क्या करूँगा ? एम.ए. पास करके कौन-सी नौकरी मेरे वास्ते रक्खी है ? चालीस-पचास रुपए की क्लर्की से तो भूखे मरना अच्छा है।"

"तो फिर करोगे क्या ?"

एक अजीब शान के साथ मिस्टर खुशबख्तराय ने अपनी जेब से अपना पर्स निकालकर अपने सामने रख लिया—"हम करेंगे क्या ? तिजारत। जनाब जो हवेली मेरे वालिद साहिब ने मेरे वास्ते छोड़ी थी, वह भी कर्ज से लदी हुई थी। बीस हजार में मैंने वह बेच दी। बीस हजार में से दस हजार तो कर्जवाले ले गए—और दस हजार में से पाँच हजार मेरी बीवी ले गई। रह गए पाँच हजार, सो जनाब वह मेरे पर्स में हैं, तिजारत करने निकला हूँ !"

थोड़ी देर तक चुप रहकर उन्होंने फिर कहा—"और सुरेश, तिजारत से ही आदमी अमीर हो सकता है। नौकरी करके आप करोड़पति नहीं बन सकते—तिजारत करो। और हम पढ़े-लिखे लोग तिजारत करना नहीं चाहते। इसीलिए तो बेकारी बढ़ रही है। फिर मैं कहता हूँ कि अगर ये निरक्षर मारवाड़ी लाखों रुपए तिजारत से पैदा कर सकते हैं, तो मैं क्यों नहीं इसमें सफल हो सकता, जब कि मैं काफी शिक्षित हूँ।"

और तीसरे दिन मिस्टर खुशबख्तराय कलकत्ता के लिए रवाना हो गए।

एम.ए. पास करके मैंने वकालत पढ़ना आरंभ किया। एक वर्ष बीत गया; पर मिस्टर खुशबख्तराय का कोई पता न चला। पहले तो कुछ दिनों तक पत्र-व्यवहार हुआ और अंतिम सूचना मुझे यह मिली थी कि उन्होंने किसी

विदेशी फर्म की एजेंसी ले ली। इसके बाद क्या हुआ, यह मुझे मालूम न था, पर उसे जानने को मैं बड़ा उत्सुक था।

और फिर एक दिन मिस्टर खुशबख्तराय लदे-फँदे होस्टल पहुँचे। उन्हें देखते ही मैं उछल पड़ा। नौकर से उनका सामान मैंने अपने कमरे में रखवाया। इस बार मिस्टर खुशबख्तराय कुछ अधिक तंदुरुस्त थे। कपड़े अधिक कीमती और बिलकुल अप-टू-डेट थे। मुख पर ललाई थी और आँखों में चमक और मैंने समझ लिया कि मिस्टर खुशबख्तराय व्यापार में फले-फूले हैं।

दिन-भर गपबाजी होती रही। रात के समय एकांत में हम दोनों अपने सुख-दुख की बातें करने बैठे। मैंने पूछा—"कहो भाई, कलकत्ता में कैसी बीत रही है?"

मिस्टर खुशबख्तराय का मुख उतर गया—"यार, कलकत्ता तो छोड़ आया!"

"अरे!" आश्चर्य से पूछा।

"हाँ, दुनिया बड़ी बेईमान है और कलकत्ता तो बेईमानों का घर है। एक आदमी के साझे में एजेंसी ली थी। एजेंसी का कामकाज वह देखता था और मैं ज़रा कलकत्ता की रंगत देखने में लग गया। सालभर बाद उसने जब हिसाब-किताब बताया, तो मालूम हुआ कि आठ हजार रुपया का घाटा आया। उस आठ हजार में चार हजार मेरे और चार हजार उसके थे। अब वह बोला कि चार हजार और दो तो काम चले और मेरे पास तुम जानते ही हो कि कुल पाँच हजार रुपए थे।"

"यार यह तो बुरा हुआ।" मैंने गंभीर होकर कहा।

खुशबख्तराय मुस्कराए—"ऐसा कोई बुरा भी नहीं हुआ। साला बेईमानी कर गया; क्योंकि वह अकेले अब एजेंसी लिए हुए है। लेकिन इससे क्या, मैं यह जान गया हूँ कि दुनिया में किसी पर विश्वास नहीं करना चाहिए। कुछ सीखा ही। अब जो व्यापार करूँगा उसमें मेरा अनुभव मेरी सहायता करेगा।"

"लेकिन तुम्हारे पास रुपया कहाँ है, जो तुम व्यापार करोगे?" अपनी मुस्कराहट दबाते हुए मैंने पूछा। खुशबख्तराय का मुख उतर गया—"हाँ, यार, यह तो ठीक कहते हो।" पर एकाएक मुख खिल उठा, "अरे अभी एक हजार तो मेरे पास है—कोई छोटा काम आरंभ करूँगा—वह बढ़ते-बढ़ते बड़ा काम हो जाएगा।"

फिर यह सोचा गया कि खुशबख्तराय अब कौन काम करें, किसी निर्णय पर हम नहीं पहुँच सके। एकाएक खुशबख्तराय कुरसी से उछल पड़े—"आ गया,

एकबारगी अच्छा काम समझ में आ गया ! क्यों, यूनिवर्सिटी में रेस्टोराँ क्यों न खोलूँ ।'' और रेस्टोराँ खुल गया, बड़ी शान से । ओपनिंग सेरीमनी में दावत हुई, गाना-बजाना हुआ और बड़े जलसे रहे । महीनेभर के अंदर ही रेस्टाराँ चल निकला ।

मैंने वकालत पास की और अपने घर चला गया । मिस्टर खुशबख्तराय का रेस्टोराँ जोरों के साथ चल रहा था और मुझे प्रसन्नता यह थी कि सालभर के अंदर ही वे अपने काम में सफल हुए; पर कनवोकेशन के समय जब मैं आया तब अचानक एक अजीब दृश्य देखने को मिला ।

मिस्टर खुशबख्तराय के रेस्टोराँ के सामने भीड़ लगी थी । भीतर मिस्टर खुशबख्तराय उदास बैठे थे और उनको घेरे खड़े थे पाँच-छह आदमी बही व एकाउंट-बुक के साथ । बाहर एक आदमी डुग्गी बजा रहा था और भीतर दो नौकर दुकान का सामान हटा रहे थे ।

मुझे देखते ही मिस्टर खुशबख्तराय की जान-में-जान आई । तपाक के साथ वे उठे, मुझे उन्होंने कुरसी पर बैठाया । मैंने पूछा—''यह क्या है ?''

मिस्टर खुशबख्तराय का स्वर दृढ़ हो गया—''है क्या? वे लोग सब-के-सब बेईमान । इतना कहा कि भाई, अपना हिसाब-किताब ठीक बनाओ, लेकिन मानते ही नहीं । दूना और चौगुना तो हिसाब बनाए हुए हैं, और मेरा रुपया उधार में फँसा है । भला बतलाओ मैं दूँ तो कहाँ से ? अब आए हैं दुकान नीलाम करवाने, ले जाएँ साले, क्या लेंगे, कुछ चीनी के और कुछ टीन के बरतन ! यही न ! और चलो—तुम अच्छे आ गए, मैं तो यहाँ से जाने ही वाला था । यह दुकान है सो लो, क्रेडिटबुक है सो लो और भुगतो बाबा, मैं बाज आया ।'' और यह कहते हुए उन्होंने शान से अपना हैट लगाया और मेरा हाथ पकड़े हुए दुकान के बाहर आ गए ।

मैं उनके घर आ गया, वहाँ बैठकर मैंने उनसे बातें कीं । अपनी सारी कथा आदि से अंत तक उन्होंने मुझे सुना डाली । किस प्रकार यूनिवर्सिटी के लड़कों ने उनको दाम नहीं दिए, किस प्रकार उन्होंने मुरौवत में रुपयों का तकाजा नहीं किया । किस प्रकार उन पर मुकदमे चले, किस प्रकार उन पर डिगरियाँ हुईं और किस प्रकार उनकी दुकान कुर्क हुई ।

''अब क्या करोगे ?'' मैंने पूछा ।

कुछ सोचकर उन्होंने कहा—''अबकी बार ऐसा व्यापार करूँगा, जिसमें मुझे घाटा हो ही नहीं सकता ।''

''ऐसा कौन-सा व्यापार है ?''

"यह न पूछो। बस इतना जानना काफी है कि व्यापार करूँगा, नौकरी नहीं।"

"और व्यापार करने के लिए रुपया?"

"अरे हाँ, यह तो भूल ही गया था।" मिस्टर खुशबख्तराय कुछ विचलित हुए; पर शीघ्र ही वे सुव्यवस्थित होकर बोले–"दोस्त, सौ रुपया तो मेरे पास है चार सौ रुपया और चाहिए। अगर तुम उधार दे सको, तो मैं तीन महीने के अंदर ही तुम्हें लौटा दूँगा।"

मैं मुस्कराया। खुशबख्तराय के कंधे पर हाथ रखते हुए मैंने कहा–"यार, रुपया वापस करने की तो बात छोड़ो, क्योंकि हम दोनों के बीच कभी वापस करने का अवसर नहीं रहा है, हाँ चार सौ रुपया मैं तुम्हें अवश्य दे सकता हूँ एक शर्त पर, कि फिर तुम आगे मुझसे और कुछ न माँगो।"

मेरी बात खुशबख्तराय को कुछ बुरी लगी। उनका मुख तमतमा उठा–"सुरेश तुम बड़े कमीने आदमी हो। तुम्हारे चार सौ की जगह मैं तुम्हें चार हजार रुपया वापस करूँगा, समझे!"

किसी तरह मैंने खुशबख्तराय को शांत किया। चार सौ रुपए मैंने उन्हें दे दिए।

कचहरी से लौटते समय मैंने अपनी कार सराफे में बढ़ा दी। मेरी बीबी जिद पकड़ गई थी कि अपनी कमाई से एक गहना मैं उसे बनवा दूँ।

और वहाँ मैंने देखा कि एक दुकान पर भीड़ जमा है। एक अप-टू-डेट जैंटिलमैन को पकड़े हुए चार-पाँच आदमी बैठे हुए हैं और बीच-बीच में लोग उन जैंटिलमैन के एक-आध धप भी रख देते हैं। मैंने कार रोक दी और पूछा–"क्या है?"

एक आदमी बोला–"वकील साहब, जाली सिक्के चला रहा है, पुलिस में खबर तो भिजवा दी है; लेकिन पुलिस के आने तक इनकी थोड़ी-सी मरम्मत हमीं लोग कर रहे हैं।"

मेरे आश्चर्य का ठिकाना न रहा, जब मैंने देखा कि जो सज्जन पिट रहे थे, वे मेरे सबसे घनिष्ठ मित्र मिस्टर खुशबख्तराय थे। मैं कार से उतर पड़ा खुशबख्तराय मुझे देखते ही उछल पड़े। एक झटके में उन्होंने अपने को चार पाँच लोगों से छुड़ा लिया, तनकर वे खड़े हो गए। उन्होंने कहा–"मिस्टर सुरेश, आप हैं! देखिए ये लोग एक शरीफ परदेशी की इज्जत बिगाड़ रहे हैं। एक तो मेरे रुपयों को जाली कहकर छीन लिया और ऊपर से मार रहे हैं।"

दुकानवाले ने मुझ से कहा—''वकील साहब, देखिए ये जाली रुपए हैं या नहीं ?'' यह कहकर उसने दो सौ रुपए मेरे सामने रख दिए।

खुशबख्तराय गरज उठे—''ये रुपए मेरे नहीं हैं, खुद जाली रुपए बनाता है और मेरे रुपए दुकान में रखकर कहता है कि मैंने जाली रुपए दिए। आने दो पुलिस को !'' और इतना कहकर तेजी के साथ अंग्रेजी में वे मुझ से मेरी क्षेम-कुशल पूछने लगे।

दुकानवाला घबड़ाया। मैंने भी अब मौका देखकर कहा—''अच्छा, अब क्या हो ? पुलिस को बुलाना बेकार है, तुम दोनों ही फँसोगे।''

दुकानवाले ने सकपकाते हुए कहा—''तो वकील साहब, अब बतलाइए क्या हो ?''

''हो क्या ? तुम उनके रुपए उनको दे दो और वे चले जाएँ।''

काफी कहा-सुनी के बाद खुशबख्तराय, अपने जाली रुपए लेकर वहाँ से हटे। कार पर उन्हें बिठलाकर मैं अपने घर पर लाया।

कार पर मैंने खुशबख्तराय से कहा—''ये जाली रुपए लेकर क्यों घूम रहे हो ? जानते हो कि उसमें तुम्हें क्या सजा हो सकती है ?''

''यार क्या बतलाऊँ, तौल में कुछ गलती हो गई।''

''कैसी तौल ?'' मैंने आश्चर्य से पूछा।

बड़े इतमीनान के साथ मि. खुशबख्तराय ने कहा—''आजकल मैं रुपया बनाने का रोजगार कर रहा हूँ।''

''कुछ पैदा किया ?'' मैंने पूछा।

''नहीं, अभी तक तो सिर्फ मेरा ही खर्च निकल रहा है, और वह भी बड़ी मुश्किल से। इन रुपयों को निकालनेवाला एजेंट जब तक नहीं मिलता, तब तक यह काम अधिक नहीं चल सकता।'' थोड़ी देर तक रुककर उन्होंने फिर कहा—''और अगर आज तुम न आ गए होते, तो मैं बड़ी मुसीबत में पड़ जाता। भाई, आज के अनुभव के बाद से यह काम भी छोड़ना जरूरी हो गया।''

''फिर अब क्या करोगे ?'' मैंने पूछा।

''कुछ समझ में नहीं आता, कुछ-न-कुछ तो करना ही पड़ेगा।''

एक हफ्ते बाद मि. खुशबख्तराय मेरे मकान पर आए। उस दिन वे बड़े प्रसन्न दिखते थे। बातचीत होती रही। एकाएक उन्होंने मुझसे कहा—''सुरेश, पैसा पैदा करने का एक बड़ा सुंदर तरीका मैंने ढूँढ़ निकाला है।''

''वह क्या है ?''

''देखो, कल यहाँ के सबसे बड़े सेठ ‥ से मैं मिला। मैंने उससे कहा कि एक

हफ्ते के अंदर पाँच हजार रुपया मुझे दे दो, नहीं तो उसके बाद शहर के किसी भी चौराहे पर मैं तुम्हारे पाँच जूते मारूँगा।''

''तो तुम क्या समझते हो कि वह तुम्हें पाँच हजार रुपया दे देगा?''

''क्यों नहीं, अगर उसे इज्जत बचानी है, तो वह शर्तिया देगा।''

''और अगर न दे तो?''

''तो मैं उसके पाँच जूते जरूर मारूँगा और वह भी ठीक चौराहे पर, जहाँ सब लोग देख सकें।''

''तो उसके लिए तुम्हें जेल जाना पड़ेगा।''

''अरे जेल जाने से क्या हुआ? जहाँ महात्मा गाँधी, पंडित जवाहरलाल जैसे बड़े आदमी जेल जाते हैं, वहाँ मुझे जेल जाने में क्या आपत्ति?''

''वे लोग तो राजनैतिक कारणों से गए हैं?''

''और मैं भी तो राजनैतिक कारणों से ही जाऊँगा। जानते हो कि मैं सोशलिस्ट हूँ। मैं धन के बराबर बँटवारे में विश्वास करता हूँ। सेठ के पास अधिक रुपया है और उसे इतना रुपया रखने का अधिकार नहीं है।''

''तुम्हारी सफलता के लिए मेरी शुभकामना!'' यह कहकर मैं हँस पड़ा।

और पंद्रह दिन बाद मिस्टर खुशबख्तराय कचहरी में हाजिर किए गए। उन पर अभियोग था कि...चौराहे पर उन्होंने सेठ...के पाँच जूते मारे। अपने सबसे घनिष्ठ मित्र की पैरवी मुझे करनी पड़ी।

अदालत में मिस्टर के.राय ने सोशलिज़्म पर एक लंबा-चौड़ा व्याख्यान दिया और मजिस्ट्रेट ने उनकी प्रतिभा से प्रभावित होकर उन्हें छह महीने के लिए सरकारी मेहमान बना लिया।

जिस समय मिस्टर खुशबख्तराय जेल जा रहे थे, उन्होंने मुझसे कहा—''सुरेश, देखना छह महीने बाद जब मैं उस सेठ से कहूँगा कि अबकी रुपया दो या बीच चौराहे पर फिर पाँच जूते मारूँगा, तो इस बार वह शर्तिया रुपया दे देगा। समझे और देखो पत्रों में मेरा बयान प्रकाशित करवा देना।''

तीन महीने बीत चुके हैं, और तीन महीने बाद मिस्टर खुशबख्तराय जेल से बाहर आवेंगे। मैं उनकी प्रतीक्षा कर रहा हूँ। देखूँ कि इस बार उनको सफलता मिलती है या नहीं। यदि उनको सफलता मिल गई, तो दुनिया को रुपया पैदा करने का एक बहुत ही नया और सरल उपाय मालूम हो जाएगा।

छह आने का टिकट

उस दिन जब मैं दफ्तर पहुँचा तो मैंने एक सज्जन को अपनी कुरसी पर बैठा हुआ पाया। ये सज्जन अपने दोनों पैर मेज पर रखे हुए गुनगुना रहे थे और कभी-कभी एक पेंसिल से अपनी जाँघों पर रखे हुए मेरे लेटर-पैड पर एक-आध लाइन भी लिख देते थे। यहाँ यह बतला देना अनुचित न होगा कि मैंने यह लेटर-पैड तीन रंगों में छपाया था और हरएक पन्ने की लागत ढाई पैसे पड़ी थी।

वे मझोले कद के मोटे-से आदमी थे, चेहरा किसी कदर गोल-मटोल, ऊबड़-खाबड़ और भद्दा। उनकी मूँछें आधी और अच्छी तरह से छँटी हुई; आँखें बिल्ली की तरह। बिजली के पंखे की हवा में इनकी चुटइया फहरा रही थी और यह बतला रही थी कि ये सज्जन काफी मौज में हैं। खादी का कुरता और धोती पहने थे।

मेज के पास पड़े हुए तख्त पर बैठ गया यह समझकर कि दफ्तर के किसी कर्मचारी के ये मुलाकाती होंगे, और सुबह आए हुए पत्रों को उलटने-पुलटने लगा।

एकाएक इनकी निगाह मुझ पर पड़ी—मैं उस समय कुछ सिकुड़ा हुआ कुछ सहमा हुआ एक पत्रिका के एक विशेष लेख को पढ़ रहा था, जिसमें हिंदी वालों को यह सूचित किया गया था कि मैं घमंडी हूँ, मक्कार हूँ, मूर्ख हूँ। उन्होंने मुझे कुछ देर तक गौर से देखा, शायद मेरी मुद्रा देखकर उन्हें कुछ दया आई; उन्होंने मुसकराते हुए मुझसे पूछा, "क्या आप इस दफ्तर में काम करते हैं?"

बहुत विनयपूर्वक मैंने उत्तर दिया, "जी हाँ!"

उन्होंने फिर पूछा, "और संपादक किशोर जी कब आते हैं?'

"कोई समय तो उनका ठीक नहीं है—क्या आप उनसे मिलना चाहते हैं?" मैंने पूछा।

"जी···मैं उन्हीं से मिलने आया हूँ, अभी हावड़ा स्टेशन से आ रहा हूँ, वह सामने मेरा असबाब रक्खा है। मेरी-उनकी मित्रता है—सोचा मिल आऊँ, और चला आया। वे रहते कहाँ हैं?"

और वास्तव में उनकी ट्रंक और बिस्तर वहीं रक्खा था। उनके असबाब को देखकर मैं घबड़ाया, लेकिन जब उन्होंने मेरे मकान का पता पूछा तो मैं

मर्माहत-सा हो गया। मैंने कहा, "जी···रहते तो वे यहाँ से करीब दस मील की दूरी कर हैं, लेकिन शायद आजकल वे यहाँ नहीं हैं, एक हफ्ते बाद उनके लौटने की खबर है!"

"अरे–वे यहाँ नहीं हैं। खैर दफ्तर तो है–यहीं रहूँगा। एक हफ्ता कोई बड़ी बात नहीं है, इंतजार करूँगा!"

एक वार खाली गया। मैं सोच ही रहा था कि अब दूसरा वार कौन-सा हो कि मेरे सहकारी श्रीराम ने प्रवेश किया। आते ही उन्होंने कहा, "नमस्कार किशोर जी–आज ज़रा देर हो गई, क्षमा कीजिएगा।"

मेरे सहकारी की बात सुनते ही वे उठकर खड़े हो गए। बड़ी भक्ति के साथ हाथ जोड़कर उन्होंने मुझसे कहा, "अहा–आप ही किशोर जी हैं। आपने दिल्लगी तो खूब की। आप मुझे जानते ही हैं, मैं हूँ रामखेलावन शरण नारायणप्रसाद सिंह! वही जिसने आपको छह कविताएँ भेजी थी जिस पर आपने लिखा था कि खो गईं और जिस पर मैंने बारह कविताएँ भेजी थीं तो आपने लिखा था कि आँधी में उड़ गईं, और फिर मैंने अठारह भेजी थीं तो आपने लिखा कि जिस कंपोजीटर को आपने कविताएँ कंपोज करने को दी थीं उस पर उनका इतना प्रभाव पड़ा कि वह साधू बन गया और कविताएँ अपने साथ लेता गया। लिहाजा मैं खुद अब अपनी चौबीस कविताएँ लेकर आपकी सेवा में उपस्थित हुआ हूँ!"

अब मुझे भी आतिथ्य-सत्कार की सरगमी दिखलाने को मजबूर होना पड़ा। मैंने कहा, "ओह–तो आप ही रामखेलावन शरण नारायणप्रसाद सिंह हैं–आपका इस कुटी में स्वागत है–आपके दर्शनों से मैं कृतार्थ हो गया।" इसके बाद मैंने अपने सहकारी से कहा, "श्रीराम जी–आपके ठहरने का छेदीलाल जी के धर्मशाले में प्रबंध करा दें. कमरा अच्छा होना चाहिए। और···"

लेकिन मेरी बात पूरी न हो पाई कि बीच ही में मेरे अतिथि ने बात काटकर कहा, 'जी, धर्मशाले में ठहरना मैं कभी पसंद नहीं करता, चोरों और बदमाशों का वहाँ जमघट रहता है–मैं इसी दफ्तर में अतिथि-गृह में ठहर जाऊँगा। उससे आपकी सेवा करने का मुझे पूरा अवसर प्राप्त होगा।"

मेरे दफ्तर में अतिथियों के लिए एक कमरा है–इसका पता भगवान जाने किस प्रकार श्री रामखेलावन शरण ने लगा लिया था–मैं निरुत्तर रह गया।

[2]

चार दिन बाद सुबह के समय जब मैं सोकर उठा तो मुझे यह देखकर महान आश्चर्य हुआ कि श्री रामखेलावन शरण नारायणप्रसाद सिंह बरामदे में एक

कुरसी पर बैठे हैं और उनके सामने उनका बिस्तरा तथा ट्रंक रक्खा है। मुझे देखते ही वे तपाक के साथ उठे, प्रणाम करके मुस्कराते हुए उन्होंने मुझसे कहा, "कल रात मैंने यह तै किया कि मुझे आपका संपर्क पूर्णरूप से प्राप्त नहीं हो रहा है, क्योंकि दफ्तर में दिनभर आप व्यस्त रहते हैं, आपकी अमृत-वाणी मैं नहीं सुन पाता। लिहाजा मेरा आपके घर में आपके साथ ही ठहरना उचित होगा। इसके साथ ही बाजार का भोजन मुझे रुचिकर नहीं होता, यहाँ घर का भोजन मिलेगा!"

मेरी सबसे बड़ी कमजोरी यह है कि आदमी मैं मुरौवतवाला हूँ और आसानी से 'न' नहीं कह सकता हूँ। लिहाजा अब श्री रामखेलावन शरण नारायणप्रसाद सिंह मेरे निजी अतिथि बनकर मेरे घर पर जम गए। रोज सुबह वे मेरे साथ चाय पीते थे, भोजन करते थे, दफ्तर जाते थे। उनका ट्राम का किराया मुझे ही देना पड़ता था क्योंकि कंडक्टर के पास आते ही वे मेरा मुँह देखने लगते थे।

एक दिन दफ्तर पहुँचकर उन्होंने मुझसे कहा, "किशोर जी, आज इच्छा होती है कलकत्ता घूम जाऊँ!"

"बड़ी प्रसन्नता की बात है!"—मैंने उत्तर दिया।

"ज़रा आप अपना ट्राम का टिकट दे दीजिए!"

"वह मेरे नाम है—आप पकड़े जाएँगे!" मैंने कहा।

"वाह! आपके दफ्तर के सभी आदमी तो उसका प्रयोग करते हैं—मैं क्या मूर्ख हूँ जो पकड़ा जाऊँगा!" और उस दिन वे मेरा ट्राम का टिकट ले गए। मुझे अपने आदमियों को ट्राम का किराया देकर ट्राम पर भेजना पड़ा—और शाम को जो मैंने हिसाब लगाया तो दस आने का मुझे नुकसान हुआ।

दूसरे दिन जब उन्होंने फिर ट्राम का टिकट माँगा तो मैंने उत्तर दिया, "मुझे बड़ा दुख है, ट्राम का टिकट मुझसे एक मेरे मित्र ले गए।"

उन्होंने ठंडी साँस भरकर कहा, "कोई बात नहीं, मैं उनकी प्रतीक्षा कर रहा हूँ, उनके आने पर चला जाऊँगा।"

और उस दिन अपने झूठ को छिपाने के लिए दिनभर अपने आदमियों को ट्राम के किरायों के पैसे देकर भेजना पड़ा। उस दिन बारह आने का नुकसान हुआ।

तीसरे दिन उन्होंने फिर ट्राम का टिकट माँगा और मैंने फिर वही बहाना किया। पर उस दिन के लिए मैंने एक स्कीम सोच ली थी। जैसे ही दफ्तर का कोई कर्मचारी बाहर जाने लगा तो मैं उसके साथ दफ्तर के बाहर निकला, बाहर निकलकर एकांत में उसे अपना टिकट दिया और उससे कह दिया कि वह

मुझे बुलाकर एकांत में ही टिकट वापस भी करे। लिहाजा रोज का अब मेरा यही दस्तूर हो गया।

इतवार के दिन सुबह मेरे साथ चाय पीते हुए श्री रामखेलावन शरण नारायणप्रसाद सिंह ने मुझसे कहा, "किशोर जी, आज तो आपकी छुट्टी है—आज आप मुझे कलकत्ता घुमा दीजिए!"

मैं उस दिन कुछ झल्लाया हुआ था। मैंने उत्तर दिया, "मुझे दुख है कि मुझे आपकी सेवा करने से वंचित रहना पड़ेगा क्योंकि आज मुझे कई लोगों से मिलने जाना है!" और यह कहकर मैंने अपने नौकर भीखू को आवाज दी, "देखो! बाबू जी को आज शहर घुमा लाओ! दो छह-छह आने वाले टिकट ले लेना—दिनभर के!" यह कहकर मैंने एक रुपया भीखू के सामने फेंक दिया।

लेकिन उसी समय श्री रामखेलावन शरण बोल उठे, "नहीं, एक ही टिकट लाना—मैं अकेले ही घूम लूँगा।" और भीखू ने छह आने वाला टिकट उनके हवाले कर दिया।

उस दिन उन्होंने जो चा पी तो मैं दंग रह गया। चार टोस्ट और छटाँक भर मक्खन के अलावा उन्होंने पूड़ियों के साथ चार लँगड़ा आमों का नाश्ता किया। इसके बाद वे छह आने वाला टिकट जेब में रखकर कलकत्ता घूमने के लिए निकल पड़े। चलते हुए उन्होंने मुझसे कहा था, "आप मेरे भोजन की प्रतीक्षा न कीजिएगा, रात में लौटकर भोजन करूँगा।"

दिनभर मैं कामकाज में व्यस्त रहा। रात को मैं करीब ग्यारह बजे घर लौटा, लेकिन एक अजब सन्नाटा मुझे मालूम हुआ। नौकर-चाकर सभी मौजूद थे, लेकिन न मुझे भक्तिपूर्वक प्रणाम करनेवाला मेरा भक्त था और न लगातार प्रश्नों की झड़ी लगानेवाला, अजीब-अजीब शंकाएँ उठानेवाला और मेरी सूनी जिंदगी की सुख-शांति हरनेवाला मेरा अतिथि था। यानी श्री रामखेलावन शरण जी अभी तक न लौटे थे।

नौकर मेरा खाना ले आया, लेकिन यकीन दिलाता हूँ मुझसे खाना न खाया गया। मैं न जाने क्यों अपने अतिथि के लिए चिंतित हो उठा था। कलकत्ता बहुत अच्छा नगर नहीं है—और श्री रामखेलावन अपने जीवन का जहाज लेकर अकेले ही इस कलकत्ता नामक महासागर में निकल पड़े थे। मुझे चिंता हो रही थी कि कहीं बस के नीचे तो नहीं आ गए या रास्ता तो नहीं भूल गए। या उन्हें कोई भगा तो नहीं ले गया।

मुझे अच्छी नींद भी नहीं आई। बिस्तर पर मैं करवटें बदलने लगा। मुझे आश्चर्य हो रहा था कि श्री रामखेलावन शरण के प्रति मुझमें इतनी अधिक

ममता कैसे आ गई।

एकाएक मैं चौंक उठा—टेलीफोन की घंटी बज रही थी। मैं उठा—घड़ी पर मेरी नजर गई और उस समय तीन बजे थे। धड़कते दिल के साथ काँपते हुए हाथों से मैंने रिसीवर उठाया, "हलो।"

उत्तर मिला, "भवानीपुर थाने से बोल रहा हूँ। आपके यहाँ कोई रामखेलावन शरण प्रसाद सिंह तो नहीं ठहरे हैं?"

मेरा चेहरा पीला पड गया। मैंने घबड़ाकर पूछा, "खैरियत तो है—जिंदा हैं न?"

एक हँसी की आवाज सुनाई पड़ी, "जी हाँ हैं तो खैरियत से, लेकिन पिए हुए हैं। आध-घंटा हुआ लाए गए हैं! आप उन्हें ले जाइए!"

रिसीवर मैंने रख दिया। मैं आसमान से गिरा—तो हमारे श्री रामखेलावन शरण प्रसाद सिंह इतने पहुँचे हुए आदमी हैं। विश्वासों को एक भयानक धक्का लगा। जी चाहता था कि जमीन फट जाए और मैं उसमें समा जाऊँ। जब श्री रामखेलावन शरण नारायण प्रसाद सिंह ऐसे आदमी पी सकते हैं, और इतनी पी सकते हैं कि थाने में बाँध दिए जाएँ, तब मेरे न पीने के अर्थ यही थे कि मेरी जिंदगी अकारथ गई।

बहरहाल अपने अतिथि को हवालात से लाना ही था—और मैं हवालात पहुँचा। पाँच रुपए देकर श्री रामखेलावन शरण को मैंने छुड़ाया—और उन्हें घर लाया।

घर आते ही श्री रामखेलावन शरण ने खींचकर एक गिलास पानी पिया और मत्था पकड़कर बैठ गए। अब देखिए कि उनकी आँखों से टपटप आँसू गिर रहे हैं और वे मौन बैठे हैं, न हिलते हैं, न डोलते हैं; न बोलते हैं, न चालते हैं।

आखिरकार मुझे बात आरंभ करनी पड़ी, "रामखेलावन शरण जी, भला आपको यह क्या सूझी कि आप पीकर रास्ते में निकले?"

इस सवाल का पूछा जाना था कि श्री रामखेलावन के उद्‌गारों का फूट निकलना था। "मैं शपथ से कहता हूँ कि मैंने मदिरापन का जघन्य पाप नहीं किया है। बदमाश पुलिसवालों ने मुझे जबर्दस्ती ही बंद कर दिया।"

"यह क्यों?" मैंने पूछा।

"यह मेरा दुर्भाग्य है—मुझमें अब जान नहीं है, इतना थका हुआ हूँ। आज छह आने के टिकट ने मुझे मार डाला।"

"यह कैसे?" सहानुभूति दिखाते हुए मैंने पूछा; पर मुझमें सहानुभूति की अपेक्षा कौतूहल की मात्रा अधिक थी।

''देखिए किशोर जी—आपने मुझे छह आने का टिकट दे ही दिया था। जब मैं कलकत्ता घूमने निकला तो मैंने दो आने पैसे और साथ में ले लिए कि वक्त जरूरत काम आएँगे। अब मैं रवाना हुआ। ट्राम पर बैठ जाता था—जहाँ तक जाती थी, वहाँ तक जाता था और उसी ट्राम पर धरमतल्ला वापस आता था। टालीगंज गया, बालीगंज गया, बेहला गया, खिदरपुर गया, पार्क-सर्कस गया, सियालदह और राजाबाजार गया, श्यामबाजार गया, बागबाजार गया, डलहौजी गया, हाईकोर्ट गया, बऊ बाजार गया, हैरिसन रोड गया औ नीमतल्ला भी मैं घूम आया। शाम को कुछ थोड़ी-सी भूख लगी थी तो पास मे दो आने पैसे थे ही, नाश्ता डटकर किया।

''अब करीब दस बजे मैं हैरिसन रोड और चितपुर रोड चौराहे पर उतरा। मैंने हिसाब लगाया, छह आने के टिकट से मैं एक रुपया बारह आने का घूम चुका था—और घर आने में दो आने का और सफर करता तो इस प्रकार एक रुपए चौदह आने का घूम चुकता। और छह आने में अपने हिसाब से मुझे डेढ़ रुपया का घूमना चाहिए था। इसलिए मुझे संतोष करके उस समय लौट आना चाहिए था। लेकिन मालूम होता है कि उस समय मुझ पर शैतान सवार था क्योंकि एकाएक ख्याल आया कि खर्च छह आने नहीं बल्कि आठ आने हुए हैं क्योंकि दो आने का नाश्ता तो घूमने के सिलसिले में ही मैंने किया था। और आठ आने के हिसाब से मुझे दो रुपए का घूमना चाहिए था।

''इधर यह खयाल आया और उधर मुझे एक ट्राम दिखलाई दी जिस पर बेलगछिया लिखा था। एकाएक मुझे खयाल आया कि बेलगछिया अभी तक नहीं आया—और मैं उस ट्राम पर बैठ गया।

''बेलगछिया पहुँचकर मैं इस आशा से ट्राम पर बैठा रहा कि यह वापस जाएगी। लेकिन एक आदमी ने आकर मुझसे कहा, 'अब आप जाइए—?'

''मैंने कहा, 'मैं धरमतल्ला जाऊँगा!'

''उसने घड़ी की तरफ इशारा करते हुए कहा, 'ग्यारह बज गए हैं, देख रहे हैं आप! अब यहाँ से कोई ट्राम नहीं जाएगी!'

''किशोर जी—मैं चौंक उठा! मैंने कहा, 'क्या—यहाँ से क्या अब कोई ट्राम नहीं जाएगी?'

''उसने कहा, 'कह तो दिया नहीं जाएगी—अभी बस मिल जाएगी चले जाओ!

''मैं उठा। लेकिन मेरी जेब में एक पैसा नहीं; भला बस पर कैसे आता। मैंने उस आदमी से पूछा, 'धरमतल्ला यहाँ से कितना दूर है?'

''उसने जवाब दिया, 'होगा कोई पाँच मील !'

''और किशोर जी, मैं पैदल धरमतल्ले की तरफ रवाना हुआ। करीब साढ़े बारह बजे मैं धरमतल्ला पहुँचा—बुरी तरह थका हुआ। धरमतल्ला में भी कोई ट्राम नहीं मिली और इसलिए मुझे वहाँ से भी पैदल ही रगड़ना पड़ा। डेढ़ बजे के करीब मैं उस बड़े चौराहे पर पहुँचा। किशोर जी—ज़रा देखिए, नौ मील पैदल चलकर आया था, दिन भर खाया भी नहीं था—प्यास जोरों के साथ लगी थी। पैर लड़खड़ा रहे थे आँखें निकली पड़ती थीं। और उसी समय एक पुलिसवाले ने बढ़कर मुझसे पूछा, 'तुम कौन हो ?'

''मैं ऐसा बेकाबू और बेहोश था कि मेरे मुँह से शायद शब्द ही नहीं निकले, और अगर निकले भी तो टूटे-फूटे, बिना मतलब के रहे होंगे। तब तक एक दूसरा पुलिसवाला आ गया। उसने पहले से पूछा कि मामला क्या है। दूसरे ने जवाब दिया 'मालूम होता है सार दारू पिए है। पैर सीध नाहीं पड़त हैं—जबान नाहीं खुलत है—नसा माँ बेहोस है।' दूसरे ने कहा, 'तो फिर थाना लै चलो, काल सुबह होस आए जाई।''

''उस समय मैंने उन्हें समझाने की कोशिश की, लेकिन या तो मैं उन्हें नहीं समझा सका, या फिर वे मुझे नहीं समझ सके !''

''अरे तो यह बात है !'' मैंने मुसकराते हुए कहा। मैंने नौकर को बुलाकर खाना मँगाया। वे भोजन करने लगे और मैंने उनसे कहा, ''आपका अनुभव तो बुरा हुआ है। अब मेरी सलाह यह है कि आप कल सुबह अपने घर वापस चले जाएँ आप अच्छी साइत पर घर से नहीं चले थे।''

खाना खाते हुए उन्होंने कहा, ''जी हाँ किशोर जी—बात ठीक है। लेकिन मेरे मामा के ससुर के बहनोई जो टिकट-कलक्टर हैं और मुझे कलकत्ता मुफ्त लाए थे, कह गए थे कि करीब पंद्रह दिन में वापस लौटेंगे तब साथ ले जाएँगे। बारह दिन हो गए है; दो-तीन दिन में आनेवाले हैं, तब चला जाऊँगा।''

—लेकिन इस घटना को हुए करीब पंद्रह दिन हो गए हैं और मेरा घर अभी तक आबाद है क्योंकि श्री रामखेलावन शरण नारायण प्रसाद सिह के मामा के ससुर के बहनोई अभी तक वापस नहीं लौटे हैं।

विक्टोरिया क्रॉस

हमारे जीवन में कभी-कभी ऐसी घटनाएँ घटित हो जाती हैं, जिनकी हम कल्पना नहीं कर सकते। पता नहीं कहाँ तक मनुष्य स्वयं अपने कर्मों का उत्तरदायी है। यदि कहीं एक नियम है, तो वहीं पर उस नियम का इतना स्पष्ट और पक्का अपवाद भी है कि संयम का अस्तित्व ही नहीं रह जाता। फिर जिसे हम विधि का विधान कहेंगे, उसका कोई नियम भी तो नहीं है; उसके जितने नियम हमारे सामने हैं, वे सब हमारी कल्पना द्वारा निर्मित हैं। हमारे जीवन में न जाने कितनी शक्तियाँ काम करती रहती हैं, उदाहरण के रूप में हमारी मन:प्रवृत्ति, हमारी परिस्थितियाँ, क्षणिक आवेग और भावनाएँ, समाज के नियम और बंधन आदि। ये तो वे शक्तियाँ हैं और भावनाएँ, समाज के नियम और बंधन आदि। ये तो वे शक्तियाँ हैं जिन्हें हम स्पष्ट देखते हैं और अनुभव करते हैं; पर एक और भी शक्ति है, जिसका हम कभी विश्लेषण नहीं करते। वह शक्ति मानव-नियमों का उपहासात्मक प्रतिवाद है, और इस कारण मनुष्यों ने भी उसे उपहासात्मक नाम दिया है—हिंदी में हम उसे 'धुप्पल' कहते हैं, अंग्रेजी में 'फ्लूक' कहते हैं। इस 'धुप्पल' पर आप मनन कीजिए, और आप उसका अध्ययन अरोचक न पाएँगे। 'धुप्पल' का अध्ययन करने के समय आप ऐसी-ऐसी घटनाओं से परिचित हो सकेंगे कि आपको न मनुष्य की शक्ति पर विश्वास रह जाएगा, और न भलाई तथा बुराई को ही आप महत्त्व दे सकेंगे। हाँ, आप जी खोलकर हँस सकेंगे; लेकिन शर्त यह है कि आप खुश-मिजाज हों। यदि आप खुश-मिजाज नहीं हैं, या यों कहिए कि आपने मुहर्रम में जन्म लिया है, तो इस धुप्पल की क्या मजाल, जनाब, इस धुप्पल के निर्माता भी आपको नहीं हँसा सकेंगे। रही एक हल्की-सी मुसकराहट, वह तो बड़े लोगों के लिए है—और बड़े लोगों की बात मैं चलाने को तैयार नहीं।

हाँ, तो धुप्पल की बात चली थी न। यह बात क्यों चली, आप यही प्रश्न करेंगे। दुनिया में और भी अनेक महत्त्व के प्रश्न हैं। आदर्शवादी कहेगा, 'महाशय जी, आप किसी आदर्श को लीजिए, संसार उससे शिक्षा ग्रहण करे और जीवन में एक पवित्र साहस के साथ अग्रसर हो।' यथार्थवादी कहेगा, 'जनाब इन बेकार की बातों में क्या रखा है? मनोविज्ञान का विश्लेषण कीजिए और जीवन की घटनाओं में छिपे हुए सत्य को निकालिए।' सोशलिस्ट

कहेंगे—'यह क्या बक रहे हो ? किसानों और मजदूरों की बातें करो, उनके दुःखों को दूर करने का प्रयत्न करो, संसार से उत्पीड़न का नाम उठा दो ' और भी लोग न जाने क्या-क्या कहेंगे; पर मैं साफ-साफ कह दूँ कि मैं तो इस समय धुप्पल के फेर में पड़ा हूँ, कल शाम से; और धुप्पल के अलावा मैं तो इस समय किसी अन्य विषय पर लिखने को तैयार नहीं।

कल शाम के समय मैं अपनी आदत से मजबूर होकर फिर एक महीने के बाद उसी पुराने रिस्टोराँ में चाय पीने जा पहुँचा। बात यों हुई कि मेरे दोस्त आ गए थे। उनसे बातचीत हुई और उनके जाने के बाद मुझे एक लिफाफा मिला, जिसमें उन्होंने एक पत्र के साथ पाँच रुपए का एक नोट छोड़ दिया था। ये पाँच रुपए वे मुझसे शर्त में हारे थे, और वह शर्त यह थी कि मैं कहानी नहीं लिख सकता और यदि कभी लिख भी लूँ तो वह किसी अच्छे पत्र में न छप सकेगी। मैंने शर्त बदने को तो बद ली थी; पर बाद में मुझे दुःख हुआ, क्योंकि यह शर्त बदना न था, बल्कि उन मित्र की जेब से जबरदस्ती रुपया निकाल लेना था। अगर कोई व्यक्ति अपनी प्रतिभा को स्वीकार नहीं करता, तो आपका यह कर्त्तव्य है कि उसे आप अपनी प्रतिभा से प्रभावित करके उससे अपनी प्रतिभा को मनवाए, न कि आप उससे शर्त बदकर उसके रुपयों को छीन लें।

मुझे पाँच रुपए मिले, मुफ्त के ही थे; पर वे रुपए जिस तरह से आए थे, उसी तरह से खर्च भी होने चाहिए। घर से निकला यह सोचकर कि पाँच रुपए किसी संस्था को दान दे दूँ। रास्ते में रिस्टोराँ मिला। पैर रुक गए, या यों कहिए कि मेरी जेब के रुपयों ने मेरे पैर रोक दिए। सोचा, पच्चीस फी सैकड़ा कमीशन हरएक सौदे में जायज है—मराठों ने चौथ ली थी, फिर मैंने ही कौन-सा पाप किया है कि पाँच रुपए में सवा रुपया अपने ऊपर न खर्च करूँ ? पैर मुड़े और मैं रिस्टोराँ के अंदर।

मैंने एक बार रिस्टोराँ का मुआइना किया, अंदाजा; किस मेज पर बैठूँ कि एकाएक मेरा हाथ सेल्यूट करने को उठ गया। यहाँ यह बतला दूँ कि मैं जब यूनिवर्सिटी में था, तो ट्रेनिंग कोर का मेंबर था। एक वर्ष और भी सैनिक शिक्षा पाई थी और शायद एक-आध वर्ष और भी सैनिक शिक्षा लेता, यदि एक दिन आफिसर कमांडिग ने कंधे पर राइफिल लदवाकर चौदह मील तक पैदल रूट मार्च न करवा दिया होता। हाँ, तो सामने एक कोने में मेज पड़ी थी और उस पर दो फौजी बैठे हुए चाय पी रहे थे। एक के सीने पर विक्टोरिया क्रॉस मेडल चमक

रहा था। जिसै व्यक्ति के विक्टोरिया क्रॉस लगा हो उसे क्या कलक्टर, क्या कमिश्नर और क्या गवर्नर सबको सलाम करना पड़ता है, फिर भला मैं उसे क्यों न सलाम करता ? तै कर लिया कि उन दो फौजियों की मेज पर बैठकर चाय पिऊँ—विक्टोरिया क्रॉस पाए हुए लोगों से बातें करते हुए उनके साथ बैठकर चाय पीने का अवसर कोई रोज थोड़े ही मिला करता है, और साधारण आदमियों को तो कभी नहीं मिलता।

उसी मेज पर जाकर मैं डट गया। उन फौजियों को शायद मेरा उनकी मेज पर बैठना बुरा लगा, क्योंकि एक ने आँखें मिचमिचाईं और दूसरे ने अपनी मूँछ पर हाथ फेरा। एक ने खाँसा और दूसरे ने मेज पर हाथ पटका। एक ने मुँह बनाया और दूसरे ने नाक सिकोड़ी। मैंने अब अधिक देर चुप रहना उचित न समझा। जिन सज्जन के विक्टोरिया क्रॉस लगा था उनसे मैंने कहा—"क्या यह विक्टोरिया क्रॉस आपको इस ग्रेट वार में मिला ?"

उन्होंने सिर हिला दिया।

मैंने फिर पूछा, "क्या मैं आपका नाम जान सकता हूँ ?"

"सुखराम !"

मैंने विक्टोरिया क्रॉस को गौर से देखते हुए कहा, "आप बड़े वीर आदमी हैं, हमारे देश को आप ऐसे वीरों पर अभिमान होना चाहिए !"

"हूँ"—कहकर सुखराम ने आँखें नीची कर लीं।

मैं एक-एक शब्द के उत्तर को सुनकर घबड़ा गया था और उठकर चलने वाला ही था कि मेरी दृष्टि सुखराम के साथी पर पड़ गई जो मुस्करा रहा था। मुझे घबड़ाया हुआ देखकर उसने कहा—"बाबू साहब, आप आखिर चाहते क्या है ?"

लड़खड़ाते स्वर में मैंने कहा, "कुछ नहीं; यही जानना चाहता था कि वीरता के किस काम में आपके साथी को विक्टोरिया क्रॉस मिला।"

सुखराम के साथी ने सुखराम की ओर देखा, इसके बाद उसने मेरी ओर। कुछ मुस्कराते हुए उसने कहा, "बाबू साहब, बतला तो दूँ लेकिन दो शर्तें हैं, पहली यह कि सुखराम बतलाने दें और दूसरी यह कि आप उस कहानी को सुनकर शक न करें।"

सुखराम ने अपने साथी को घूरकर देखा। उसके साथी ने कहा—"बाबू साहब ! सुखराम नहीं चाहते कि मैं कुछ बताऊँ, अब आप ही समझिए, मैं किस प्रकार बतला सकता हूँ ?"

इस समय तक मेरा कौतूहल काफी बढ़ चुका था। जिसने वीरता नहीं की

थी, वह वीर का गुणगान करना चाहता था; पर वीर स्वयं ही नहीं चाहता था कि उसका गुणगान किया जाए। सुखराम क्यों मना कर रहा है, इसे जानने को मैं उत्सुक था। सुखराम के संबंध की कहानी विचित्र होगी, इतना मैं अनुमान किए हुए था। मैंने सुखराम के साथी से कहा, "जैसी आपकी इच्छा, यदि आपके साथी नहीं चाहते हैं तो न सही।" यह कहकर मैंने ब्वॉय को आवाज दी और तीन गिलास बियर के मँगवाए।

कुछ थोड़ा-सा इनकार करने के बाद सुखराम और सुखराम के साथी ने बियर के गिलास खाली कर दिए। इधर-उधर की बातें हो रही थीं। उठते हुए मैंने सुखराम के साथी से कहा, "यह मेरा दुर्भाग्य ही है कि मैं आपकी उस कहानी को न जान सका, अच्छा अब मैं चलूँगा।"

बियर के गिलासों ने सुखराम और सुखराम के साथी की गंभीरता को दूर कर दिया था। थोड़ी देर में हम लोग पक्के दोस्त हो गए थे। सुखराम के साथी ने मेरा हाथ पकड़कर मुझे बिठला लिया, "बाबू साहब, अब चाहे सुखराम कहने दें, चाहे न कहने दें, लेकिन मैं तो आपको कहानी सुनाऊँगा ही।"

सुखराम भी मुसकराया, "अरे सुना भी दो, कौन मेरा बिगड़ जाएगा।" सुखराम के साथी ने आरंभ किया :

बाबू साहब, हम लोग एक ही गाँव के रहनेवाले हैं। जब लड़ाई छिड़ी, उस वक्त मैं फौज में था। पहले तो समझा लड़ाई जल्दी ही खतम हो जावेगी, लेकिन वह काहे को खतम होने की, और जरमनी ने दाँत खट्टे कर दिए। हम लोग न होते तो बाबू साहब, अँगरेज शर्तिया यह लड़ाई हार जाते, अरे हमीं लोगों ने तो यह लड़ाई जीती।

हाँ —तो जब लड़ाई शुरू हुई तब भरती भी शुरू हुई। और जैसे-जैसे लड़ाई जोर पकड़ती गई, वैसे-वैसे भरती जोर पकड़ती गई। एक दिन भरती करनेवाले पहुँचे हमारे गाँव, और उनके सामने पड़ गए सुखराम। सुखराम अपनी जोरू से पिट के नदी में डूबने जा रहे थे। सो भरती करनेवालों ने देखा सुखराम को और सुखराम ने देखा भरती करनेवालों को। सुखराम की समझ में यह बात आ गई कि भरतीवाले जान के ग्राहक हैं और भरतीवालों की समझ में यह बात आ गई कि सुखराम जिंदगी से आजिज हैं। बस फिर क्या था, सुखराम भरती हो गए।

छह महीने तक कवायद सिखाई गई और सातवें महीने लाद दिए गए सुखराम जहाज पर, लड़ने के लिए। वहाँ ये हम लोगों को मिले। सुखराम मुझे देखकर बडे खुश हुए। लगे कहने कि दुनिया घूम रहे हैं, फौजी हैं, लौटकर मारे

बूट के, मारे बूट के जोरू का कचूमर निकाल देंगे। ये बातें कर ही रहे थे कि हम लोगों का फायरिंग लाइन में जाने का हुक्म आया। फायरिंग लाइन में जाने का हुक्म पाते ही हमारे बटेलियन के लोगों के चेहरे पीले पड़ गए; लेकिन सुखराम के चेहरे पर शिकन नहीं। आप नहीं जानते बाबू साहब, कि ऐसा क्यों था ? बात यह थी कि सुखराम बेचारे क्या जानें कि फायरिंग लाइन क्या बला है ? इनके लिए तो जैसे हिंदुस्तान से विलायत आना वैसे ही बंदरगाह से फायरिंग लाइन पर जाना।

हम लोग ट्रेंचों में पहुँचे, और गोलाबारी शुरू हुई अब सुखराम की हालत देखिए, इन्होंने रोना शुरू किया। जिंदगी में तोप की आवाज सुनी न थी, यहाँ जो तोपें और बंदूकें चलती देखीं तो बौखला गए। इधर गोली चली और उधर सुखराम भागे, पर मैंने सुखराम को पकड़ लिया। ट्रेंचों के बाहर निकलना और मर के गिर पड़ना बराबर ही है। लेकिन सुखराम बौखलाए हुए, उन्हें यह पता कहाँ ? हम लोगों ने लाख समझाया, पर इनकी समझ में बात न आई। समझते तब, जब रोने और चिल्लाने से फुरसत मिलती। अंत में हम लोगों ने इन्हें बाँध दिया।

तीन दिन तक ये बँधे रहे। इन तीन दिनों तक हमें किन-किन मुसीबतों का सामना करना पड़ा, यह हमीं जानते हैं। चौथे दिन गोलाबारी ने भयानक रूप धारण किया। दुश्मन ने हमारी ट्रेंचों पर धावा बोला और हम लोग सब-के-सब उनको रोकने में लग गए। सुखराम को यह मौका मिला, किसी तरह इन्होंने अपनी रस्सी तुड़ाई और रस्सी तुड़ाकर ट्रेंच के ऊपर चढ़ गए और बेतहाशा पीछे भागे।

बाबू साहब ! सुखराम की ऐसी बेशरम जिंदगी भी हम लोगों ने नहीं देखी। चारों तरफ से गोलियों की बौछार हो रही है, तोप के गोले गिर रहे हैं, बम फूट रहे हैं और सुखराम इन सबों के बीच से सही-सलामत भागे चले जा रहे हैं ! एक गोली कान से बातें करती हुई निकल गई, तोप के गोले से जो जमीन फट के उछली, उसी के साथ इन्होंने भी दस फुट की छलाँग मारी इनका साफा गोलियों से छलनी हो रहा था, जूते की एड़ियों में गोलियाँ चिपकी हुईं, वरदी गोलियों से छिदी हुई, और सुखराम के बदन पर एक खराश तक नहीं !

सौ गज की दौड़ें तो आपने देखी होंगी, लेकिन मैं दावे के साथ कहता हूँ कि तेज-से-तेज दौड़नेवाला उस दिन इनका मुकाबिला नहीं कर सकता था। बीच-बीच में गढ़े थे और वहाँ इन्होंने जो लांगजंप किया है, उसके आगे दुनिया का रिकार्ड मात है, क्योंकि एक दफे ये करीब इक्कीस फीट चौड़ा गढ़ा फाँद गए थे। और इन्होंने जो कलाबाजियाँ खाईं, अगर आज ये उनको दुहरावें तो किसी

भी सरकास में हजार-पाँच सौ रुपया महीना पैदा कर सकते हैं। हम लोग चिल्लाते ही रह गए, लेकिन सुखराम भला काहे को रुकने के !

अब सुखराम डेंजर-जोन के बाहर निकले, लेकिन उनका दौड़ना बंद नहीं हुआ। डेंजर-जोन के बाद कंडैल साहेब का खीमा गड़ा था। तारबर्की हो रही थी, और कंडैल साहब दूरबीन लगाए बैठे थे। जब सुखराम खेमे के पास आए तो कंडैल साहब ने चिल्लाकर कहा–'कहाँ जाता है ?' सुखराम एक सेकंड के लिए रुके, हाँफते हुए इन्होंने कहा–'साहब, गोली ! गोली !' और यह कहते हुए सुखराम बेहोश होकर गिर पड़े।

यहाँ तक तो जो कुछ हुआ वह ठीक ही हुआ। सुखराम किस तरह से बच आए, कौन बतलाए, लेकिन मालूम होता है भगवान अच्छा-खासा मजाक करने पर तुले हुए थे। कंडैल साहब ने दौड़कर सुखराम को खुद अस्पताल भिजवाया। इसके बाद उन्होंने अपने खरीते में लिखा–"सुखराम ने बहुत बड़ी बहादुरी का काम किया। जिस वक्त टेंचों में एम्यूनिशन खतम हो गया और टेंचों से यहाँ तक की कम्यूनिकेशन काम नहीं कर रही थी, यह आदमी अपनी जान पर खेलकर टेंचों के बाहर निकलकर यहाँ एम्यूनिशन खतम हो जाने की इत्तिला देने आया। ताज्जुब हो रहा है कि यह शख्श इतनी दूर जिंदा कैसे चला आया–हजारों गोलियों के निशान इसके बदन पर के कपड़ों पर हैं; इसके एक भी गोली नहीं लगी। शायद इसके इस विलफोर्स ने की किसी-न-किसी तरह एम्यूनिशन खत्म होने की इत्तिला देनी ही चाहिए, इसे जिंदा रक्खा। यहाँ पर हम परमेश्वर का हाथ देखते हैं। साथ ही हम यह सिफारिश करते हैं कि सुखराम को उसकी बहादुरी के लिए विक्टोरया क्रॉस दिया जाए।" और बाबू साहब, आप देखते ही हैं कि सुखराम को विक्टोरिया क्रॉस मिल गया।

मैं मुसकराया; पर न जाने मैंने क्यों यह प्रश्न कर दिया–"और इनकी बीवी का क्या हाल है ?"

सुखराम का साथी सुखराम का हाथ पकड़कर उठ खड़ा हुआ। हँसते हुए उसने कहा–"बीवी ! अरे हाँ, अब इनकी बीवी जब इन्हें पीटने लगती हैं, तब ये विक्टोरिया क्रॉस जेब में रख लेते हैं।"

इन्स्टालमेंट

चाय का प्याला मैंने होंठों से लगाया ही था कि मुझे मोटर का हॉर्न सुनाई पड़ा। बरामदे में निकलकर मैंने देखा चौधरी विश्वंभरसहाय अपनी नई शेवरोले सिक्स पर बैठे हुए बड़ी निर्दयता से एलेक्ट्रिक हॉर्न बजा रहे हैं। मुझे देखते ही वह, "हलो, गुड ईवनिंग, सुरेश !"—कहकर कार से उतर पड़े।

"गुड ईवनिंग, चौधरी साहब ! अभी चाय पीने बैठा ही था। बड़े मौके से आए।"

चौधरी विश्वंभरसहाय गठे बदन के लंबे-से युवक थे। उम्र करीब पच्चीस वर्ष की थी। रंग साँवला, चेहरा लंबा और मुख की बनावट बहुत सुंदर। बाल बीच से खिंचे हुए, कलम कान के नीचे तक और दाढ़ी-मूँछ साफ। चेहरे पर पाउडर और क्रीम की एक हल्की-सी अस्पष्ट तह। वह धारीदार सिल्क की शेरवानी पहने थे और उनकी टोपी, जिसे वह हाथ में लिए थे, उसी कपड़े की थी। गरारेदार पाजामा, पैर से मोजा नदारद, लेकिन पेटेंट लेदर का ग्रीशियन पंप।

चौधरी विश्वंभरसहाय के पिता चौधरी हरसहाय अवध के एक छोटे-मोटे ताल्लुकेदार थे। विश्वंभरसहाय अपने पिता की एकमात्र संतान थे, लेकिन लड़कर प्रयाग चले आए थे। पिता और पुत्र के स्वभाव में काफी समता होते हुए भी हल्की-हल्की बातों में आपस में गहरा मतभेद रहता था। चौधरी हरसहाय और चौधरी विश्वंभरसहाय शराब में बराबर रुपया खर्च करते, लेकिन जहाँ पिता महुवे के ठर्रे की सवा बोतल पी जाते थे, वहाँ पुत्र व्हिस्की के दो पेगों से ही संतुष्ट हो जाया करते थे। न पिता वेश्यागामी थे, न पुत्र। केवल, पिता रियासत की कुछ जवान बारिनों और चमारिनों पर दस-पंद्रह रुपया महीना खर्च कर दिया करते थे, तो पुत्र नगर में 'सोसायटी गर्ल्स' की दावत पर तथा उनको खेल-तमाशे दिखलाने में दस-पंद्रह रुपया महीना खर्च कर दिया करते थे। पिता और पुत्र दोनों को ही राजनीति से रुचि थी, लेकिन जहाँ पिता अमन-सभा के सभापति थे, वहाँ पुत्र कभी-कभी खद्दर पहनकर काँग्रेस मंच से व्याख्यान दे दिया करते थे।

परिणाम स्पष्ट था ! एक दिन पुत्र ने पिता को बाग में भूसा भरनेवाली कोठरी में बंद कर दिया और गाँव में फिर वापस न आने की कसम खाकर शहर

की राह पकड़ी। बारह घंटे तक गुम रहने के कारण काफी छानबीन करने के बाद चौधरी हरसहाय उस भूसेवाली कोठरी से बरामद किए गए।

अपने पुत्र की नालायकी पर चौधरी हरसहाय बहुत क्रोधित हुए और उन्होंने अपना पिस्तौल निकाला। पति का उग्र रूप देखकर चौधराइन साहिबा, अर्थात चौधरी हरसहाय की पत्नी या चौधरी विश्वंभरसहाय की माता ने स्वरों के साथ रोना आरंभ किया। शायद पत्नी का अकेले रोना चौधरी साहब को बुरा लगा, इसलिए उन्होंने भी अपनी पत्नी के स्वर-में-स्वर मिलाया। उसके बाद दोनों गले मिले।

प्रयाग आकर चौधरी विश्वंभरसहाय ने सिविल लाइन्स में एक काटेज किराए पर ली। घर से चलते समय वह काफी रुपए साथ ले आए थे, फिर उनकी माता भी किसी-न-किसी प्रकार घर का खर्च काट-कूटकर दो-तीन सौ रुपया पुत्र को भेज दिया करती थीं।

"यार सुरेश, तीन सौ रुपया आज शाम तक चाहिए। आज दिन-भर शहर की गली-गली छान डाली, लेकिन कहीं इंतजाम न हो सका। आखिर में हारकर तुम्हारा दरवाजा देखना पड़ा।"

मैं मुसकराया, "बस इतनी-सी बात है! अभी लो!" चाय का प्याला चौधरी साहब के सामने बढ़ाते हुए मैंने कहा। कुछ रुककर मैंने फिर पूछा, "आखिर ऐसी क्या जरूरत आ पड़ी?"

"यार, यह न पूछो!"

"क्या कहीं से कुछ फरमाइश तो नहीं हुई है?" मैंने भेद-भरी दृष्टि डालते हुए पूछा।

"नहीं, फरमाइश नहीं हुई है, इसका मैं तुम्हें यकीन दिलाता हूँ।" सकपकाते हुए चौधरी साहब ने कहा।

मैं ताड़ गया कि कुछ दाल में काला है। "देखो चौधरी साहब, बनो मत, ठीक-ठीक बतला दो। रुपया मुझसे ही लेना है।" हँसते हुए मैंने कहा।

"भाई, कल कार का 'इन्स्टालमेंट' देना है, बस इतनी-सी बात है।"

"आखिर तुम्हें यह क्या सूझी जो कार खरीद बैठे, जब तुम्हारे रोज के खर्च ही मुश्किल से चलाए चलते हैं?" मैंने पूछा।

"यार, उस दिन फँस ही गए—अब क्या किया जाए।"

"किस दिन?"

''अच्छा तो जो बात अभी तक किसी को नहीं बतलाई, वह तुम्हें बतलानी ही पड़ गई। तो सुनो! अभी तीन महीने की बात है। भुवन के बड़े भाई आए थे, उनसे मिलने के लिए मैं सुबह उनके बँगले पर पहुँचा। ताँगा मैंने बँगले पर पहुँचते ही छोड़ दिया, क्योंकि काफी लोग इकट्ठा थे और मेरा ख्याल था कि जल्दी छुट्टी न मिलेगी। मेरा अनुमान गलत भी न था। खा-पीकर करीब बारह बजे फुर्सत मिली।

''मुझे एक काम से चौक जाना था। मैंने भुवन से एक ताँगा मँगवाने को कहा तो मालूम हुआ कि नौकर बीमार है। यह सोचकर कि बाहर निकलकर कोई सवारी ले लूँगा, मैं भुवन के बँगले से चल पड़ा। भाई सुरेश, जानते ही हो कि बरसात की धूप कितनी कड़ी होती है। ठीक दोपहर–जमीन जल रही थी और खोपड़ी चटकी जा रही थी। फाटक के बाहर आकर मैं एक पेड़ की छाया में खड़ा हो गया और सवारी की प्रतीक्षा करने लगा।

''मैं करीब आध घंटे वहाँ खड़ा रहा, लेकिन कोई खाली ताँगा न निकला। तबीयत परेशान हो गई। मेरा बँगला वहाँ से करीब दो मील की दूरी पर था। पैदल चलने के ख्याल से ही आँखों के आगे अँधेरा छा जाता था। कुछ समझ में न आ रहा था कि क्या करूँ। अंत में मैंने यह तय किया कि यदि दस मिनट में कोई सवारी नहीं आती; तो जान पर खेलकर घर तक का रास्ता पैदल ही नापूँगा।

''दस मिनट भी हो गए; पर सवारी का पता नहीं। अब मैंने चलने के लिए कमर बाँधी। पैर उठाया ही था कि इक्के की घड़घड़ाहट मुझे सुनाई दी। पीछे मुडकर देखा, तो एक खाली इक्का चला आ रहा था।

''मैं रुक गया। सुरेश, सच कहता हूँ कि उस इक्के को देखकर जान-में-जान आई। लेकिन उस इक्के की बावत यहाँ कुछ बतला देना आवश्यक होगा। मेरा ऐसा ख्याल है कि वह इक्का गदर के पहले बना होगा, क्योंकि इतनी पुरानी लकड़ी की चीज मैंने पहले कभी न देखी थी। पहिए छोटे-छोटे जिन पर लोहे का हाल चढ़ा हुआ था, धुरे से निकलने की लगातार कोशिश कर रहे थे लेकिन निकल न पाते थे; क्योंकि लोहे की एक-एक कील उनको रोक रही थी। इसीलिए शायद उन कीलों से लड़ने के समय कभी-कभी एक कर्कश आवाज कर देते थे। इक्के की छत बेर-बेर चारों तरफ हिल-डुलकर अपने बुढ़ापे को प्रकट कर रही थी। छत के बीच तीन डंडे तो मौजूद थे, लेकिन चौथे के जवाब दे देने के कारण बाँस का डंडा लगाया गया था। बाकी तीन डंडों में भी काफी मरहमपट्टी हो चुकी थी। उस इक्के पर एक गद्दा बिछा हुआ था जिसके ऊपर का कपड़ा फट गया था और रुई हवा में

उड़कर दुनिया में घूमने-फिरने की सोच रही थी।

''उस इक्के में जो घोड़ी जुती हुई थो, वह करीब साढ़े तीन फिट ऊँची, पाँच फीट लंबी और एक फुट चौड़ी होगी। उसकी एक-एक हड्डी गिनी जा सकती थी। वह कभी-कभी रुककर सुस्ताने का प्रयत्न भी कर लेती थी। इक्केवान करीब सत्तर वर्ष के बुजुर्गवार थे, जिनकी दाढ़ी काफी लंबी थी और सन की तरह सफेद। कमर झुकी हुई और दाँत नदारद। उनके एक हाथ में चाबुक थी और एक हाथ में घोड़ी की रास। वह उस समय शायद अफीम की पिनक में ऊँघ रहे थे।

''सुरेश! तबीयत तो न हुई कि उस इक्के पर बैठूँ, लेकिन मरता क्या न करता। मैं चलते इक्के पर ही उचककर बैठ गया। घोड़ी ने अंदाज लिया कि इक्के पर बोझ अधिक हो गया और वह विरोध-रूप में खड़ी हो गई। इक्के के खड़े होने के साथ ही जो झटका लगा, तो बड़े मियाँ ने आँखें खोल दीं। एक ही साँस में घोड़ी को माँ-बहन की गालियाँ देते हुए चार-पाँच चाबुक फटकार गए। घोड़ी को चलना पड़ा। इसके बाद उन्होंने मुझे देखा।

'' 'बाबू जी सलाम!—कहाँ चलना होगा?'

''बस सीधे चले चलो। मैंने कहा, क्योंकि मेरा बँगला उसी सड़क पर था।

''थोड़ी दूर चलने के बाद एक ताँगा मेरी दाहिनी ओर से आगे बढ़ा। मैंने देखा कि उस ताँगे पर दो स्त्रियाँ बैठी थीं। उन दोनों को तुम भी जानते हो—प्रभा और कमला। ये दोनों जब मैं यूनिवर्सिटी मे था तो मेरे साथ पढ़तीं थीं। इधर इन दिनों इन दोनों से मेरी दोस्ती कुछ थोड़ी-सी गहरी हो रही थी। सुरेश, क्या कहूँ, इनको देखते ही मेरा चेहरा पीला पड़ गया, कलेजा धक-से हो गया।—अगर इन्होंने मुझे इस इक्के पर देख लिया तो?…एकदम मैंने अपना मुँह उधर से फेर लिया।

''लेकिन बदकिस्मती से मैं ही अकेला उस इक्के पर था। अगर और सवारियाँ होतीं तो शायद मैं छिप भी जाता। तांगा तेजी के साथ बढ़ा जा रहा था, लेकिन एकाएक धीमा हो गया। मैंने उस समय पीछे देख रहा था। मैं सोचा कि ताँगा चाहे लाख धीमा किया जाए, मेरे इक्के को नहीं पा सकता। यह सोचकर मैंने संतोष की गहरी साँस ली। लेकिन एकाएक ताँगा रुक गया और प्रभा तथा कमला दोनों ही जोर से खिलखिलाकर हँस पड़ीं।

''सुरेश, तुम नहीं जान सकते, उस वक्त मेरी क्या हालत थी। लज्जा और क्रोध से मेरे मुख का रंग बेर-बेर बदल रहा था। दिल में तरह-तरह के खयाल आ रहे थे, कभी तबीयत होती थी कि इस इक्केवाले की जान ले लूँ, कभी अपनी

ही जान लेने की सोचता था। फिर कभी उन दोनों का गला घोंट देने की तबीयत होती थी। लेकिन मैंने अपना मुँह सामने न किया, न किया। मैंने भी इक्केवाले से कहा–इक्का रोक दो। लेकिन काफी देर तक ताँगे ने चलने का नाम न लिया, तो मुझे मजबूरन इक्केवाले से कहना पड़ा–इक्का मोड़ लो। और मैं जहाँ से चला था वहीं लौट आया।

''इतना अपमानित मैं जीवन में कभी न हुआ था। मैंने तय कर लिया कि मैं इन दोनों को दिखला दूँगा कि मेरे पास कार है और इस प्रकार मैं अपने आत्म-सम्मान पर लगे हुए धब्बे को धो दूँगा। उसी दिन शाम को मैंने यह कार ले ली। पास में रुपया न था, इसलिए 'इन्स्टालमेंट सिस्टम' पर यह कार लेनी पड़ी।''

मैं हँस पड़ा–''अच्छा! इस तरह से कार आई। खैर, कार तो आ गई।''

चौधरी विश्वंभरसहाय ने चाय का दूसरा प्याला बनाते हुए कहा–''यार सुरेश! यह कार मैं नहीं रख सकता। अपना खर्च चलाना ही मुश्किल पड़ रहा है, कार तो एक बला पीछे लगी। लेकिन क्या करूँ, मजबूर हूँ। जिस दिन से कार ली है, उस दिन से उन दोनों की शक्ल ही नहीं दिखलाई दी। आज दो महीने से दिन-रात कार पर चक्कर लगा रहा हूँ। शहर की हरएक सड़क छान डाली और उनके मकान के तो न जाने कितने चक्कर लगा डाले, सिर्फ इसलिए कि वे मुझे कार पर कहीं देख लें, लेकिन न जाने कहाँ गायब हो गईं कि उनका पता ही नहीं लगा। जिस दिन उन्होंने यह कार देखी, उसके दो-चार दिन बाद ही मैं यह कार बेच दूँगा। बाबा, मैं कार से बाज आया। अच्छा, अब 'इन्स्टालमेंट' के लिए तो रुपया निकालो।''

प्रेजेंट्स

हम लोगों का ध्यान अपनी सोने की अँगूठी की ओर, जिस पर मीने के काम में 'श्याम' लिखा था, आकर्षित करते हुए देवेंद्र ने कहा–''मेरे मित्र श्यामनाथ ने यह अँगूठी मुझे प्रेजेंट की। जिस समय उसने यह अँगूठी प्रेजेंट की थी उसने कहा था कि मैं इसे सदा पहने रहूँ, जिससे कि वह सदा मेरे ध्यान में रहे।''

परमेश्वरी ने कुछ देर तक उस अँगूठी की ओर देखा, इसके बाद वह मुसकराया, ''प्रेजेंट्स की बात उठी है तो मैं आप लोगों को एक विचित्र, मजेदार और सच्ची कहानी सुना सकता हूँ। यकीन करना या न यकीन करना आप लोगों का काम है, मुझे कोई मतलब नहीं है। मैं तो केवल यह जानता हूँ कि यह बात सच है क्योंकि इस कहानी में मेरा भी हाथ है। अगर आप लोगों को कोई जल्दी न हो तो सुनाऊँ।''

चाय तैयार हो रही थी, हम सब लोगों ने एक स्वर में कहा, ''जल्दी कैसी? सुनाओ।''

परमेश्वरी ने आरंभ किया :

दो साल पहले की बात है। अपनी कंपनी का ब्रांच-मैनेजर होकर मैं दिल्ली गया था। मेरे बँगले के बगल में एक कॉटेज थी, जिसमें एक महिला रहती थीं: उनका नाम श्रीमती शशिबाला देवी था। वे ग्रेजुएट थीं और किसी गर्ल्स-स्कूल में प्रधान अध्यापिका थीं। संध्या के समय जब मैं टहलने के लिए जाया करता था तो श्रीमती शशिबाला देवी प्रायः टहलती हुई दिखाई देती थीं। हम लोग एक-दूसरे को देखते थे, पर परिचय न होने के कारण बातचीत न हो पाती थी।

एक दिन मैं टहलने के लिए नजदीक के पार्क में गया। वहाँ जाकर देखा कि श्रीमती शशिबाला देवी एक फव्वारे के पास खड़ी हैं। उन्होंने भी मुझे देखा और वैसे ही वे वहाँ से चल दीं। श्रीमती शशिबाला देवी मंथर गति से टहलती हुई आगे-आगे चल रही थी और मैं उनके पीछे करीब दस गज के फासिले पर। वे बीच-बीच में मुडकर पीछे भी देख लिया करती थीं। एकाएक उनका रूमाल गिर पड़ा, या यों कहिए कि एकाएक उन्होंने अपना रूमाल गिरा दिया, तो अनुचित न होगा क्योंकि मैंने उन्हें रूमाल गिराते स्पष्ट देखा था। रूमाल गिराकर वे आगे बढ़ गई।

जनाब! मेरा कर्तव्य था कि मैं रूमाल उठाकर उन्हें वापस दूँ। और मैंने किया भी ऐसा ही। मुसकराते हुए उन्होंने कहा–''इस कृपा के लिए मैं आपको धन्यवाद देती हूँ।''

मैंने भी मुसकराते हुए कहा, ''धन्यवाद की क्या आवश्यकता? यह तो मेरा कर्तव्य था।''

शशिबाला देवी ने मेरी ओर तीव्र दृष्टि से देखा, ''क्या आप यहीं कहीं रहते हैं? देखा तो मैंने आपको कई बार है।''

''जी हाँ, आपके बराबरवाले बँगले में ठहरा हुआ हूँ। अभी हाल में ही आया हूँ।''

"अच्छा ! तो आप मेरे पड़ोसी हैं, और यों कहना चाहिए कि निकटतम पड़ोसी हैं।" कुछ चुप रहकर उन्होंने कहा, "यह तो बड़े मजे की बात है। इतना निकट रहते हुए भी हम लोगों में अभी तक परिचय नहीं हुआ ?"

मैंने ज़रा लज्जित होते हुए कहा, "एक-आध बार इरादा तो हुआ कि अपने पड़ोसियों से परिचय प्राप्त कर लूँ, और परिचय प्राप्त भी किए, पर आप स्त्री हैं इसलिए आपके यहाँ आने का साहस न हुआ।"

शशिबाला देवी खिलखिलाकर हँस पड़ीं, "अच्छा तो आप स्त्रियों से इतना अधिक डरते हैं ! लेकिन स्त्रियों से डरने का कारण तो मेरी समझ में नहीं आता। अब अगर आप अपने भय के भूत को भगा सकें तो कभी मेरे यहाँ आइए। आपसे सच कहती हूँ कि स्त्री बड़ी निर्बल होती है, और साथ ही बड़ी कोमल। उससे डरना तो बड़ी भारी भूल है !"

शशिबाला की मीठी हँसी और उसकी वाक्पटुता पर मैं मुग्ध हो गया। वह सुंदरी न थी, पर वह कुरूपा भी नहीं कही जा सकती थी। उसकी अवस्था लगभग तीस वर्ष की रही होगी। गठा हुआ दोहरा बदन, बड़ी-बड़ी आँखें और गोल चेहरा। मुख कुछ चौड़ा था, माथा नीचा और बाल घने तथा काले और लापरवाही के साथ खींचे गए थे क्योंकि दो-चार अलकें मुख पर झूल रही थीं, जिन्हें वह बराबर सम्हाल देती थीं। रंग गेहुँआ और कद मझोला। छपी हुई मलमल की धोती पहने हुए थीं। पैरों में गोटे के काम की चट्टियाँ थीं।

मैंने शशिबाला की ओर प्रथम बार पूरी दृष्टि से देखा, शशिबाला को मेरी दृष्टि का पता था। वह ज़रा सिमट-सी गई, फिर भी मुस्कराते हुए उसने कहा, "आप विचित्र मनुष्य दिखाई देते हैं। फिर अब कब आइएगा ?"

"कल शाम को आप घर पर ही रहेंगी ?"

"अगर आप आइएगा। नहीं तो नित्य के अनुसार घूमने चली जाऊँगी।"

"तो कल शाम को पाँच बजे मैं आऊँगा।"

शशिबाला की और मेरी दोस्ती आशा से अधिक बढ़ गई। मैं विवाहित हूँ, वह तो आप लोग जानते ही हैं; और साथ ही मेरी पत्नी सुंदरी भी है। इसलिए यह भी कह सकता हूँ कि मेरी दोस्ती आवश्यकता से भी अधिक बढ़ गई। शशिबाला में एक विचित्र प्रकार का आकर्षण था, जो गृहिणी में नहीं मिल सकता। शशिबाला की शिक्षा और उसकी संस्कृति ! मैं नित्य ही उसके यहाँ आने लगा। कभी-कभी रात-रातभर मैं घर नहीं लौटा।

एक दिन जब सुबह मेरी आँख खुली तो सिर में कुछ हलका-हलका दर्द हो रहा था। मैं उठकर पलँग पर बैठ गया। वह कमरा शशिबाला का था। पर शशिबाला उस समय कमरे में न थीं, वह बाथरूम में स्नान कर रही थीं। घड़ी देखी, आठ बज रहे थे। अँगड़ाई लेकर उठा, खिड़की खोली। सूर्य का प्रकाश कमरे में आया। रात को ज़रा अधिक देर तक जगा था—सिर में शायद उसी से दर्द हो रहा था। ड्रेसिंग-टेबिल में लगे हुए आईने में मैंने अपना मुख देखा, सिर्फ आँखें लाल थीं और चेहरा कुछ उतरा हुआ। एकाएक मेरी दृष्टि ड्रेसिंग-टेबिल के कोने में चिपके हुए कागज के टुकड़े पर पड़ गई। उसमें कुछ लिखा हुआ था। उसे पढ़ा, अँगरेजी में लिखा था, 'प्रकाशचंद'। यह प्रकाशचंद कौन है ? मैं इसी पर कुछ सोच रहा था कि मैंने शशिबाला देवी का वेनिटी-बाक्स देखा। वैसे तो वेनिटी-बाक्स कई बार ऊपर से देखा है, उस दिन उसे अंदर से देखने की इच्छा हुई। पाउडर, क्रीम, लिपस्टिक, ब्राउ-पेंसिल आदि कई चीजें सजी हुई रखी थीं। सबको उलटा-पुलटा। एकाएक वेनिटी-बाक्स की तह में एक कागज चिपका हुआ दिखलाई दिया जिसमें लिखा था, 'सत्यनारायण'। वेनिटी-बाक्स बंद किया लेकिन प्रकाशचंद और सत्यनारायण—इन दोनों ने मुझे एक अजीब चक्कर में डाल रखा था। एकाएक मेरी दृष्टि कोने में रखे हुए ग्रामोफोन पर पड़ी। सोचा, एक-आध रिकार्ड बजाऊँ तो समय कटे। ग्रामोफोन खोला और खोलने के साथ ही चौंककर पीछे हटा। अंदर, ऊपरवाले ढकने के कोने में एक कागज चिपका हुआ था जिस पर लिखा था, 'ख्यालीराम'। वहाँ से हटा, हारमोनियम बजाने की इच्छा हुई। धौंकनी में एक कागज था, जिस पर लिखा था—'भूटासिंह'। चुपके से लौटा, कपड़े पहने; लेकिन जूता पलँग के नीचे चला गया था। उसे उठाने के लिए नीचे झुका—उफ्! पाए में पीछे की ओर एक कागज चिपका हुआ था, 'मुहम्मद सिद्दीक'।

अब तो मैंने कमरे की चीजों को गौर से देखना आरंभ किया। सब में एक-एक कागज चिपका हुआ और इस कागज पर एक-एक नाम—जैसे, 'विलियम डर्बी,' 'पेस्टनजी सोराबजी बागलीवाला,' 'रामेंद्रनाथ चक्रवर्ती,' 'श्रीकृष्ण रामकृष्ण मेहता,' 'रामनाथ टंडन,' 'रामेश्वर सिंह,' आदि-आदि।

उस निरीक्षण से थककर मैं बैठा ही था कि शशिबाला देवी बाथरूम से निकलीं। मुसकराते हुए उन्होंने कहा, ''परमेश्वरी बाबू! आज बड़ी देर से सोकर उठे।''

मैंने सिर झुकाए उत्तर दिया, ''सोकर उठे हुए तो बड़ी देर हो गई। इस बीच में मैंने एक अनुचित काम कर डाला, मुझे क्षमा करोगी ?''

मेरे पास आकर और मेरा हाथ पकड़ते हुए उन्होंने कहा, "मैं तुम्हारी हूँ, मुझसे क्यों क्षमा माँगते हो।"

"फिर भी क्षमा माँगना मैं आवश्यकता समझता हूँ। एक बात पूछूँ, सच-सच बतलाओगी?"

"तुमसे झूठ बोलने की मैंने कल्पना तक नहीं की है!"

"नहीं, वचन दो कि सच-सच बतलाओगी!"

मेरे गले में हाथ डालते हुए शशिबाला ने कहा—"मैं वचन देती हूँ।"

मैंने कहा, "मैंने तुम्हारे कमरे को प्रथम बार, आज पूरी तरह से देखा है, और वह भी तुम्हारी अनुपस्थिति में। मैं जानता हूँ कि मुझे ऐसा न करना चाहिए था, पर उत्सुकता ने मुझ पर विजय पाई। उसने मुझे नीचे गिराया। हाँ, मैंने तुम्हारे कमरे की सब चीजों को देखा, बड़े ध्यान से। पर एक विचित्र बात है, हरएक चीज पर एक कागज चिपका हुआ है जिस पर एक पुरुष का नाम लिखा है। अलग-अलग चीजों पर अलग-अलग पुरुषों के नाम लगे हैं। इस रहस्य को लाख प्रयत्न करने पर भी मैं नहीं समझ सका। अब मैं तुमसे ही इस रहस्य को समझना चाहता हूँ।"

शशिबाला देवी मुसकरा रही थीं, उन्होंने धीरे-से कोमल स्वर में कहा, "परमेश्वरी बाबू, यह रहस्य जैसा है वैसा ही रहने दो—उस रहस्य को तुम मुझसे न समझो। तुम इस रहस्य को समझकर दुखी हो जाओगे और बहुत संभव है इसे जानकर तुम नाराज भी हो जाओ।"

"नहीं, मैं दुखी न होऊँगा और न नाराज ही होऊँगा।"

"अच्छा, तुम मुझे वचन दो।"

"मैं वचन देता हूँ।"

शशिबाला कुरसी पर बैठ गई। "परमेश्वरी बाबू! इस रहस्य में मेरी कमजोरी है और साथ ही मेरा हृदय है। ये सब चीजें मुझे अपने प्रेमियों से प्रेजेंट में मिली हैं। याद रखिएगा कि मैंने प्रत्येक प्रेमी से केवल एक वस्तु ही ली है। अब मेरे पास इतनी अधिक चीजें हो गई हैं कि हरएक प्रेमी का नाम याद रखना असंभव है। चीजें नित्य के व्यवहार की हैं, इसलिए प्रत्येक प्रेमी की वस्तु पर मैंने उसका नाम लिख दिया है। इससे यह होता है कि जब कभी मैं उस वस्तु का व्यवहार करती हूँ, उस प्रेमी की स्मृति मेरे हृदय में जाग उठती है। क्या करूँ परमेश्वरी बाबू! मेरा हृदय इतना निर्बल है कि मैं अपने प्रेमियों को नहीं भूलना चाहती, नहीं भूलना चाहती।"

"तुम्हारे पास कुल कितनी चीजें हैं?"—मैंने पूछा।

''सत्तानवें।''

''इतनी अधिक!'' आश्चर्य से मैं कह नहीं उठा बल्कि चिल्ला उठा।

''हाँ, इतनी अधिक!''—शशिबाला देवी का स्वर गंभीर हो गया।—''परमेश्वरी बाबू, इतनी अधिक! मेरा विवाह नहीं हुआ, आप जानते हैं पर आप यह न समझिएगा कि मेरी विवाह करने की कभी इच्छा ही न थी। मैं सच कहती हूँ कि एक समय मेरी विवाह करने की प्रबल इच्छा थी। प्रत्येक व्यक्ति जो मेरे जीवन में आया भविष्य के सुख-स्वप्न पैदा करता आया, प्रत्येक व्यक्ति को मैंने भावी पति के रूप में देखा। पर क्या हुआ? वह व्यक्ति मुझे प्रेजेंट दे सकता था, पर अपनी न बना सकता था। धीरे-धीरे मैं इसकी अभ्यस्त हो गई। एक रहस्यमय जीवन धीरे-धीरे मेरे वास्ते एक खेल हो गया। सोचती हूँ कि उन दिनों मैं कितनी भोली थी जब विवाह के लिए लालायित रहती थी, जब पत्रों में मैंने अपने विवाह के लिए विज्ञापन तक निकलवाए। पर हरएक आदमी गलती करता है, मैंने भी गलती की। जब बंधन की कोई आवश्यकता नहीं है। जीवन एक खेल है, जिसका सबसे सुंदर हृदय का खेल, नहीं भोग-विलास का खेल है और खुलकर खेलना ही हमारा कर्तव्य है। परमेश्वरी बाबू, यह मेरी स्मृति की कहानी है और मेरी स्मृति के रूप को तो आपने देखा ही है।''

''साधारण मनुष्यों के लिए यह ठीक हो सकता है।'' कुछ हिचकिचाते हुए मैंने कहा।

''साधारण मनुष्यों के लिए ही क्यों? आपका नंबर अट्ठानवेवाँ होगा।'' खिलखिलाकर हँसते हुए शशिबाला ने उत्तर दिया।

उस समय मैं न जाने क्यों दार्शनिक बन गया। जनाब! मेरे जीवन में वैसे तो दर्शन में और मुझमें उतना ही फासिला है जितना जमीन और आसमान में, पर शशिबाला की कहानी सुनकर मैं वास्तव में दार्शनिक बन गया। मैंने कहा, ''हाँ, जीवन एक खेल है और तब तक जब तक हम खेल सकते हैं। अशक्त होने पर वही जीवन हमारे सामने एक भयानक और कुरूप समस्या बनकर खड़ा हो जाता है। तुम वर्तमान की सोच रही हो, मैं भविष्य की सोच रहा हूँ, दस वर्ष बाद की सोच रहा हूँ। उस समय तुम्हारे मुख पर झुर्रियाँ पड़ जाएँगी, लोग तुम्हारे साथ खेलने की कल्पना तक न कर सकेंगे। और फिर—फिर, ये स्मृतियाँ तुम्हें सुखी बनाने के स्थान में तुम्हें काटने को दौड़ेंगी। तुम्हारे आगे-पीछे कोई है नहीं, अपने बनाव-सिंगार के कारण, तुम कुछ बचा भी न सकती होगी। तब इस खेल के खत्म हो जाने के बाद बुढ़ापा, दुर्बलता, भूख, बीमारी और—और गत-जीवन पर पश्चात्ताप बाकी रह जाएगा। इसलिए मैं तुम्हें वह चीज प्रेजेंट

करूँगा जो उन दिनों तुम्हारे काम आवे। तुम्हारा संग्रह बहुमूल्य है, मैं वचन देता हूँ कि मैं दस वर्ष बाद तुम्हारे संग्रह को पाँच हजार रुपए में खरीद लूँगा। इस प्रकार ये अभिशापित स्मृति-चिन्ह उस समय तुम्हारे सामने से हट जावेंगे जब तुम राम का भजन करोगी और भगवान के सामने जाने की तैयारी करोगी। साथ ही पाँच हजार रुपए से तुम बढ़ापे के कष्टों को भी कम कर सकोगी ?"

मैंने परमेश्वरी से कहा, "और उसने तुम्हें नौकर द्वारा अपने कमरे से निकलवा नहीं दिया ?"

परमेश्वरी हँस पड़ा, "नहीं।" उसने कुछ देर तक सोचा, फिर उसने कहा, "तुमने जो कुछ कहा उसमें मैं सब बातें ठीक नहीं मानती, पर इतना अवश्य मानती हूँ कि मैंने अपने बुढ़ापे के लिए कोई इंतजाम नहीं किया। इसलिए मैं तुम्हारे हाथ यह सब बेच दूँगी। कांट्रेक्ट साइन कर दो।"—और मैंने कांट्रेक्ट साइन कर दिया। अभी दो वर्ष तो हुए ही हैं। परसों ही उसका पत्र आया है, जिसमें उसने लिखा है कि इस समय तक उसके पास एक सौ तेरह चीजें हो गई हैं।"

एक अनुभव

उस दिन मेरे मित्र नरेंद्र ने दावत दी थी। और यह तै हुआ था कि खाना खाने का लुत्फ जितना अच्छा किसी होटल में मिल सकता है उतना अच्छा घर में नहीं। नवयुवकों की धमाचौकड़ी, एक-दूसरे को गाली-गलौज और फिर बहुत गंभीरतापूर्वक अपनी-अपनी प्रेम-कहानियाँ—इन सबकी गुँजाइश भले घर में नहीं होती। पहले तो माताएँ, बहिनें, भौजाइयाँ इत्यादि-इत्यादि, दूसरे चश्मा चढ़ाए हुए और दाढ़ी फटकारते हुए बजुर्गवार जो किसी-न-किसी बहाने अपने बरखुरदारान व उनको खराब करनेवाले शोहदे दोस्तों की हरकतें देखने के लिए कमरे में एक-आध बार अवश्य झांक जाते हैं, और तीसरे यदि खाना खराब बना

तो घरवालों को मुक्त-कंठ से गालियाँ नहीं दी जा सकतीं। इसलिए होटल ही तै रहा।

शाम को हम लोग नरेंद्र के घर पर ही एकत्रित होकर काश्मीरी होटल पहुँचे। हम लोग कुल सात आदमी थे। होटल को सूचना पहले से ही दी जा चुकी थी, सीधे डार्यनिग हाल में डट गए। खाना पाँच मिनट के अंदर ही हम लोगों के सामने आ गया।

हम लोगों ने खाना आरंभ ही किया था कि एक सज्जन ने डार्यनिग हाल में प्रवेश किया। हम लोगों की मेज के पास ही एक छोटी-सी मेज पड़ी थी, उसी पर वे सज्जन बैठ गए। उनका खाना भी उनके सामने आ गया।

अपने बीच में उन सज्जन का आना हम लोगों को बुरा लगा, और घनिष्ठ मित्रों के बीच में एक अपरिचित व्यक्ति का आ जाना बुरा लगने की बात भी थी। रामेश्वर ने प्रस्ताव किया कि उन सज्जन को इतना बनाया जाए कि वे स्वयं ही वहाँ से उठ जाएँ। प्रस्ताव सर्व-सम्मति से स्वीकृत हो गया। रामेश्वर ने उन सज्जन से कहा—महाशय जी, आप अलग क्यों बैठे हैं? इसी मेज पर चले आइए, काफी जगह है।

उत्तर में अपनी थाली लिए हुए वे स्वयं हमारी मेज पर आ पहुँचे। उनकी उस बेतकल्लुफी पर आश्चर्य हुआ। वे मँझोले कद के तथा गठे बदन के एक सभ्य पुरुष थे। सेटीन जीन का सूट पहने थे। दाढ़ी-मूँछ साफ, रंग गेहुँआ और बातचीत से उच्च-कोटि के समाज के व्यक्ति मालूम होते थे। उनका नाम था पृथ्वीनाथ, जात के कायस्थ थे, जमींदार थे और रईस थे। तफरीहन घूमा करते थे, एम.ए. पास थे, नेता बनने की धुन में थे। कभी व्याख्यान दे देते थे और प्रायः अंग्रेजी अखबारों में राजनैतिक लेख लिख मारा करते थे।

''अच्छा, तो आप लोग सबके-सब इसी नगर के रहनेवाले हैं।'' हम लोगों का परिचय पाकर उन्होंने कहा, ''दावत का प्रबंध तो घर पर ही हो सकता था, फिर होटल क्यों चुना?''

मैंने कहा—''साहब, होटल में जितनी सुविधा तथा स्वच्छंदता प्राप्त है उतनी घर में नहीं मिलती।''

''बात तो आपने ठीक कही। मुझको ही लीजिए, इस नगर में मेरे प्रायः एक दर्जन रिश्तेदार हैं, लेकिन मैं होटल में ही ठहरा करता हूँ। सुविधा तथा स्वच्छंदता के साथ-साथ होटलों में कभी-कभी ऐसे अनुभव प्राप्त हो जाते हैं जो जिंदगी-भर याद रहते हैं।''

हम लोगों का कौतूहल बढ़ा, ''तो क्या कभी आपको ऐसा अनुभव प्राप्त

हुआ ? परमेश्वरी ने पूछा ।

"हाँ !"—पृथ्वीनाथ ने उत्तर दिया, "और एक अनुभव तो मैं शायद जिंदगी-भर न भूलूँगा । यदि आप लोग सुनना चाहें तो मैं उसे सुना भी सकता हूँ ।"

"अवश्य सुनाइए !" हम सब लोगों ने एक साथ कहा ।

अभी पारसाल की बात है । अक्टूबर का महीना था । कश्मीर से लौटते समय मैं दो दिन के लिए लाहौर रुक गया । लाहौर उत्तर भारत में विशेषता रखता है, और वहाँ मेरे दो-एक मित्र भी हैं । मैं वहाँ एक होटल में ठहरा । होटल का नाम मैं आप लोगों को न बतलाऊँगा, पर इतना कह देना काफी होगा कि वहाँ प्रबंध बहुत सुंदर था और वहाँ हर तरह का आराम था । दिनभर मैं नगर में घूमता रहा, भोजन मैंने अपने एक मित्र के यहाँ किया और आठ बजे के करीब मैं वापस आया । उस समय होटल के मैनेजर वहाँ न थे ।

पंजाब में परदा नहीं होता, यह मैं आपको बतला दूँ । मैनेजर की पत्नी वहाँ अपने पति के स्थान पर आसीन थीं । उन्होंने मुझसे पूछा, "खाना भिजवा दूँ ?"

"नहीं, धन्यवाद ! मैं अपने एक मित्र के यहाँ भोजन कर आया हूँ ।"

"और कोई प्रबंध चाहिए तो बतलावें, यहाँ हर तरह की सुविधा प्राप्त है ।"—आँखें मटकाते हुए और मुस्कराते हुए उसने मुझसे कहा ।

"नहीं, धन्यवाद !"—मैं उस स्त्री का मतलब न समझ पाया था ।

गर्मी समाप्त हो चुकी थी और गुलाबी जाड़ा पड़ने लगा था । मैं सीधेअपने कमरे में गया, मैंने बिजली जलाई और कपड़े बदले । इसके बाद कुरसी पर बैठकर 'ट्रिब्यून' पढ़ने लगा ।

मैं जिस कमरे में था उसकी बाबत भी कुछ थोड़ा-सा बतला दूँ । कमरा काफी छोटा था, केवल एक चारपाई उसमें आ सकती थी, बगल में एक मेज और एक कुरसी पड़ी थी ।

वह कमरा एक हाल का टुकड़ा था । हाल बड़ा था और इसलिए होटलवालों ने उसमें चार कमरे निकाले थे । उन कमरों की दो ओर तो दीवारें थीं और दो ओर लकड़ी के पार्टीशन थे, जिन पर सीमेंट का हल्का-सा प्लास्टर था । हाल की ऊँचाई प्रायः सोलह फीट थी और पार्टीशन की ऊँचाई प्रायः आठ फीट ।

अच्छा तो जिस समय मैं 'ट्रिब्यून' समाप्त करनेवाला था, मुझे बरामदे में स्त्रियों के कंठ-स्वर सुनाई पड़े । एक क्षण के लिए मेरा ध्यान उस ओर आकर्षित

हुआ, पर यह सोचकर कि संभवत: होटल में इस समय कुछ अतिथि आए होंगे, मैं फिर पत्र पढ़ने लग गया। इसके बाद होटल के कमरों के खुलने तथा बंद होने की आवाज मुझे सुनाई दी।

मैंने 'ट्रिब्यून' पूरा पढ़ डाला, घड़ी देखी, दस बज चुके थे। दिनभर का थका था, बिजली बुझाकर मैंने सोने की ठानी; पलँग पर लेट गया और दिनभर जो कुछ देखा-सुना था उस पर विचार करने लगा। एकाएक मैं चौंक उठा।

पूरबवाले कमरे से एक दबी हुई सुरीली आवाज सुनाई दी। जनाब, मैं आप लोगों को बतला दूँ कि मैं कलाविद हूँ, गाना पसंद करता हूँ, और जब गानेवाले का कंठ कोमल हो तब तो उसे सुनने के लिए मैं बेचैन हो जाता हूँ। यह सुरीली आवाज किसी स्त्री की थी और वह स्त्री बहुत दबे हुए स्वर में एक पंजाबी गाना गा रही थी, जिसकी पहली पंक्ति मुझे अब भी याद है, "कदी आउँदा कदी नहीं आउँदा।"

जिस कमरे से यह आवाज आ रही थी उस कमरे में ठहरे हुए सज्जन को मैं पहचानता था। ये सज्जन मेरे साथ ही लाहौर उतरे थे और उन्हीं के कहने से मैं इस होटल में ठहरा भी था। ये सज्जन अकेले थे इसलिए इनके कमरे में से निकलते हुए स्त्री के स्वर को सुनकर मुझे आश्चर्य हुआ और मेरा कौतूहल बढ़ा। मैं कान लगाकर गाना सुनने लगा।

उसी समय उत्तरवाले कमरे में से कुछ अस्पष्ट प्रेमालाप सुनाई पड़ा। उस प्रेमालाप के साथ उबलते हुए उच्छ्वासों की ध्वनि भी मिली थी। अब पूरबवाले कमरे से हटकर मेरे कान उत्तरवाले कमरे की ओर लग गए। उत्तरवाले कमरे में जो सज्जन ठहरे थे उनसे सुबह चाय पीते हुए मेरी बातचीत हुई थी। उस बातचीत से मुझे पता चल गया था कि वे विधुर हैं, विवाह पर विश्वास नहीं करते और उनके जीवन का ध्येय है "खाओ, पिओ और मस्त रहो।"

आप लोग मुझे नीच समझते होंगे क्योंकि मैं दूसरों की बात सुन रहा था। पर मैं आप लोगों से सच कहता हूँ कि मैं उतना नीच नहीं हूँ। मैं दूसरों की बात सुनने को कभी उत्सुक नहीं रहा हूँ, और जो कुछ उन कमरों में हो रहा था वह नहीं सुनना चाहता था। पर पार्टीशन इतना नीचा था कि मैं सुनने को बाध्य था। हाँ, इतनी बात अवश्य थी कि मेरी आँखों से नींद गायब हो गई थी और लाख कोशिश करने पर भी मैं उधर से अपना ध्यान न हटा सकता था।

एकाएक मेरी समझ में सारा रहस्य आ गया। मैनेजर की पत्नी का मुझसे पूछना, "और कोई प्रबंध चाहिए, तो बतलावें!" स्त्रियों का कंठस्वर और कमरे

का खुलना तथा बंद होना इत्यादि। उस समय मेरा सारा शरीर जल रहा था, साँस तेजी के साथ चलने लगी थी, और चित्त बहुत अधिक उद्विग्न हो उठा था।

जनाब! यहाँ पर मेरा आप लोगों को यह बतला देना अनुचित न होगा कि मैं विवाहित हूँ और मेरे बाल-बच्चे हैं। आज तक मैंने अपने को यदि विचारों में नहीं तो कर्मों में अवश्य पवित्र रखा है। पर उन दिनों मैं दो महीने से घर से बाहर था, और कश्मीर के जलवायु तथा फलों के कारण मेरा वजन करीब सात पौंड बढ़ गया था। मेरे चेहरे पर सुर्खी छा गई थी। ऐसी अवस्था में आप लोग समझ ही सकते हैं कि उस कमरे में मेरा दम घुटना अस्वाभाविक न था।

मैं उठ खड़ा हुआ, उठकर मैंने बिजली जलाई और द्वार खोला। ठंडी हवा का एक झोंका आया, पर उसका भी कोई विशेष असर न हुआ। मेरे कान लगातार दीवार की ओर लगे थे।

उस समय मेरी मानसिक स्थिति क्या थी, आप लोग समझ नहीं सकते और न मैं समझा ही सकता हूँ। उसे वह मनुष्य समझ सकता है जो कभी उस स्थिति में पड़ा हो। अपना ध्यान उधर से हटाने के लिए कुरसी पर बैठकर मैंने पत्र लिखना आरंभ कर दिया। एक पंक्ति लिखता था और ध्यान फिर उन कमरों में दौड़ जाता था। उसके बाद क्या लिखना है यह सब भूल जाता था। उस पंक्ति को काटकर दूसरी पंक्ति लिखी और फिर वही हाल।

मैं नहीं बतला सकता कि कितनी देर तक मैं यह तमाशा करता रहा, पर उसी समय मुझे बाहर बरामदे में से स्त्रियों के कुछ कंठ-स्वर अवश्य सुनाई पड़े। एक कंठ-स्वर मैं पहचानता था, वह मैनेजर की पत्नी का था, दूसरा अपरिचित था। रात का सन्नाटा था, और मेरा कमरा खुला था। इसलिए मैं उन दोनों की बातचीत, यद्यपि वह बहुत दबी जबान में हो रही थी, भली-भाँति सुन सकता था।

मैनेजर की पत्नी ने कहा—"तुम अभी तक क्यों नहीं आईं, अब बहुत देर हो गई, क्योंकि यहाँ पूरा इंतजाम हो चुका है।"

इस पर उस अपरिचित स्त्री ने बहुत करुण स्वर में कहा, "मेरी तकदीर! क्या करू मेरे यहाँ कुछ लोग शराब पीकर घुस आए थे, इसीलिए देर हो गई। देखो कोई मेहमान खाली हों।"

मैनेजर की पत्नी ने कहा—"नहीं, अब कोई मेहमान खाली नहीं है।" पर कुछ सोचकर उसने फिर से कहा—"हाँ, एक मेहमान जरूर खाली हैं, लेकिन यह या तो आर्यसमाजी हैं या बेवकूफ हैं।"

उस स्त्री ने बहुत गिड़गिड़ाकर कहा—"अच्छा तो एक दफे कोशिश कर लो।"

मैनेजर की पत्नी मेरे कमरे में आई। इस बार मैंने उसको गौर से देखा। वह अधेड़ थी और उसका रंग गोरा था। गालों पर झाईं पड़ गई थी, पर हृष्ट-पुष्ट थी। ऐसा मालूम होता था कि किसी समय वह भी सुंदरी रही होगी। उसने मुस्कराते हुए मुझसे कहा–''बाबू जी रात का कोई इंतजाम आपको चाहिए ?''

मैं उस समय अपना ग्यारहवाँ लेटर-पेपर फाड़ रहा था। बिना सोचे-समझे मैंने कह दिया–''भेज दो !''

''दस रुपए हुए, और वह भी पेशगी।''

मैंने पास से दस रुपए का नोट निकालकर उसे दे दिया। वह बाहर चली गई। उसके बाहर जाने के आध मिनट बाद ही एक स्त्री ने मेरे कमरे में प्रवेश किया। उस समय मेरे हाथ में फाउंटेन पेन था और मेरे सामने खुला हुआ लेटर-पैड। वह स्त्री दरवाजे पर रुक गई।

मैंने अपनी आँखें उठाईं। जिस स्त्री ने मेरे कमरे में प्रवेश किया था वह सुंदरी थी, यह स्पष्ट था। उसका रंग गोरा था और बदन इकहरा। शायद वह दुबली थी और इसीलिए वह लंबी मालूम होती थी। उसका मुख गोल था और गालों का बैठना आरंभ हो रहा था। उसकी आँखें बड़ी-बड़ी थीं; पर उनमें आभा न थी।

वह एक नीली शलवार पहने थी, जो मखमल की थी और जिस पर गोटे का काम था। शलवार पर रेशमी कुरता था और उस पर महीन रेशमी चिकन का हरा दुपट्टा था। वह प्रतीक्षा कर रही थी कि मैं कुछ कहूँ।

मैं नहीं जानता था कि क्या करूँ। कभी पहले ऐसी परिस्थिति में पड़ा न था; पर कहना कुछ अवश्य था, इसलिए बैठे-ही-बैठे मैंने कहा, ''दरवाजा बंद कर दो !''

उसने दरवाजा बंद कर दिया, और फिर मेरी ओर देखा। मेरे सामने फिर वही समस्या रह गई कि क्या किया जाए। एकाएक मेरे मुख से निकल पड़ा, ''अपने सब कपड़े उतार दो !''

आप लोग शायद यह पूछें कि मैंने ऐसा क्यों कहा। मैं स्वयं भी कारण नहीं बतला सकता। बहुत संभव हैं कि 'किस प्रकार आगे बढ़ा जाए' यह सोचने के लिए मैं समय निकालना चाहता था, यह बहुत संभव है कि मैंने वैसे ही बिना समझे-बूझे यह वाक्य कह दिया हो, पर कह मैंने अवश्य दिया; और उस स्त्री ने निःसंकोच अपने वस्त्र उतार दिए। जिस समय वह वस्त्र उतार रही थी, मेरी आँखें मेज पर गड़ी थीं और मैं यह सोच रहा था कि क्या किया जाए। उस स्त्री ने कहा, ''बाबू जी, अब क्या करूँ ?''

उस समय तक मैं कुछ स्थिर न कर पाया था। मैंने उस स्त्री की ओर देखा, और वैसे ही मैंने अपनी आँखें फेर लीं, और चिल्लाकर कहा, ''अपने कपड़े पहन लो!''

मैंने यह क्यों किया, यह आप पूछेंगे। उस समय मेरे हृदय में यह भावना उत्पन्न हुई थी कि रुपया मनुष्य को पशु बना सकता है। रुपये के वास्ते मनुष्य घृणित-से-घृणित काम करने को बाध्य होता है। स्त्री का सर्वश्रेष्ठ प्राकृतिक गुण लज्जा है? मेरे सामने जो स्त्री खड़ी थी, चाँदी के कुछ टुकड़ों की आवश्यकता ने उसे इतना अधिक गिरा दिया था कि वह अपने सर्वोत्तम गुण को तिलांजलि दे चुकी थी; पर एक बात और भी संभव है, वह यह है कि वहाँ पर मेरी संस्कृति तथा सामाजिक भीरुता ने काम किया हो, क्योंकि मैंने उस दिन बाजार में बिकनेवाले नग्न तथा अश्लील सौंदर्य को प्रथम बार देखा था। या फिर दोनों ही भाव मुझमें एक साथ आए हों; पर इतना निश्चय है कि मेरे हृदय में बड़ी ग्लानि उत्पन्न हुई।

उस स्त्री ने कपड़े पहन लिए। मैंने उससे कहा, ''यहाँ आओ।''

वह मेरे निकट आ गई। मैंने उसे सिर से पैर तक देखा, इसके बाद उससे पूछा, ''तुम इस पेश में कितना पैदा कर लेती हो?''

कुछ झिझकते हुए कहा, ''करीब सत्तर-अस्सी रुपया महीना।''

''और तुम कितना खर्च करती हो?''

''सब-का-सब खर्च हो जाता है। कभी दस-पाँच रुपए बच गए तो बच गए।''

मैंने फिर पूछा, ''क्या तुम इस काम को पसंद करती हो?''

वह हँस पड़ी। पर उसकी वह हँसी कितनी रूखी थी, कितनी भयानक थी! मैं घबड़ा गया। उसने कहा, ''क्या सभी आदमी वह काम करते हैं जिसे वे पसंद करते हैं? हमारे सामने सवाल जिंदा रहने का है, और जिंदा रहने के लिए तो लोग न जाने क्या-क्या करते हैं। फिर धीरे-धीरे आदमी अपने काम का आदी हो जाता है और पसंद करने लगता है।''

मैंने उसकी ओर आश्चर्य से देखा, अब भी वह मुस्करा रही थी। मैंने कहा, ''क्या एक काम करोगी?''

''आप जो कुछ कहेंगे वह मैं करूँगी, अगर वह करने लायक होगा। आज रात के लिए तो मैंने अपने को आपके हाथ बेच दिया है!''

मैं चिल्ला उठा, ''रुपए-पैसे के सौदे की बात छोड़ो। मैं एक मनुष्य की हैसियत से तुमको मनुष्य समझते हुए पूछ रड़ा हूँ—करोगी?''

इस बार उसने मेरी ओर बड़े आश्चर्य से देखा। शायद वह मुझे सनकी समझती थी, यह बहुत संभव है उसने मुझे पागल समझा हो; पर इतना निश्चय है कि उसे मुझ पर आश्चर्य अवश्य था। फिर भी उसने मुझसे कहा, ''बाबू जी, करने लायक काम होगा तो मैं वादा करती हूँ कि करूँगी।''

मैं अधिक भावुक नहीं हूँ। मैंने संसार देखा है और भावुकता तथा अनुभव में बहुत अंतर था। इसीलिए मैं आज तक आश्चर्य कर रहा हूँ कि मैंने ऐसा क्यों किया और शायद आप लोग भी आश्चर्य करेंगे। मैंने अपना पर्स निकाला, उसमें से मैंने सौ रुपए का एक नोट निकालकर उसकी ओर बढ़ाते हुए कहा, ''देखो, मैं तुम्हारा नाम नहीं जानता और न जानना ही चाहता हूँ। तुम क्या थीं और आगे चलकर तुम क्या होगी, उससे मुझे कोई प्रयोजन नहीं; क्योंकि मनुष्य अपने ही सुख-दुख के भार से इतना अधिक लदा हुआ है कि दूसरों के भार को वह नहीं उठा सकता। बहुत संभव है कि तुम्हें अपने काम में सुख मिलता हो, बहुत संभव हो, बहुत संभव है कि तुम्हें यह काम मजबूरन करना पड़ता हो, इसकी बाबत मैं तुमसे कुछ न पूछूँगा। हम-तुम क्यों मिले, यह एक पहेली है, जिसे शायद मैं कभी भी न सुलझा सकूँगा, और फिर कभी भी क्या हम-तुम मिलेंगे, इसको भी मैं नहीं जानता। इतना सब होते हुए भी एक प्रार्थना है और इसे तुम अस्वीकृत न करोगी। तुम कहती हो कि तुम महीने में सत्तर-अस्सी रुपया पैदा कर लेती हो, यह सौ रुपए का नोट लो और एक महीने के लिए तुम अपने इस काम को छोड़ दो। एक महीने के बाद जो तुम्हारा जी चाहे करना।''

इस बार उसकी मुस्कराहट लोप हो गई। वह मुख जिस पर कामुकता हँस रही थी, एकाएक पीला पड़ गया। मेरे सामने करुणा की एक प्रतिमूर्ति खड़ी थी। उसने धीरे-से कहा--''बाबू जी, मैं यह रुपया न लूँगी।''

''क्यों? क्या तुम अपने काम को इतना पसंद करती हो कि एक महीने के लिए भी नहीं छोड़ सकतीं?''

उसका गला भर आया--''हाथ जोड़ती हूँ, बाबू जी! हाथ जोड़ती हूँ, आप यह न कहिए। मैं करूँगी, आप जो कुछ कहते हैं, वह करूँगी।'' यह कहकर उसने नोट मेरे हाथ से ले लिया। उस समय उसके हाथ काँप रहे थे।

''अच्छा, अब तुम जा सकती हो!''

उसने कहा, ''बाबूजी, यह नहीं सोचा था कि दुनिया में अभी दया, हमदर्दी और इनसानियत बाकी है। भगवान आपका भला करें।'' इतना कहकर उसने अपना मुख फेर लिया। लाख कोशिश करने पर भी वह अपनी आँखों से गिरते हुए आँसुओं को मुझसे न छिपा सकी और वह कमरे से बाहर चली गई।

वह चली गई और मैं सोचता ही रह गया—अरे ! किस भगवान से यह मेरा भला करने को कह गई है ? उसी भगवान से, जो इसे यह घृणित जीवन व्यतीत करने को बाध्य कर रहा है ? उसी भगवान से, जो उसे गिराता ही जा रहा है ? उसी भगवान से, जिसने इसको उठाना तो दूर रहा, इसे पशु बना दिया है ? क्या वह भगवान इसके कहने से मेरा भला कर सकता है ?

खिलावन का नरक

ठसाठस भरे हुए थर्ड-क्लास की एक बेंच के नीचे खिलावन लेटा हुआ था । वह सो न रहा था, सोने का कोई समय भी न था; वह लेटा था केवल इसलिए कि कहीं टिकट-कलक्टर उसे देख न ले ।

आज तीन साल बाद वह घर लौट रहा था, बंबई से । दो दिन का सफर उसने एक हफ्ते में पूरा किया था, गाड़ी पर चढ़ते और उतारे जाते । यह उसकी आखिरी मंजिल थी, और इस समय तक उसे बिना टिकट सफर करने का पूरा तजुर्बा हो चुका था । टिकट कलक्टर को दूर से अपने डब्बे की ओर बढ़ते देखकर ही उसने बेंच के नीचे पनाह ली थी, और वह इस तरह लेट गया था कि पंद्रह मिनट तक गाड़ी में रहने पर भी टिकट कलक्टर को उसकी गंध न मिली ।

खिलावन सँकरी बेंच के नीचे अपने बदन को समेटे हुए पड़ा था—मानो इस तरह सोने का वह आदी है । बंबई में भी तो वह इसी तरह सोया करता था—एक छोटी-सी कोठरी थी, उसमें बारह आदमी रहते थे । रात में जब लोग सोते थे, तब उन लोगों में हरएक को सोने के लिए सिर्फ इतनी ही जगह मिलती थी, जितनी खिलावन को बेंच के नीचे मिली थी ।

उस समय खिलावन सोच रहा था : आज तीन साल बाद वह देस लौट रहा है, और देश में उसकी माँ है, बाप है, छोटा भाई है, और—और उसकी सुखिया है ! तीन साल पहले जब वह परदेस कमाने चला था, तब वह सुखिया कितनी रोई थी—एक साल तो उसका विवाह हुए ही हुआ था ।

सुखिया को याद करते ही खिलावन मुसकरा पड़ा । खिलावन के आने से

सुखिया कितनी सुखी होगी—किस तरह वह उसके घर में पहुँचते ही घूँघट की ओट से तिरछी नजरों मुसकराते हुए देखेगी, और—और खिलावन को एक धक्का-सा लगा।

माँ-बाप-बीवी—सभी समझेंगे कि खिलावन कमाकर लाया है। सभी उसकी तरफ किसी आशा से देखेंगे; और फिर वह क्या कहेगा ? पास में कपड़ा नहीं, लत्ता नहीं, पैसा नहीं ! दो महीने की हड़ताल में जो कुछ उसने बचाया था, वह स्वाहा हो गया। मकान-मालिक जेल भिजवा रहा था, कपड़ा-लत्ता उसी कोठरी में छोड़कर अपनी जान बचाकर वह भागा था। आखिर वह घर में क्या कहेगा !

और एक झटके के साथ गाड़ी रुकी। खिलावन क सिर बेंच के पाए से टकराया और उसने अपना सिर पकड़ लिया। उसी समय उसे दरवाजा खुलने की तथा बंद होने की आवाज सुनाई दी।

चोर की तरह अब वह अपने छिपने की जगह से बाहर आया। टिकट कलक्टर चला गया था, खिड़की से मुँह निकालकर वह बाहर देखने लगा। एकाएक बाहर रेल के खलासी ने आवाज दी, "बहादुरपुर ! बहादुरपुर !" और उसी समय गाड़ी ने सीटी दी !

खिलावन जल्दी से गाड़ी ने उतर पड़ा—बहादुरपुर स्टेशन पर ही तो उसे उतरना था न !

गाड़ी चली गई—और खिलावन ने अपने चारों ओर देखा। ज्यादा समय न हुआ था, सिर्फ साढ़े छह बजे थे; फिर भी उसके चारों ओर अँधेरा छाया था। आसमान पर गहरे बादल घिर आए थे और बिजली चमक रही थी।

वह बड़ी देर तक चुपचाप खड़ा रहा—हत-बुद्धि-सा। स्टेशन सुनसान था, दो-एक मुसाफिर उतरे थे; दूर से उनके चलने की आवाज खिलावन को सुनाई पड़ रही थी, पर वह आवाज धीरे-धीरे हल्की होती जाती थी। स्टेशन के खलासी ने स्टेशनवाला लोहे का फाटक बंद कर स्टेशन मास्टर को आवाज दी कि सबकुछ ठीक है।

खिलावन की चेतना धीरे-धीरे लौट आई। तार लाँघकर अब वह सड़क पर आ गया था। रुककर उसने हिसाब लगाया—उसका गाँव वहाँ से डेढ़ कोस की दूरी पर है। फिर उसने आसमान की ओर देखा; बादल भरे हुए खड़े थे, किसी भी समय वे बरस सकते थे।

खिलवान चल पड़ा अपने गाँव की ओर ! लेकिन जैसे उसके पाँव घर की ओर उठते ही न थे। भरसक जोर लगाकर वह तेज चलने की कोशिश कर रहा

था, पर उसके मन की शिथिलता उसके सारे शरीर में व्याप्त हो गई थी।

कितनी देर खिलावन चलता रहा, उसे इसका ज्ञान न था। वह उस समय विचार-शून्य और भावना-शून्य था। पर एकाएक वह चौंक पड़ा—एक बड़ी-सी बूँद उस पर पड़ी, और दूसरी बूँद पड़ी; और देखते-ही-देखते मूसलाधार पानी गिरने लगा।

खिलावन एक पेड़ के नीचे खड़ा हो गया—सामने करीब दो फलांग पर उसका गाँव था। और पानी इस तरह बरस रहा था मानो प्रलय की वर्षा हो रही थी। देखते-ही-देखते पेड़ से भी पानी छन-छनकर गिरने लगा।

उसी समय बिजली चमकी। और बिजली के प्रकाश में खिलावन ने वह टूटा हुआ पुराना मंदिर देखा, जिसमें बचपन के काल में वह अक्सर खेला करता था। अब उसे पता लगा कि वह मंदिर से करीब दस गज की दूरी पर ही है। तेजी से वह मंदिर में घुस गया।

मंदिर में पहुँचकर उसने संतोष की गहरी साँस ली। मंदिर के अंदर गहरा अंधकार था, और बाहर हवा जोरों के साथ चल रही थी, बादल गरज रहे थे और बिजली चमक रही थी।

और खिलावन को ऐसा लगा मानो मंदिर के अंदरवाले खंड में और भी कोई है। उसके कान खड़े हुए, ध्यान से उसने सुनने की कोशिश की—कोई कह रहा था—"यह बारिश भी अजब बेमौके शुरू हो गई। भगवान जाने कब तक होती रहे!"

और उसका उत्तर मिला, "तुम्हें क्या—मुसीबत तो हमारी है। अम्मा जी पुछि हैं—कहाँ रही—तब का कहब? और अम्मा जी दद्दा जी से एक-एक की सौ-सौ जड़ि हैं!"

खिलावन के मानो काटो तो खून नहीं; यह आवाज तो सुखिया की थी। सुखिया उस समय इस मंदिर में, और उसके साथ आदमी! दबे पाँवों वह और भीतर खिसका।

मर्द ने कहा, "अरी कुछ न होगा। तेरी सास बक-झक कर चुप हो जाएगी। हाँ—उस दिन तेरे ससुर ने जो मुझे देख लिया था, तो क्या हुआ?"

"होता क्या?" आवाज औरत की थी—"पहिले तो बहुत बिगड़े, कहिन की हम नाक कटाय दीन्ह—घर से निकसैं की धमकी दीन्ह—लेकिन जब चाँदी की हँसली देखिन और अम्मा जी हमरे अँचरा माँ बँधे पाँच रुपया जो हमें दीन्हे रहौ खोल के उनके सामने रख दीन्हिन, तो शांत हुई गे!" और स्त्री हँस पड़ी।

खिलावन के मुख पर पसीने की बूँदें आ रही थीं।

मर्द ने फिर कहा, "और वह तेरा वह—उसकी कुछ खबर मिली!"

"कहाँ—आज छै महीना से न एक रुपया भेजिस और न कोनों चिट्ठी-पत्री लिखिस। मालुम होत है कौनौ राँड के फेर माँ पड़िगा। नाम होय ऊका। इहाँ घर माँ सब भूखन मरत हैं, तुम्हारे पाँच रुपैया से आज खाना मिला है"—और कुछ रुककर स्त्री ने फिर कहा, "हमारे देवर का एक-आध बीघा जमीन दिवाय देय! जिलादार आप तो इतनौ नहीं करि सकत हौ?"

खिलवान चुपचाप मंदिर के बाहर चला आया। उसी समय बिजली चमकी, और उसने देखा कि धोती चिथड़ा है; उसका कुरता फेंक देने के काबिल है।

खिलावन चल पड़ा भीगता हुआ, घर की तरफ नहीं, स्टेशन की तरफ! पानी मूसलाधार पड़ रहा था—हवा तेजी के साथ चल रही थी; बादल गरज रहे थे और बिजली चमक रही थी! और खिलावन चला जा रहा था, तेजी के साथ—मानो वह भागा जा रहा हो!

और दूर पर वह कभी-कभी चमक उठनेवाली बिजली के प्रकाश में स्टेशन की जमीन में धँसी हुई-सी इमारत को देख लेता था।

स्टेशन पर आकर उसने साँस ली। भीगता हुआ वह प्लेटफार्म पर खड़ा था और स्टेशन की इमारत को देख रहा था। वह उस समय बहादुरपुर के स्टेशन की और बंबई के विक्टोरिया टर्मिनस स्टेशन की तुलना कर रहा था—वह उस समय अपने चारों ओर फैले हुए शून्य से भरे हुए अंधकार और बंबई की चहल-पहल से भरे प्रकाश पर सोच रहा था; और इस प्रकार वह गाड़ी की प्रतीक्षा कर रहा था, उस गाड़ी की जो उसे एक नरक से निकालकर दूसरे नरक में ले चले!

पियारी

"और मनोहर, वहाँ सामने मोड़ पर बैठी हुई उस बुढ़िया भिखारिन को देखते हो न! न जाने क्यों बिना मेरी इच्छा के मेरी नजर उस पर ठहर जाती है। ऐसा मालूम होता है कि मैं उसे जानता हूँ, यही नहीं वह भी मुझे जानती है। लेकिन

वह मुझे नहीं पहिचानती, शायद इसलिए कि मुझमें बहुत अधिक परिवर्तन हो गया है। लेकिन उसमें भी बहुत अधिक परिवर्तन हो चुका है—अगर वह वही है। और उसमें जो परिवर्तन हुआ है, वह भयानक है।

''हाँ मनोहर, वह वास्तव में भयानक परिवर्तन है, और मेरे तो रोंगटे खड़े हो जाते हैं। देखते हो उसका शरीर फोड़ों से भरा है जिसमें से मवाद-पीप निकल रहे हैं, उसके पास तुम नहीं जा सकते, इतनी भयानक दुर्गंध उसके सारे शरीर से निकल रही है। उसका मुख कितना विकृत है, उसकी आँखें कैसी पथराई हुई-सी हैं। और फिर भी मनोहर, वही बुढ़िया एक दिन इतनी अधिक सुंदर युवती थी कि लोग इसके आसपास उसी प्रकार मँडराया करते थे, जैसे भौंरे कली के चारों तरफ मँडराते हैं। मैं सोच रहा हूँ कि वे लोग कहाँ गए? अरे, कैसा बेवकूफी से भरा सवाल है—वे लोग अब जिंदा बैठे होंगे? सबके सब मर गए होंगे, और अगर उनमें दो-एक जिंदा भी होंगे, तो वे खुद दया दिखलानेवाले होने के बजाय खुद दया के पात्र ही होंगे।

''हाँ मनोहर—अधिकांश मनुष्य दया के पात्र ही हैं अपनेपन में भूले हुए, यह झुंड-का-झंड जन-समुदाय दया का पात्र है। इस बुढ़िया का शरीर इतना विकृत हो गया है, हम देख सकते हैं और दया कर सकते हैं; इसलिए यह बुढ़िया किसी कदर भाग्यशाली है, पर जिन लोगों की आत्माएँ भयानक रूप से विकृत हो गई हैं, और उनकी आत्मा को देख न सकने के कारण हम उन पर दया भी तो नहीं कर सकते। यह हमारा इतना दुर्भाग्य नहीं है, जितना उनका है।

''हाँ, तो मैं कह रहा था कि एक दिन यह बुढ़िया जवान थी—इसमें जितनी जी मिचलानेवाली कुरूपता आज है, उतनी ही मनमोहक सुंदरता तब थी। उन दिनों मैं लड़का था। मेरी उम्र—मेरी उम्र यही कोई दस-बारह साल की रही होगी। और मेरे मकान के एक हिस्से में यह और इसका पति किराए पर रहते थे।

''इसके पति का नाम नारायन था—कितना अच्छा आदमी था वह नारायन! सीधा-सादा, अथक परिश्रम करनेवाला, मुहल्लेवालों का खयाल रखनेवाला!

''नारायन गरीब था—वह एक बैंक में चपरासी था। मुझे याद नहीं उसे क्या तनख्वाह मिलती थी—आज तीस साल होने आए; पर तनख्वाह ज्यादा तो थी नहीं, चपरासी को भला ज्यादा तनख्वाह मिल ही कहाँ सकती है! तो मनोहर कम तनख्वाह पानेवाला वह आदमी था, उसकी स्त्री थी, खर्च लंबा था। गहने-कपड़े मेले-तमाशे का उसकी स्त्री, यानी इस बुढ़िया को शौक था।

इसका नाम था पियारी, और उन दिनों इसकी उम्र कोई तीस साल की रही होगी। कुंदन का-सा रंग, बड़ी-बड़ी आँखें और चाल में एक अजीब तरह की मस्ती। इसके कोई लड़काबाला न था। और मनोहर, यह बुढ़िया मुझे कितना मानती थी, मुझे कितना प्यार करती थी, खिलाया करती थी। दोपहर को मैं जब घर से भागकर इसके यहाँ आ जाया करता था, घंटों इसके यहाँ बैठा रहता था; कभी-कभी यह मुझे खिलौने भी ला दिया करती थी।

''और मुझे याद है कि जब नारायन नौकरी पर चला जाया करता था, तब मुहल्ले-पड़ोस के कुछ लोग इसके यहाँ आते थे। वे लोग मुझे ज़रा भी अच्छे न लगते थे लेकिन भला मैं कह ही क्या सकता था? और फिर पियारी घंटों इन मुहल्ले-पड़ोस के नौजवानों से बातें किया करती थी। अक्सर वह मुझे घर भेजकर उनके साथ कहीं चली जाती थी।

''और शायद तुम मुझसे पूछो कि क्या नारायन को इस सब बात का पता था! कहा न कि उन दिनों मैं अबोध था–मैं ठीक तरह तो नहीं कह सकता। पर शायद नारायन से कुछ लोगों ने उसकी शिकायत की थी। और नारायन ने उन शिकायतों पर कभी कोई ध्यान नहीं दिया–यह मैं जरूर जानता हूँ क्योंकि मैंने पियारी और नारायन को कभी लड़ते-झगड़ते नहीं देखा।

''मनोहर, मैं आज तक नहीं समझ पाता कि कौन मनुष्य वास्तव में क्या है। लोग कहते थे कि नारायन कायर है, कुछ कहते थे कि वह अपनी औरत के वश में है, कुछ कहते थे कि वह सीधा है और कुछ कहते थे कि वह बेवकूफ है। मैं आज तक नहीं समझ सका हूँ कि वह क्या था; पर एक दिन मैंने देखा कि पुलिस उसे पकड़ ले गई। उस पर अभियोग यह था कि उसने बैंक का रुपया गायब किया है। और नारायन ने यह तसलीम किया था।

''नारायन को सजा हुई छह साल की। मनोहर, मुझे अब याद आ रहा है कि पियारी उसके सजा होने पर कितना रोई थी। मेरी माँ के सामने उसने यह कहा था कि नारायन ने उस रुपए से उसे गहने गढ़ा दिए हैं। अपनी बीवी के शौक को पूरा करने के लिए नारायन जेल गया।

''और फिर सबकुछ शांत हो गया। पियारी के यहाँ अब मुहल्ले-पड़ोसवालों का आना-जाना बहुत बढ़ गया। एक दिन बाबू जी और माँ में कुछ बातें हुईं, इसके बाद पियारी से कह दिया गया कि वह मेरा मकान खाली कर दे। पियारी ने मकान खाली कर दिया; लेकिन उसने वह पड़ोस नहीं छोड़ा; अब उसने एक अच्छा-सा मकान किराए पर ले लिया।

''और मनोहर, मैं बड़ा हो गया था। उन दिनों मेरी उम्र 14 या 15 साल की

थी। मैं भी पियारी से घृणा करता था—मैं जिसे उसने अपनी गोदी में खिलाया था—मैं जिसके लिए वह खिलौना ला दिया करती थी! मनोहर, सच कहता हूँ कि जब कभी पियारी मुझे देखती थी—वह मुसकराकर कहती, "अरे राजा बाबू—तुम तो मुझे भूल ही गए। कहो पढ़-लिख तो रहे हो। खूब दरजा पास करो—अमीर आदमी बनो!"

"पता नहीं, वह यह सब क्यों कहती थी। मैं उससे दूर भागता था, पर उसके दिल में मेरे लिए एक प्रकार की ममता जरूर थी। पर मैं उसे पिशाचिनी समझता था, उससे घृणा करता था; उसकी छाया से घृणा करता था। और सुनोगे! तो मनोहर एक दिन वह मेरा पड़ोस भी खाली कर गई।

"इसके बाद फिर वह उस शहर में नहीं दिखलाई दी। नारायन जेल से छूटकर आया सीधे मेरे घर, अपनी पत्नी की तलाश में जिसके शौक को पूरा करने के लिए वह जेल गया था। और उससे पड़ोसवालों ने उस औरत के कारनामे बतलाए। फिर नारायन भी वहाँ से चला गया।

"और फिर मैं पियारी को भूल ही गया। नारायन को भी भूल गया। इस विशाल दुनिया के दो महत्त्वहीन जर्रों की भाँति ये दो प्राणी कहाँ गायब हो गए, इसकी चिंता किसी को न थी; और होती भी कैसे? वे मरें या जिएँ—वे क्या थे, कौन थे, कहाँ से आए और कहाँ गए—किसी ने इसकी चिंता न की! जब वे वहाँ थे तब उनके मित्र थे, हितैषी थे, उन्हें माननेवाले थे; और उनके जाते ही सबों ने उन्हें इस तरह भुला दिया जैसे उनका कोई अस्तित्व ही न था।

"और मनोहर—आज करीब पच्चीस साल बाद इस बुढ़िया को देख रहा हूँ। उस चौराहे पर करीब एक हफ्ता हुआ मैंने उसे पहले-पहल देखा था—और देखते ही चौंक उठा था। मैंने उसके पास जाने की, उससे बात करने की पहले दिन कोशिश भी की थी लेकिन उसके शरीर से इतनी भयानक दुर्गंध आ रही थी कि मैं बढ़ नहीं सका। दूर से एक पैसा फेंककर मैं कुछ आगे बढ़ गया—पर सच कहता हूँ मुझे बड़ी लज्जा आई। "एक पैसा!" यह पैसा मैंने किसके आगे फेंका था—एक भिखारिन के आगे या पियारी के आगे जिसने लड़कपन में न जाने कितने रुपए मुझ पर खर्च कर दिए थे; मुझ पर दया करके नहीं, ममता से प्रेरित होकर। और फिर मेरे अंदर से किसी ने कहा—तुम कितने बड़े पशु हो—जाओ देखो वह पियारी ही तो नहीं है। मैं लौटा, पर मनोहर उसी जगह आकर जहाँ से मैंने पैसा फेंका था, मुझे रुक जाना पड़ा। मैं आगे न बढ़ सका तो न बढ़ सका। हाँ इस बार मैंने उसके सामने एक रुपया फेंक दिया।

"और एक हफ्ते से मैं परेशान हूँ। एक क्षण के लिए मझे शांति नहीं

मिलती। क्या वह वास्तव में पियारी है—यह प्रश्न बराबर मेरे दिमाग में चक्कर काटा करता है। और आज मुझे इस प्रश्न का उत्तर पाना ही है। आज मैं पूछूँगा कि वह कौन है।

''हाँ, यही वह सीमा है जिसे मैं पार नहीं कर सका था। क्यों—तुम कहते हो कि बड़ी बदबू आ रही है—हाँ; अब समझ गए होंगे—कि मैं क्यों आगे नहीं बढ़ सका था। तुम यहाँ खड़े नहीं रह सकते—तो कुछ दूर हटकर खड़े हो जाओ, मैं तो उसके पास जा रहा हूँ।''

''चलो मनोहर, जल्दी चलो, तेजी से चलो, भागो! मेरा दम घुट रहा है।

''तुम पूछते हो बात क्या है—ज़रा दम ले लेने दो। उफ!

''हाँ, मैं उसके पास गया। आज वह आँखें बंद किए हुए थी। मैंने पुकारा—'पियारी!'

''और मनोहर, उसने एक झटके के साथ आँखें खोल दीं, और बल लगाकर उठते हुए उसने कहा, 'आप आय गए—अरे जेल से छूटि के आय गए!' और उसने आँखें फाड़कर मेरी ओर देखा।

''फिर उसने कहा—'बोलो—हमें दिखाई नहीं पड़त। तुम्हार रास्ता देखत-देखत आँखें पथराय गईं-बोलो न!'

''और मैंने दिल को कड़ा करते हुए कहा, 'मैं हूँ पियारी—राजा बाबू!'

''पियारी के मुख पर एक अजीब निराशा छा गई, 'राजा बाबू! अरे हाँ, अच्छी तरह तो रहे राजा बाबू! खूब पढ़ो-लिखो—खूब दरजा पास करो!'

''और फिर कुछ रुककर उसने कहा, 'राजा बाबू! एक बिनै है—जब उइ मिलैं तो कहि दीन्हब कि राँस्ता देखत-देखत···' और इतना कहकर लुढ़क पड़ी; ठीक उसी तरह जैसे प्राण निकल जाने पर मृत-शरीर लुढ़क पड़ता है।''

दो रातें

गाड़ी एक झटके के साथ रुकी और जीवन ने खिड़की खोलकर बाहर देखा झुलसा देनेवाली लू का एक थपेड़ा उसे लगा, पर मानो जीवन ने उसकी कोई परवाह ही न की। उनकी आँखें स्टेशन की भीड़ में बरफवाले को ढूँढ़ रही थीं।

उस समय तीन बज रहे थे—जीवन ने अपनी रिस्टवाच में देखा। जून का महीना था, और दोपहर भयानक रूप में तप चुकी थी।

कानपुर स्टेशन पर दिल्ली मेल खड़ी थी और मुसाफिर चढ़-उतर रहे थे। जीवन दिल्ली से कलकत्ता जा रहा था। वह कलकत्ता क्यों जा रहा था, अगर उससे कोई पूछता तो वह इसका उत्तर न दे सकता। संपन्न कुल में पैदा हुआ जीवन—उसने 'क्यों और किसलिए' इन बातों पर ध्यान तक न दिया था। वह युवक था, उसके हृदय में उमंग थी, उल्लास था।

जीवन कलाकार था—और 'कलकत्ता के लिए है,' इस पर उसे विश्वास था। उसने ऊँची शिक्षा पाई थी, वह सुसंस्कृत था। और शिक्षा, संस्कृति, कला और वैभव इन सबों के एकत्रित हो जाने के कारण वह कुछ असाधारण सा हो गया था। उसने प्रेम पर उपन्यास लिखे थे बिना प्रेम किए, उसने विवाह की समस्याएँ सुलझाई थीं बिना विवाह के बंधन में बँधे हुए। वह लोगों को समझ न पाता था, लोग उसे समझ न पाते थे। उसका जीवन उल्लास-विलास का जीवन था, जहाँ न उसे उल्लास मिलता था, न वह विलास का अनुभव करता था। एकाएक एक दिन शाम के समय उसने यह अनुभव किया—कि जो कुछ उसके चारों तरफ है वह कुछ अजीब-सा है—और उसी दिन उसने अपना असबाब बाँधा। सुबह वह कलकत्ता के लिए रवाना हो गया।

जीवन सेंकड क्लास में बैठा था, और उस कंपार्टमेंट में वह अकेला था। पर वह अकेलापन उसे बुरा भी नहीं लग रहा था—जीवन में जिस अकेलेपन का कभी-कभी उसने अनुभव किया उसके मुकाबिले कंपार्टमेंट में उसका अकेलापन कुछ भी न था।

बरफवाले से बरफ लेकर उसने थरमॉस की बोतल में भरी और फिर अन्यमनस्क भाव से वह स्टेशन की चहल-पहल देखने लगा। उसने देखा—कुछ लोग आए हैं और उन लोगों को लेने आनेवाले लोग कितने प्रसन्न हैं, सबके-सब हँस-हँसकर बातें कर रहे हैं। और उसने देखा कि कुछ लोग जा रहे

हैं, और जो उन्हें भेजने आए हैं उनमें किसी-किसी की आँखों में आँसू भा हैं। बगल में एक सत्रह-अठारह साल की स्त्री उदास खड़ी एक चौबीस-पच्चीस साल के युवक से बातें कर रही है और उसकी आँखें तरल हैं।

जीवन मन-ही-मन मुसकराया। संयोग और वियोग—अनादि काल से चलते रहे हैं, अनंत काल तक चलते रहेंगे।

गाड़ी ने सीटी दी और जीवन ने सिर भीतर कर लिया। वैसे ही उसने अनुभव किया कि किसी ने उसके कंपार्टमेंट का दरवाजा खोला। चौंककर उसने देखा, एक स्त्री उसके डिब्बे में आ गई थी और कुली चलती गाड़ी में असबाब रख रहा था। जीवन ने उठकर असबाब रखने में सहायता दी।

असबाब रखवाकर जीवन फिर अपने बर्थ पर बैठ गया। और इस बार उसने उस स्त्री की ओर देखा जो उसके एकाकीपन को तोड़ते हुए उसके कंपार्टमेंट में आ गई थी।

स्त्री सामनेवाले बर्थ पर बैठकर हाँफ रही थी। जीवन ने देखा कि वह युवती है और सुंदरी है। धीरे-धीरे जीवन की नजर में उसकी सुंदरता बढ़ती जा रही थी। उसी समय उस स्त्री ने अपने ही आप कहा, "उफ ! बड़ी मुश्किल से गाड़ी मिली। कितनी प्यास लगी है। अरे ! मेरी सुराही तो छूट ही गई।"

जीवन मुसकराया। उसने कुछ कहा नहीं, केवल अपना थरमॉस-फ्लास्क उसने स्त्री की ओर बढ़ा दिया। स्त्री ने बिना धन्यवाद दिए ही थरमॉस-फ्लास्क ले लिया; बरफ के टुकड़ों से उसने अपनी प्यास बुझाई।

स्त्रियों की ओर ताकना असभ्यता है—जीवन यह जानता था। उसने उस स्त्री की ओर से आँखें फेर लीं और वह अपने बर्थ पर लेट गया। सिरहाने रक्खी हुई किताबों में से एक को उठाकर वह पढ़ने लग गया।

किताब में क्या लिखा है, इसका उसे पता न था—उसे केवल एक बात का पता था कि उसके कंपार्टमेंट में एक स्त्री है और वह सुंदरी है। बीच-बीच में कनखियों से वह स्त्री को देख लेता था और जितना वह देखता था उतना ही उसकी देखने की अभिलाषा बढ़ती जाती थी।

गाड़ी तेजी के साथ चली जा रही थी, और अब जीवन अनुभव कर रहा था कि सारा कंपार्टमेंट जल रहा है। बिजली के पंखे से गरम हवा निकल रही थी, और जीवन पढ़ने का विफल प्रयत्न कर रहा था। उसी समय स्त्री ने उठकर जीवन की बर्थ के नीचे थरमॉस-फ्लास्क रख दिया।

जीवन ने मुड़कर देखा, एक झटके के साथ वह उठ बैठा। उसने कहा, "आपको यह कष्ट करने की आवश्यकता नहीं थी, वहीं रख देतीं।"

युवती मुसकराई, एक जादू की मुसकराहट । "हर चीज अपनी जगह पर ही शोभा देती है, है न !" और उसने गौर से उन किताबों को ओर देखा जो जीवन के सिरहाने रखी थीं । "क्या मैं इन्हें देख सकती हूँ ?"

"प्रसन्नतापूर्वक !" और जीवन ने सब किताबें युवती के हाथों में दे दीं ।

किताबें लेकर युवती अपने बर्थ पर बैठ गई; जीवन ने अपने हाथवाली किताब को पढ़ने का प्रयत्न फिर से करना आरंभ किया । एक-आध बार जीवन ने मुड़कर युवती को देखा, वह आधी लेटी एक किताब को पढ़ने में तल्लीन थी; जीवन की भूखी दृष्टि का उसे पता न था ।

जीवन को पता नहीं वह कब सोया, पर उसकी नींद जब खुली तब गाड़ी इलाहाबाद स्टेशन से रवाना हो चुकी थी । उसने मुड़कर युवती को देखा, वह अपने बर्थ पर बैठी थी और बड़े ध्यान से जीवन की ओर देख रही थी ।

एक किताब हाथ में लिए हुए युवती उठी और जीवन के पास आकर बोली, क्या मैं आपसे एक बात पूछ सकती हूँ ।"

मुसकराते हुए जीवन ने कहा, "एक बात क्यों, जितनी आप चाहें पूछ सकती हैं ।"

युवती ने बैठते हुए किताब खोली; अंदरवाले चित्र को दिखाते हुए उसने कहा, "यह चित्र तो आपका मालूम होता है !"

जीवन ने सिर झुका दिया ।

"तो यह किताब भी आपकी ही लिखी हुई है ?"

"जी हाँ ।"

"और बड़ी सुंदर किताब है, इतनी सुंदर कि मैं पढ़ते-पढ़ते रोने लगी । ऐसी सुंदर किताब मैंने एक अरसे के बाद पढ़ी है ।"

जीवन मौन था । अपनी तारीफ वह सुन रहा था और उसके अंदर उल्लास उमड़ा पड़ता था ।

युवती ने कुछ मौन रहकर कहा, "आपका नाम जीवनकृष्ण है–है न ! पहले भी आपकी कहानियाँ पढ़ी थीं और आज आपके दर्शन हो गए–अनायास ! आपकी कहानियाँ पढ़कर मैं समझ गई थी कि आप नेक आदमी होंगे सहृदय । लेकिन कल्पना मैंने की थी एक ऐसे आदमी की जो बड़ी उम्रवाला हो, जिसके बालों को अनुभवों ने पका दिया हो, रोते-रोते जिसकी आँखें इतनी धुंधली हो गई हो कि वह चश्मा लगाता हो, जो दुनिया को तमाशा समझकर गंभीर हो गया हो–और, और न जाने क्या-क्या !" युवती हँस पड़ी, "और मेरी कल्पना कितनी गलत थी ! आप तो बोलते ही नहीं !"

मंत्रमुग्ध की भाँति जीवन उस स्वर को सुन रहा था जिसके संगीत में एक मादकता थी, एक उल्लास था। मुसकराते हुए उसने कहा, ''आज मैं अनुभव कर रहा हूँ कि सुनने में भी आनंद होता है!''

''इसके पहले आपने यह अनुभव नहीं किया ?'' विस्फारित नयनों से युवती ने जीवन की ओर देखते हुए कहा, ''क्या आप कलरव के प्रातःकालीन संगीत को सुनकर विमुग्ध नहीं हुए ? क्या आपने कोकिल के पंचम में अपने सारे अस्तित्व को घुलते हुए अनुभव नहीं किया ? क्या पपीहे के 'पिउ कहाँ ?' से आपके दिल में एक कोमल टीस नहीं उठी ?''

जीवन सुन रहा था, बस सुन रहा था। संसार का सारा काव्य, सारा संगीत, सारा उन्माद मानो उस युवती में मूर्तिमान हो गया था। उसकी नजर खिड़की के बाहर क्षितिज पर थी।

युवती कहती ही गई, ''शायद सुनने में कहने से ज्यादा आनंद है, सुनने में तुम्हें कोई रोक नहीं सकता, सुनने में तुमसे कोई ऊब नहीं सकता, कोई बुरा नहीं मान सकता। कहना !—आखिर हमें कहना ही क्या है और कितना है ? सिर्फ एक चीज, अपने दर्द की बात ! और तुम्हारे दर्द की बात और तुम्हारे दर्द से दुनिया को कोई दिलचस्पी नहीं। अपनी कहानी बेर-बेर दुहराते रहने से वह कहानी खुद अपने को खोखली मालूम होने लगती है। है न ? सिर्फ एक बात—सिर्फ एक स्वर !''

जीवन ने इस बार युवती को गौर से देखा। संध्या के धुँधले प्रकाश में उसने अनुभव किया कि युवती की सुंदरता एकाएक कई गुना बढ़ गई है। उसने कहा, ''आप शायद ठीक कहती हैं, लेकिन मैं समझ नहीं पाता। मैं तो अभी तक कहता ही रहा हूँ, कहने में ही मैंने विश्वास किया है। ऐसी बात नहीं थी मैंने सुना न हो। लेकिन सब कहनेवालों में मैंने एक ही बात पाई, वही अपना रोना, वही अपना दर्द। उनकी बातें सुनकर मैं ऊब गया, जबरदस्ती अपने कान बंद कर लेने की तबीयत हुई।'' और जीवन कहते-कहते रुक गया। उसे ऐसा लगा मानो जो कुछ वह कह रहा है वह निःसार है। वह अपने स्वर को ही न पहचान पा रहा था।

और एकाएक युवती नें कहा, ''वह देखिए !''

जीवन ने बाहर देखा, आग का लाल गोला धीरे-धीरे क्षितिज के नीचे उतर रहा था। और जीवन ने युवती की ओर देखा। उसका मुख क्षितिज की लाली से प्रतिबिंबित होकर असीम आभामय हो रहा था। उसके मुख पर एक तन्मयता थी, एक उल्लास था। और युवती धीरे-धीरे कह रही थी, ''रात हो रही

है—और रात के काले सूनेपन में सूरज गिरता जा रहा है। लेकिन वह कितना शांत है, कितना गंभीर है। अपनी आभा के उन्माद को खोकर वह कितना सुंदर बन गया है!"

जीवन ने देखा कि युवती के होंठ काँप रहे हैं, उसकी आँखें कुछ तरल हैं। एकाएक युवती उठ खड़ी हुई, वह अपने बर्थ पर बैठ गई।

गाड़ी तेजी के साथ चली जा रही थी मानो उसे उसके अंदर क्या-क्या हो रहा है इससे कोई सरोकार ही नहीं। जीवन चुपचाप खिड़की के बाहर देख रहा था जहाँ अब अंधकार छा रहा था, क्या सोच रहा था, यह वह स्वयं न जानता था।

कितनी देर इस प्रकार वह बैठा रहा, उसे इसका ज्ञान न था। पर उसके कानों में एक आवाज आई, "खाने का समय हो गया है। अगर आप हर्ज न समझें, तो मैं आपके पानी का कर्ज खाने से अदा कर दूँ!"

जीवन ने मुड़कर देखा—युवती ने अपने टिफन कैरियर से खाना निकालकर दो हिस्सों में रख दिया था। इस बार वह उठा।

जीवन खाना खा रहा था और सोच रहा था कि यह सब एकाएक क्यों हो रहा है और कैसे हो रहा है। वह अपने सामनेवाली युवती को न जानता था, आज के पहले उसने उसे देखा भी न था। और इतने थोड़े से समय में···

और जीवन को अनुभव हुआ कि मानो युवती ने उसके हृदय की बात पढ़ ली, वह कह रही थी, "क्यों, आप क्या सोच रहे हैं? यही न कि हम दोनों की घनिष्ठता कितनी जल्दी बढ़ गई। मेरी समझ में भी यह नहीं आ रहा है पर है यह अवश्य।"

खाना समाप्त हो गया, बात करते और खाते। खाना खाकर जीवन अपने बर्थ पर बैठ गया।

युवती भी उसके बर्थ पर आकर बैठ गई। वह एक अजीब तरह से जीवन की ओर देख रही थी। जीवन ने मुसकराते हुए पूछा, "क्यों, आप इस तरह मुझे क्यों देख रही हैं?"

युवती ने गंभीरतापूर्वक उत्तर दिया, "मैं आपको पहचानने की कोशिश कर रही हूँ। ऐसा लगता है मैंने आपको कहीं देखा है—देखा ही नहीं है, हम दोनों एक-दूसरे को अच्छी तरह से जानते हैं। लेकिन इस समय मुझे याद नहीं आ रहा···" कुछ रुककर उसने फिर कहा, "क्या आप सपनों पर विश्वास करते हैं?"

जीवन हँस पड़ा, "रोज ही सपने देखा करता हूँ! और 'सपना' से हमारे

ऋषियों-मुनियों का, धर्माचार्यों का मतलब 'मिथ्या' से है—जिसका अस्तित्व न हो। इसीलिए वे कहते हैं कि दुनिया सपना है। यानी मनुष्य आज है—कल मर गया। जो बनता-बिगड़ता है, उसका अस्तित्व ही कहाँ। यानी मैं भी सपना हूँ, तुम भी सपना हो !"

युवती की गंभीरता धीरे-धीरे मुसकराहट में बदल गई। "हाँ, मैं सपना हूँ, तुम सपना हो ! और वास्तविकता—कौन जाने;—वास्तविकता—एक सूनापन है—भयानक सूनापन जिससे जिंदगी भरी हुई है। सुख—सुख—सुख तो सपना है—केवल सपना !"

उस समय जीवन ने अनुभव किया कि उसके हाथों में युवती का हाथ है।

युवती कहती जा रही थी, "सपना—जिस समय हम जिंदगी की कुरूपता से ऊपर उठ जाते हैं, जिस समय दुनिया की विवशता, और उस विवशता से मिली हुई चेतना की कसक हमें क्षण-भर के लिए मुक्त कर देती है—वही अवस्था सपने की होती है !" और युवती का सिर जीवन के कंधे पर था।

गाड़ी तेजी के साथ जा रही थी। जीवन ने आँखें खोलीं—युवती—उसके सिरहाने बैठी उसकी ओर बड़ी तन्मयता के साथ देख रही थी। खिड़की के बाहर धूप चढ़ने लगी थी। वह उठ बैठा। थोड़ी देर तक वह कुछ सोचता रहा, फिर उसने मुसकराते हुए कहा, "रात मैंने एक बड़ा सुंदर सपना देखा !"

युवती फिर मुसकराई, "और वह सपने की रात खत्म हो गई। बर्दवान देर हुई निकल गया—हम हावड़ा के पास हैं !"

"अरे !" जीवन ने चौंकते हुए कहा।

"हाँ ! और हमें अब विदा होना है।"

गाड़ी धीमी पड़ने लगी थी। जीवन बैठा ही रहा, और सामने युवती अपना असबाब बाँध रही थी। जीवन ने कहा, "लेकिन—लेकिन—यह सब इतनी जल्दी समाप्त हो गया। और—और मैं यह भी नहीं जानता कि आप कौन हैं, आपका नाम क्या है ?"

युवती घूमी, "मैं कौन हूँ, मेरा नाम क्या है—यह जानकर क्या कीजिएगा। हम व्यक्ति को याद नहीं रखते, हम सपने को याद रखते हैं। और इसीलिए मैं न आपको अपना कोई परिचय दूँगी, न नाम बताऊँगी। अज्ञात खंड से हम दोनों आए, एक-दूसरे से मिले—और जब मिले तब खुलकर मिले, कोई भेदभाव नहीं—और अज्ञात खंड में हमें लुप्त हो जाना है। जीवन में यही होता है। कब किसी ने किसी का परिचय पाया है। यह सब बेकार है !"

गाड़ी रुक गई थी और कुली असबाब उतारने लगा था। युवती ने जीवन

का हाथ पकड़कर कहा, "अब मैं आपसे विदा लेती हूँ। लेकिन आपसे एक प्रार्थना है। आप मेरा पीछा न कीजिए, मेरा पता लगाने की कोशिश न कीजिए, बस यही एक भीख मैं आपसे माँगती हूँ।" और जीवन ने देखा कि युवती की आँखों में आँसू हैं।

जीवन का गला भर आया, "जाइए—आप विश्वास रखिए। एक निधि मुझे अचानक मिली और अचानक मेरे हाथ से भी निकल गई। एक स्मृति—केवल एक स्मृति!" और जीवन ने देखा कि युवती जा रही है।

जीवन कलकत्ता मन बहलाने आया था लेकिन उसने देखा कि कलकत्ता उसे काट रहा है। इतने बड़े नगर में, उसकी इतनी बड़ी हलचल में उसका हृदय भयानक सूनापन अनुभव कर रहा था। दिन-रात वह सोचा करता था—कभी-कभी वह अनुभव करने लगता था कि वह पागल हो जाएगा। एक दिन उसके मित्रों ने उसका जी बहलाने का प्रयत्न किया। वे उसे घुमाने ले चले, और वे सीढ़ी पर चढ़े। जीवन सबसे पीछे था।

एक स्त्री ने उन लोगों का स्वागत किया। जीवन उसे देखते ही चौंक उठा। और उसी समय उस स्त्री की नजर जीवन पर पड़ी।

उस स्त्री के होंठों की सारी हँसी गायब हो गई। चित्रलिखित-सी खड़ी वह जीवन की ओर देखती रही।

एक अजीब-सा वातावरण वहाँ उपस्थित हो गया था। और वहाँ एक मौन छा गया।

जीवन को वह मौन असह्य हो गया, उसने कहा, "आप!"

"जी हाँ, मैं! युवती ने बहुत धीरे-से कहा, "साक्षात मैं! और मुझे पाकर आपके दिल में धक्का-सा लगा होगा।"

"आप ठीक कहती हैं।" जीवन ने धीरे-से कहा।

युवती ने फिर कहा, "और आपको यहाँ देखकर मेरी एक दुनिया ही नष्ट हो गई। जिंदगी में एक रात, केवल एक रात मैंने प्रेम किया। वह जिंदगी का एकमात्र सपना था। उस सपने को मैंने अस्तित्व बनाकर रखना चाहा था जीवन बाबू, उस एक रात के प्रेम को मैंने अनंत रातों में भरना चाहा था—पर वह न हो सका! एक मिनट ठहरिएगा, मैं आई!" और युवती अंदर चली गई। अंदर से वह चाँदी के फ्रेम में जड़ी हुई एक फोटो उठा लाई।

"जीवन बाबू—आपकी पुस्तकवाले चित्र को मैंने अपना देवता बनाया था,

सुबह-शाम, हर समय मैं उसकी पूजा करती थी। और आज मेरा देवता नष्ट हो गया, मेरा सपना टूट गया।'' यह कहते-कहते युवती ने फ्रेम से फोटो को निकालकर फाड़ डाला, ''सबकुछ समाप्त हो गया जीवन बाबू। अब आइए, बैठिए। एक वेश्या आपका नहीं, आपके पैसों का स्वागत करती है।'' और युवती पागल की भाँति हँस पड़ी।

उस समय जीवन युवती की उस हँसी से डर गया। एकाएक वह घूम पड़ा और तेजी के साथ नीचे उतरा। वह भाग रहा था, तेजी के साथ भाग रहा था।

उत्तरदायित्व

मैंने एक काम किया—अच्छा या बुरा, इससे कोई प्रयोजन नहीं। अब प्रश्न उठता है कि मैंने वह काम क्यों किया। अपने उस कर्म का उत्तरदायी स्वयं मैं हूँ, सब लोग यह कहेंगे, और साधारण तर्क से उनका यह कहना गलत भी नहीं है। पर ऐसी भी परिस्थितियाँ आ सकती हैं जबकि यह काम करने के लिए मैं प्रेरित या विवश किया जाता हूँ। ऐसी अवस्था में मेरे उस काम का उत्तरदायित्व किस पर है—मुझ पर या मुझे प्रेरित अथवा विवश करनेवाले पर? यहाँ पर मतों में विभिन्नता मिलेगी—कुछ कहेंगे कि उत्तरदायित्व मुझ पर है और कुछ कहेंगे कि उत्तरदायित्व प्रेरित या विवश करनेवाले पर है। एक और भी मत है और यद्यपि उस मत के माननेवालों की संख्या धीरे-धीरे कम होती जाती है; पर वह मत ऐसा नहीं है कि हँसी में उड़ाया जा सके। उस मत के हिसाब से मेरे किसी भी काम का उत्तरदायित्व न मुझ पर है और न किसी दूसरे व्यक्ति पर। मेरे प्रत्येक साधारण अथवा असाधारण कर्म का उत्तरदायित्व उस पर है, जिस पर कर्म करनेवाले को रचने का उत्तरदायित्व है। इस मतवाले को अंग्रेजी में 'फेटलिस्ट' कहते हैं और हिंदी में भाग्यवादी कहते हैं। यहाँ पर यह कह देना अनुचित न होगा कि यदि मैं भाग्यवादी बन सकूँ तो जगदीश की आत्महत्या से मेरे हृदय में जो द्वंद्व मचा हुआ है, वह शांत हो जाए।

जगदीश ने आत्महत्या की—लोगों ने यह खबर अखबारों में पढ़ी और भूल गए। जगदीश अनाथ था, इसलिए उसकी मृत्यु पर कोई रोया भी नहीं उसके मित्रों में से कुछ ने कहा—"बेचारा कितना अच्छा था; उसके मरने से बड़ा दुःख हुआ।" और कुछ ने कहा—"कितना बेवकूफ था, दुनिया बेवकूफों के लिए नहीं है।" यहाँ तक कि जिसके लिए जगदीश ने आत्महत्या की थी, उसने जब यह खबर सुनी तो कुछ उदास होकर कहा—"कितना पागल था, भगवान् उसे शांति दे।" और दुनिया उसी रफ्तार से चलती रही, जिस रफ्तार से चल रही थी।

जगदीश मेरा सहपाठी था और मेरे बोर्डिंग में रहता था। हम लोग केवल इतना जानते थे कि उसका नाम जगदीश है और वह अनाथ तथा निर्धन है। गोरा-सा और लंबा-सा नवयुवक—एकहरे बदन का और सुंदर! आँखों में चमक थी और मुख पर एक विचित्र प्रकार की तन्मयता। क्लास में काफी तेज था और ट्यूशन करके अपना निर्वाह करता था। वह एक लक्ष्यहीन नवयुवक था, भावुक और हठी।

वह दिन जगदीश के लिए बड़ा अशुभ था, जिस दिन जगदीश की मिस शीला से मित्रता हुई। मिस शीला एक संपन्न बैरिस्टर की पुत्री थीं और हमारे क्लास में पढ़ती थीं। उस दिन जगदीश कितना प्रसन्न था, उसने मुझसे कहा—"रंजन! वह अनिन्द्य सुंदरी है और—वह मेरे सपने की रानी है—समझे!" मिस शीला से उसकी मित्रता की बात सुनकर और उसके प्रति जगदीश के उद्‌गार जानकर मुझे अच्छा नहीं लगा, शायद इसलिए कि जगदीश को मैं बहुत चाहता था और मैं उससे अधिक अनुभवी था। मैंने कहा था—"जगदीश! जानते हो, तुम कहाँ जा रहे हो?" उसने मेरी ओर कुछ देर तक ध्यान से देखकर कहा—"हाँ रंजन, तुम्हारा मतलब विनाश से है न? उसी ओर जा रहा हूँ—प्रेम विनाश का ही दूसरा रूप है···।"और वह मुसकरा पड़ा था।

जगदीश की और मिस शीला की मित्रता बढ़ती गई—वह प्रेम में परिणत हो गई। जगदीश मिस शीला पर दीवाना-सा हो गया। महीनों एक समय भोजन न करके वह कुछ रुपए बचाता था और एक दिन मिस शीला के साथ सिनेमा जाकर तथा उसके बाद होटल में उसके साथ बैठकर खाना खाने में फूँक देता था। अपनी आवश्यकताओं को अधिक-से-अधिक घटाकर तथा अधिक-से-अधिक ट्यूशनों पर अधिक-से-अधिक मेहनत करके वह कुछ रुपए जमा करता था और एक दिन वह अपनी सामर्थ्य से बाहर एक कीमती उपहार खरीदकर मिस शीला को भेंट कर देता था।

ाह अंत में हो गई। उस दिन संध्या के समय पैर लड़खड़ा रहे थे, आँखें पथराई हुई थीं और ने उससे कारण पूछा। एक रूखी मुसकराहट के ाप्त हो गया।"

।

ीला ने मेरा विवाह का प्रस्ताव ठुकरा दिया।"

ला के लिए नहीं बने हो, और शीला तुम्हारे लिए नहीं भ्रम दूर हो गया और तुम अब अपने को सम्हाल सकते !"

र तक मेरी ओर देखता रहा, इसके बाद तूफान फट पड़ा, कुछ होता है वह ठीक ही होता है। रंजन! शीला मेरे वास्ते के वास्ते नहीं हूँ, और रंजन जानते हो मेरी दुनिया कितनी सीमित है। मेरी दुनिया शीला है—समझे! इसके ये अर्थ होते रे वास्ते नहीं है और मैं दुनिया के वास्ते नहीं हूँ!"

दीश की पीठ पर हाथ रखते हुए कहा—"जाओ, सोओ लपन की बात मत करो! धीरे-धीरे दुःख दूर हो जाएगा और तुम को समझने लगोगे।"

ाश ने कुछ नहीं कहा, वह सीधे अपने कमरे में गया और सुबह मालूम रात में जगदीश ने आत्महत्या कर ली।

ख आते हैं और चले जाते हैं, दुख आते हैं और चले जाते हैं। बच्चे पैदा और बुड्ढे मरते हैं। मित्रता बनती है और टूटती है। यह सब एक विचित्र है; पर बहुत कुछ मनुष्य की प्रकृति पर भी निर्भर है। भावना यदि जन्म ती है तो मरती भी है, हर भावना का जीवन मनुष्य की प्रकृति से संबद्ध है। कुछ प्रकृतियाँ ऐसी हैं जहाँ किसी भी भावना का जीवन क्षणिक रहता है, और कुछ प्रकृतियाँ ऐसी हैं जहाँ भावना का जीवन काफी अधिक होता है—कभी-कभी मनुष्य के जीवन से भी अधिक। दो महीने के अंदर ही बहुत लोग जगदीश को भूल गए; पर मैं उसे न भूल सका; न भूल सका।

एक दिन सुना कि मिस शीला का विवाह होनेवाला है। मिस शीला से मेरा परिचय था, और जगदीश की आत्महत्या के पहले मेरी उससे अच्छी-खासी घनिष्ठता थी। जगदीश की मृत्यु के बाद मैंने मिस शीला से बातचीत नहीं की, न जाने क्यों उसके प्रति मुझ में एक भयानक घृणा की भावना पैदा हो गई थी।

यह खबर सुनकर कि मिस शीला का विवाह होनेवाला है, मैं अपने को न

रोक सका। रविवार था, सुबह चाय पीकर मैं उसके बँगले पर पहुँच करवाई और ड्राइंगरूम में शीला मुझसे मिली। मुसकराते ह कहा—"कहिए मिस्टर रंजन, कैसे भूल पड़े? आज बहुत दिनों ब दर्शन हुए।"

मुसकराने का प्रयत्न करते हुए मैंने भी कहा, "यों ही घूमता-घाम आया। सोचा कि आपके विवाह के शुभ-समाचार पर आपको ब आऊँ।"

मैंने जो कुछ कहा उसमें कटुता की एक अव्यक्त भावना अवश्य जहाँ तक मैं समझता हूँ मैंने वह भावना तनिक भी स्पष्ट न की थी, न जाने प्रकार शीला को उस कटुता का पता लग गया। उसने कहा—"आपने बड़ी की मिस्टर रंजन! आप मुझे बधाई देने आवेंगे, इसकी मुझे तनिक भी आ थी, और मैं आपके बधाई देने पर आपको धन्यवाद न देकर आपके यहाँ आने आपको धन्यवाद अवश्य दूँगी।"

अच्छा ही हुआ जो शीला ने बात छेड़ी—यदि वह इस प्रकार उत्तर न दे तो जीवन का एक बहुत बड़ा रहस्य मेरी आँखों से ओझल रह जाता। मैंने कु उत्तेजित होकर कहा—"शायद विवाह आपके लिए एक आवश्यक विवशता और इसीलिए आपको उससे प्रसन्नता नहीं है।"

यह कहकर मैं कुछ पछताया भी; पर तीर कमान को छोड़ चुका था। शीला ने मेरी ओर तीव्र दृष्टि से देखते हुए कहा, "मिस्टर रंजन! आप मेरा अपमान करने आए हैं मैं यह जानती हूँ। आप अपमान करने क्यों आए, इसे मैं जानती हूँ। यदि मैं चाहूँ तो इस अपमान का बदला, मैं आपसे जाने को कहकर, ले सकती हूँ; पर ऐसा न करूँगी। जगदीश की मृत्यु के बाद बहुत लोग मुझसे घृणा करने लग गए हैं। आप जगदीश के सबसे घनिष्ठ मित्र थे, शायद आप सबसे अधिक घृणा भी करते हैं। ऐसी हालत में आपसे मैं बातें करूँगी—अपनी सफाई दूँगी। समझे। आप प्रश्न करें और मैं प्रत्येक प्रश्न का सही-सही उत्तर दूँगी।"

मैं सम्हलकर बैठ गया, मैंने कहा, "मिस शीला, मैं आपके सद्व्यवहार के लिए आपको धन्यवाद देता हूँ। मेरा पहला प्रश्न यह है कि—आपने जगदीश से विवाह करने से इनकार क्यों कर दिया?"

"इसलिए कि मैं उससे प्रेम नहीं करती थी!" शांत भाव से उसने कहा।

"आप उससे प्रेम नहीं करती थीं—यह तो बड़ी विचित्र बात है!"

"हाँ, मैं उससे प्रेम नहीं करती थी, मिस्टर रंजन!—मैं कहती हूँ कि मैं उससे प्रेम नहीं करती थी—क्या इतना काफी नहीं है? पहले ही कह चुकी हूँ कि मैं आपसे

सब बातें सच-सच कहूँगी, फिर आप मुझे झूठी समझकर मेरा अपमान करेंगे।"

निष्प्रभ होकर मैंने कहा, "पर जगदीश तो समझता था कि आप उससे प्रेम करती हैं!"

"जगदीश समझता था कि मैं उससे प्रेम करती हूँ—मिस्टर रंजन, उसमें दोष किसका था, जगदीश का या मेरा? यदि मैं किसी व्यक्ति से अच्छी तरह बातें करती हूँ, यदि किसी व्यक्ति को मैं नापसंद नहीं करती हूँ और उसका साथ मुझे अच्छा भी लगता है, तो इसके ये अर्थ नहीं कि मैं उससे प्रेम करती हूँ। मैं यदि किसी व्यक्ति को देखकर मुस्करा देती हूँ और वह व्यक्ति इतना मूर्ख है कि मेरी इस मुसकराहट से वह इस निर्णय पर पहुँच जाता है कि मैं उससे प्रेम करती हूँ, तो उसमें मेरा क्या दोष है? मिस्टर रंजन, मैं यह मानती हूँ कि जगदीश को मैं पसंद करती थी, यह ठीक है, कि मैं हँसती-बोलती थी; पर इसके ये अर्थ नहीं कि मैं उससे प्रेम करती थी। जगदीश ही क्यों, न जाने कितने लोग मेरे यहाँ आते हैं—न जाने कितने युवक मेरी मुसकान के प्यासे मेरे दरवाजे खड़े रहते हैं और मैं प्रत्येक व्यक्ति से बातें करती हूँ, उनको अपनी मुसकान बाँटती हूँ; पर प्रेम तो मैं एक ही से कर सकती हूँ, सबों से नहीं। हाँ, आप पूछेंगे कि तुम ऐसा क्यों करती हो। इसका भी उत्तर मेरे पास है, यह इसलिए कि मुझे अच्छा लगता है। अपने चारों ओर प्रणय-भिखारियों की भीड़ देखकर मुझे बुरा क्यों लगे। मुझे अपनी सुंदरता पर, अपनी मोहिनी शक्ति पर गर्व होता है। मिस्टर रंजन—आप ही बताइए कि यदि आपको घेरकर दस-बीस सुंदरी युवतियाँ खड़ी हो जाएँ तो क्या आपको अच्छा न लगे?"

"आप ठीक कहती हैं;"—धीरे-से मैंने कहा।

"अब सवाल आता है कि मुझे अच्छा क्यों लगता है? यह तो मानव-प्रकृति है, या यदि आप इसे मानव-दुर्बलता कहें तो इसमें भी मुझे कोई अपत्ति नहीं है। फिर आप यह पूछेंगे कि मैं उन लोगों पर यह क्यों नहीं स्पष्ट कर देती हूँ कि मैं उनसे प्रेम नहीं करती। मुझे केवल इसमें सुख मिलता है कि वे मेरी पूजा करें, मेरे इशारों पर नाचें, कि मैं उन्हें अपना खिलौना बनाकर खेलूँ। इसका भी उत्तर स्पष्ट है, मिस्टर रंजन! हम सब खेलना चाहते हैं, जीवन स्वयं ही एक खेल है। दुखी है जो अच्छी तरह से खेल नहीं सकता। मैं अपने खिलौनों पर यह सत्य प्रकट करके अपने खेल को बिगाड़ूँ क्यों?"

मेरी आँखें खुल गईं, शीला ने जो कुछ कहा वह कटु था, भयानक था, पर सत्य था, फिर भी मैंने साहस किया, "पर आपके उस खेल का दूसरे पर क्या

परिणाम होगा, इसको भी कभी आपने सोचा है ? आपकी एक अर्थहीन मुस्कान अथवा क्षणिक-भावना से प्रेरित चुंबन दूसरे का कितना अहित कर सकेंगे, इस पर भी कभी ध्यान दिया है ? मैं मानता हूँ कि खेलना सब पसंद करते हैं; पर मनुष्य के भविष्य से खेलना, उसके प्राणों से खेलना ! मिस शीला यह कितना भयानक है—कितना अमानुषिक है !''

शीला हँस पड़ी; पर उसकी हँसी में माधुर्य न था, एक पैशाचिक कर्कशता थी । ''मनुष्य के भविष्य से खेलना, मनुष्य के प्राणों से खेलना ! इस पर आपको आश्चर्य होता है, पर मैं आपसे पूछती हूँ, कौन उनसे नहीं खेलता, क्या पुरुष स्त्री के प्राणों से नहीं खेलता, क्या वह स्त्री को गुलाम बनाकर नहीं रखना चाहता ? मिस्टर रंजन, अपने समाज में आप वेश्याओं का स्थान तो जानते ही होंगे ! ये वेश्याएँ हैं कौन ? ये वेश्याएँ भी कभी सच्चरित्र युवतियाँ थीं, जो सुख चाहती थीं, मान चाहती थीं और प्रतिष्ठा चाहती थीं; पर इनमें से प्रत्येक के साथ किसी-न-किसी पुरुष ने सबसे पहले खेल खेला है, और उस पहले खेल से संतुष्ट न होकर पुरुष जाति ने उनके जीवन-भर के लिए उसे खिलौना बना लिया है । और भी आप सुनेंगे, यह जो नवयुवकों की भीड़ मेरे दरवाजे हाजिरी बजाती है, इनमें से अधिकांश मुझे खिलौना बनाकर खेलना चाहते हैं ।''

मैं सिहर उठा । चुपचाप मैं मिस शीला की बातें सुन रहा था, मैंने धीरे-से कहा, ''पर जगदीश तो आपसे खेलने नहीं आया था । दूसरे के अपराध का दंड उसे आपने क्यों दिया ?''

शीला शांत हो गई थी, ''हाँ, जगदीश मुझसे खेलने नहीं आया था, यह मैं जानती हूँ ।''

मैंने फिर कहा, ''और जगदीश वास्तव में आपसे प्रेम करता था ।''

''यह भी जानती हूँ ।'' शीला बोल उठी, ''पर मैं क्या करूँ ? जगदीश मूर्ख था—इसका मुझे दुःख है । मैंने अंत में उससे कह भी दिया था कि मैं उससे प्रेम नहीं करती; पर वह मेरी बात समझ ही न सका । मैं उस व्यक्ति को जो समझने के लिए तनिक भी तैयार न था, किस प्रकार समझा सकती थी ? और मिस्टर रंजन, मैं आपसे सच कहती हूँ कि मैंने जगदीश के साथ खेला भी नहीं । वह मेरे साथ सिनेमा देखने जाता था, एक-आध बार किसी प्रेम-दृश्य को देखकर मुझमें एक प्रकार की क्षणिक भावना जाग उठी, और मैंने उसे चुंबन कर लेने दिया; पर मिस्टर रंजन, मैं देवी तो नहीं हूँ, मानवी हूँ, हाड़-मांस की बनी हूँ । मुझमें भी वासना है । उस अवसर पर अपने को रोकना बड़ा कठिन होता है, उस आत्मसमर्पण को कभी महत्व नहीं दिया जाना चाहिए । फिर जगदीश इतना

अच्छा था, इतना भोला था, इतना नासमझ था कि मैं उसका हृदय भी नहीं दुखाना चाहती थी।"

शीला की बातें सुनकर उसके प्रति मेरे हृदय में सहानुभूति की भावना जाग्रत हो रही थी कि एकाएक जगदीश का चित्र मेरी आँखों के आगे आ गया—वह चित्र जिसे मैंने उसके जीवन की अंतिम घड़ियों में देखा था, वही लड़खड़ाते हुए पैर, पथराई आँखों और मृत्यु की छाया से धुँधला मुख। मालूम होता था कि जगदीश मुझसे कहने आया है, 'बस इतने ही से पिघल गए, उस दिन की मेरी हालत क्या तुम भूल गए, इस स्त्री ने मेरी हत्या की है, यह याद रखो।' और मेरी सारी कोमलता जाती रही। मैंने रूखे स्वर में कहा, "आप उसका हृदय दुखाना नहीं चाहती थीं, पर आप उसकी हत्या करना चाहती थीं। मिस शीला ! पता नहीं आप मुझे धोखा दे रही हैं या आप स्वयं अपने को धोखा दे रही हैं ?"

शीला की कर्कशता लौट आई, पर इस समय उद्विग्नता के साथ नहीं—दबी हुई, गंभीर। "मैं उसकी हत्या करना चाहती थी, मिस्टर रंजन ! आप मेरे साथ अन्याय कर रहे हैं। आप समझते हैं कि जगदीश की आत्महत्या का उत्तरदायित्व मुझ पर है। मैं आपसे इतना कह चुकी हूँ फिर भी आप निष्पक्ष भाव से निर्णय नहीं कर रहे हैं। मैं जानती हूँ, आपसे कहीं अधिक, कि पुरुष अधिक बलवान है, वह अधिक शक्तिशाली है। मैं यह भी जानती हूँ कि प्रकृति से पुरुष स्वामी है और स्त्री गुलाम है। पर जब पुरुष गुलामी करने पर तुल जाए, तो उसमें स्त्री का क्या दोष ? यदि कोई पुरुष मेरे इशारे पर नाचे, तो उसमें कमजोरी उसकी है न कि मेरी, यदि पुरुष स्वयं अपना मूल्य न जाने तो मुझे क्या पड़ी है कि मैं उसे उसका मूल्य बतलाऊँ ?"

शीला ने मेरी आँखों में अपनी आँखें गड़ा दीं। वह निश्चल और अविचलित थी। उसके मुख पर आत्मविश्वास झलक रहा था, उसकी आँखों में चमक आ गई थी। उस समय उसका सुंदर मुख और भी सुंदर हो उठा था।—"और मिस्टर रंजन, यह भी याद रखिएगा कि मनुष्य स्वयं अपने कर्मों का उत्तरदायी है। भगवान् ने उसे भले-बुरे की पहचान करने की क्षमता प्रदान की है, वह अपना हित-अहित समझ सकता है। यदि आप जगदीश के कर्मों का उत्तरदायित्व मुझ पर रख रहे हैं, तो आप मेरे साथ तो अन्याय कर ही रहे हैं; पर जगदीश के साथ भी अन्याय कर रहे हैं।"

मैं जानता था कि मैं पराजित हुआ। शीला ने अपने पक्ष में अकाट्य तर्क दिए थे; पर एकाएक मुझे एक भूली बात याद हो गई, मैंने कहा, "मिस शीला,

आप जानती हैं कि जगदीश बहुत गरीब था, आप जानती हैं कि ट्यूशन पढ़ा-पढ़ाकर वह निर्वाह करता था। लोगों का कहना है कि उसकी निर्धनता के कारण ही आपने उसके विवाह के प्रस्ताव को ठुकरा दिया था। ऐसी हालत में क्या आप बतला सकेंगी कि आपने उसके कीमती उपहार क्यों स्वीकार किए? रक्त से कमाए हुए उसके कुछ चाँदी के टुकड़ों को आपने सिनेमा देखकर और होटल में खाना खाकर बेरहमी के साथ क्यों खर्च किया?"

मिस शीला का मुख एक क्षण के लिए पीला पड़ा; फिर लाल हो गया। वह उठ खड़ी हुई। उसने भर्राए हुए स्वर में कहा, "मिस्टर रंजन! मैं समझती हूँ कि काफी अपमानित होने पर भी मैंने आपकी सब बातों का उत्तर दिया। पर आप बहुत अधिक असभ्य होते जा रहे हैं। मेरे पास इतना समय नहीं है कि मैं आपके निरर्थक प्रश्नों का उत्तर दिए ही जाऊँ।" और वह तीर की भाँति कमरे के बाहर निकल गई।

कुँवर साहब मर गए!

पिता जी की डाँट, माता जी की विनय, श्रीमती जी के आँसू और श्रीमान जी की अशक्तता मुझे रोक सकने में समर्थ न हो सकी। तीन दिन तक बुखार में पड़े रहने के बाद चौथे दिन सुबह के समय जैसे ही छोटे भाई ने हँसते हुए टेंपरेचर नारमल पर आने की खबर दी, वैसे ही केशव ने मुँह लटकाए हुए उसी दिन शाम के समय निकलनेवाले काँग्रेस के जलूस की सूचना दी।

केशव के मुँह लटकाने का कारण था। उस दिन नेताओं के दिमाग में न जाने क्यों एकाएक यह ख्याल आ गया कि जलूस ज़रा सिविल लाइन्स की हवा खाए, या यों कहिए कि सिविल लाइन्स जलूस की हवा खाए। वैसे तो सरकार जानती थी कि जलूस निकलता है, जनता जानती थी कि जलूस निकलता है, और जलूस निकालनेवाले जानते थे कि जलूस निकलता है, पर बात यों हुई कि

सिविल लाइन्स के बँगलों में नौकरों, सवारियों और कुत्तों से घिरे रहनेवाले साहबों ने (हिंदुस्तानी और गैर-हिंदुस्तानी दोनों ही) काँग्रेस का जलूस न देखा था। काँग्रेस के नेता देश-भक्त होने के साथ-साथ परोपकारी होने का भी दम भरते हैं, उन्हें उन साहबों पर दया आई। बड़े-बड़े थियेटर, कार्निवाल, सरकस, सिनेमा, बाल-डान्स, फैन्सी ड्रेस-बाल, घुड़दौड़, आदि-आदि उन लोगों ने देखे; अगर कुछ नहीं देखा तो काँग्रेस का जूलस। आखिर यह तमाशा भी तो वे लोग देख लें, इसी बात को ध्यान में रखकर काँग्रेस के नेताओं ने यह तै किया कि कुआँ प्यासे के पास चले, यानी जलूस सिविल लाइन्स चले। इसकी सूचना मिली सरकार को, और सरकार को कुछ बुरा लगा--बुरा लगने की बात भी थी। सरकार ने सोचा कि उसके परम भक्त, कृपापात्र, लायक, फरमाबदार बेटों को देखना चाहिए लाट साहबों का जलूस जहाँ बैंड बजाते हुए तोपों, बंदूकों, तलवारों से सजी हुई फौजें मार्च करती हैं, घोड़ों पर मूँछें ऐंठते हुए अफसर छलाँग मारते हैं (घोड़े छलाँगें मारते हैं, इसीलिए उन घोड़ों पर सवार अफसर भी), फूलों से सजी हुई मोटरों पर कीमती पोशाकें पहने हुए रईस सोलह या आठ घोड़ों से खिचनेवाली स्टेटकोच के पीछे-पीछे रेंगते हैं और सड़क पर खड़े हुए खाकी वर्दी तथा लाल पगड़ी से सज्जित जलूस देखने के लिए एकत्रित जन-समूह को गरदन में हाथ लगाकर बड़े प्रेम के साथ भाषा के चुने हुए शब्दों का प्रयोग करते हुए पीछे ठेलते हैं, न कि वे देखें काँग्रेस का जलूस जहाँ नंगे सिर, पैर, खद्दर की फटी धोती और फटा कुरता पहने हुए असभ्य बागी आएँ-बाएँ-साएँ बकते हैं। बस जनाब, काँग्रेस के नेताओं ने कहा, "हम सिविल लाइन्स घूमेंगे" और सरकार ने कहा—"मियाँ औकात से रहो, तुम कँगल-टिर्रों की क्या मजाल कि सिविल लाइन्स में घूमो।" काँग्रेस-नेताओं ने कहा कि, "हम तो आवेंगे ही," सरकार ने कहा—"हम तुम्हें नहीं जाने देंगे," कांग्रेस-नेताओं ने कहा—"हम सत्याग्रह करेंगे," सरकार ने कहा—"हम मारे डंडों के तुम्हारी खोपड़ी तोड़ देंगे।"—बस, इतनी-सी बात और तनातनी हो गई। लेकिन इन सबका नतीजा भोगना पड़ेगा केशव को, क्योंकि नेता थोड़े ही डंडे खाएँगे, डंडे खाएँगे, केशव और उनके भाई-बंद अन्य स्वयंसेवक। इसीलिए उसका मुँह उतरा हुआ था।

हाँ, तो अखबारों में पढ़ा था कि लाठी-चार्ज होता है, पर लाठी-चार्ज होते न देखा था। मेरा भाग्य खुल गया। जिसे देखने को आँखें तरस रही थीं उसे देखने का मौका आ ही गया, फिर भला मैं कब चूकनेवाला था। शाम के समय ताँगे पर लदकर मैं काँग्रेस-ऑफिस पहुँचा।

एक अजीब समाँ बँधा हुआ था। सैकड़ों स्वयंसेवक हाथ में तिरंगे झंडे लिए खड़े राष्ट्रीय गान गा रहे थे। मुख पर दृढ़ता थी और हृदयों में जोश। बीच-बीच में 'महात्मा गाँधी की जय!' 'भारतमाता की जय!' के नारे बुलंद होते थे।

जलूस चला, लेकिन लोगों ने मुझे साथ ले चलने से इनकार कर दिया। मैंने लाख कहा कि मैंने कभी लाठी-चार्ज नहीं देखा है, भगवान के नाम पर मुझे भी साथ ले चलो, पर किसी ने एक न मानी। एक ने कहा, "तुम कमजोर हो।" दूसरे ने कहा, "अगर लाठी खाना चाहते हो तो चल सकते हो, क्योंकि अगर लाठी-चार्ज में एक-आध मरा नहीं तो लुत्फ ही क्या रहा और तुम इस हालत में हो कि दो लाठियों में ही बड़ी आसानी से शहीद हो सकते हो।" लेकिन मैं शहीद होने को तैयार न था, इसलिए नहीं कि मैं मृत्यु से डरता हूँ, बल्कि इसलिए कि देश को मुझसे बड़ी-बड़ी आशाएँ हैं। अंत में यह तै हुआ कि मैं काँग्रेस-ऑफिस में बैठूँ और पुलिस की सूचनाएँ संकलित करता रहूँ।

[2]

मैं अकेला काँग्रेस-ऑफिस में बैठा हुआ था, और टेलीफोन से खबरें, मिल रही थीं। घंटी बजी और टेलीफोन पर सुनाई पड़ा—"प्रोसेशन ... रोड पर पहुँच गया है, यहाँ पर पुलिस-फोर्स रास्ता रोके खड़ी है, इन लोगों के पास डंडे हैं। सुपरिंटेंडेंट ने आज्ञा सुनाई कि प्रोसेशन आगे न बढ़े और पीछे लौट जाए। प्रोसेशनवालों ने सुपरिंटेंडेंट की आज्ञा मानने से इनकार कर दिया। इस पर सुपरिंटेंडेंट पुलिस ने लाठी-चार्ज की आज्ञा दे दी है। लाठी-चार्ज हो रहा है, जनता तितर-बितर हो गई है, केवल स्वयंसेवक जमीन पर बैठ गए हैं।

इसके थोड़ी देर बाद टेलीफोन पर फिर खबर मिली—स्वयंसेवक पिट रहे हैं और नेताओं की गिरफ्तारी हो रही है। एक ताज्जुब की बात है कि कुँवर कमलनारायण ने एकाएक आकर 'भारत माता की जय!' बोली और वे भी गिरफ्तार कर लिए ...। —मेरे हाथ से रिसीवर छूट पड़ा, खबर अधूरी रह गई।

कुँवर कमलनारायण गिरफ्तार हो गए, हत्या करके नहीं, घर फाँद के नहीं, बल्कि 'भारत माता की जय!' बोलकर। मेरे लिए यह इस युग की सबसे आश्चर्यजनक बात थी। कुँवर कमलनारायण उन रईसों में एक है, जिनका काम है चौबीसों घंटे शराब के नशे में धुत रहना, बिना गाली बात न करना और जब मौका मिल जाए, ऐयाशी करना। उनके देश-भक्त बनकर गिरफ्तार होने पर चाहे और किसी को आश्चर्य हो या न हो, पर मुझे उतना ही आश्चर्य हुआ,

जितना बंदर के अदरक खा लेने पर होता, या ख्वाजा हसन निजामी के हिंदू बन जाने में होता।

फिर घंटी बजी–सब-के-सब स्वयंसेवक गिरफ्तार हो गए···आज का प्रोग्राप 'ओवर' हो गया।

मैं भी उठा, ताँगा मँगवाकर घर पहुँचा। मुझे देखते ही पिता जीं ने अपना मुँह फेर लिया। माता जी ने एक दीर्घ निःश्वास के साथ आँखों से दो आँसू गिराए, श्रीमती जी ने महावीर जी पर पाँच पैसे के बताशे चढ़ाए और श्रीमान् जी पलँग पर लुढ़क पड़े।

आँखें लगी ही थीं कि किसी ने मेरे कमरे के किवाड़ों में धक्का दिया। बड़ी मुश्किल से उठा। किवाड़ खोले तो देखा कि केशव खड़ा है। एक अजब हालत थी, कपड़े फटे हुए, चेहरा पीला और पिंडलियाँ काँप रही थीं। मैंने केशव का हाथ पकड़कर उसे अंदर बुलाया।

केशव मेरा दूर का भाई होता है। बी.ए. पास करने के बाद जब नौकरी की तलाश में उसने अफसरों के पीछे इतनी चहल-कदमी की कि उसका वजन एक मन से बढ़कर डेढ़ मन हो गया तब उसने काँग्रेस में नाम लिखाया। इस समय वह साधारण स्वयंसेवक से बढ़कर स्वयंसेवकों का नायक बन गया था और सालभर के अंदर ही नेता बनने की सोच रहा था।

हाँफते हुए उसने कहा–"भाई एक गिलास पानी।"

मैं खुद बीमार–नहीं, बीमारी से उठा हुआ था, फिर भी मैंने केशव को पानी दिया। जिस पलँग पर मैं पड़ा था, उस पर अब केशवदेव पैर फैलाए लेटे थे। पानी देते हुए मैंने कहा–"कहो, क्या हाल है ?"

लेटे-ही-लेटे पानी पीकर उसने कहा–"मार डाला···बदमाशों ने !"

केशव की हालत देखकर कुछ दुख होता था, कुछ हँसी आती थी। अपनी हँसी दबाते हुए मैंने कहा–"तुम तो गिरफ्तार हो गए थे। इस समय यहाँ कहाँ ?"

"क्या बताऊँ, अभी बारह मील का रास्ता पैदल तै किए हुए चला आ रहा हूँ !"

"यह कैसे ?"–मैं अपनी हँसी अब अधिक न दबा सका।

केशव बिगड़कर बोला, "यहाँ जान निकल गई और तुम्हें हँसी सूझती है। बदमाशों ने लारी पर लादकर बारह मील की दूरी पर छोड़ दिया।"

"पूरा हाल तो बताओ ?"

"हाल क्या बताऊँ दो डंडे पड़े, इसके बाद गिरफ्तार हुआ। हवालात पहुँचा। वहाँ से एक लारी पर लादा गया और सब लोगों के साथ छोड़ दिया गया जंगल में। लारी चल दी और हम लोगों को वापस आना पड़ा पैदल।"

केशव का किस्सा समाप्त हुआ। एकाएक मुझे कुँवर कमलनारायण की याद आ गई। मैंने पूछा, "तुम लोगों के साथ सुना है आज कुँवर कमलनारायण भी गिरफ्तार हुए थे।"

केशव उछल पड़ा, मुँह पर छाई हुए मुर्दनी गायब हो गई। "अरे हाँ, अच्छी याद दिलाई। तो फिर कुँवर साहब का किस्सा आदि से सुनाऊँ?"

"और नहीं क्या!"

केशव ने आरंभ किया, "कुँवर साहब के ड्राइवर का कहना है कि कुँवर साहब के यहाँ कल कुछ मेहमान आ गए थे। जितनी शराब थी, वह सब खत्म हो गई। आज शाम के समय घर में एक बूँद नहीं और कुँवर साहब को उसकी बड़ी आवश्यकता, क्योंकि नशा उतर गया था।

"शराब की इतनी तलब कि उन्हें मँगवाकर पीने की फुरसत न थी। कार पर बैठकर दुकान पर ही खरीदकर पीने के लिए चल दिए। उधर दुकान पर धरना बैठा हुआ था। लोगों ने लू-लू बोली और कुँवर साहब ने कार सिविल लाइन्स की तरफ बढ़वा दी। रास्ते में जलूस मिला। कुँवर साहब को देखकर लोगों ने फिकरे कसे और कुँवर साहब ने गालियाँ दीं। ...रोड के चौराहे पर उस समय लाठी-चार्ज हो रहा था। कुँवर साहब ने कार रोक दी। उतरकर वे लाठी-चार्ज देखने लगे। कुछ देर तक उन्होंने यह तमाशा देखा। फिर वे एकाएक कप्तान साहब के पास पहुँचे। उन्होंने कहा, "कप्तान साहब! आप इन निहत्थों को क्यों मार रहे हैं? अपने आदमियों को रोक दीजिए।"

कप्तान नया था, वह कुँवर साहब को पहचानता न था। उसने कहा, "चुप रहो, तुम अपना काम देखो।"

कुँवर साहब को बुरा लगा। पता नहीं उन्हें स्वयंसेवकों का पिटना अधिक बुरा लगा या कप्तान साहब का जवाब। उन्होंने आव देखा न ताव, गरजकर पुलिसवालों से कहा, "इन लोगों पर लाठी चलाना बंद करो।"

एक क्षण के लिए पुलिसवाले अवाक् रह गए। लोगों ने जब देखा कि कुँवर कमलनारायण लाठी चलाने को बंद करा रहे हैं, तब उन्हें आश्चर्य हुआ। उन्होंने नारे लगाए—"महात्मा गाँधी की जय! भारत माता की जय!!" और कुँवर साहब ने भी दुहराया "महात्मा गाँधी की जय!"

इस समय कप्तान साहब ने कुँवर साहब को गिरफ्तार कर लिया। लारी पर

बिठाकर वे हवालात भेज दिए गए।

हम लोग भी हवालात भेजे गए। वहाँ कुँवर साहब से कोतवाल साहब की जो बातें हुईं, वे हमें मालूम हुईं। वे इस प्रकार हैं—

कोतवाल साहब ने कहा, "कुँवर साहब, आप यहाँ कैसे भूल पड़े?"

कुँवर साहब का मुख क्रोध से लाल था, कोतवाल साहब ने ताड़ लिया। बोले, "मालूम होता है आपको प्यास लगी है।"

कुँवर साहब ने अपना सिर हिलाकर 'हाँ' कहा।

व्हिस्की का एक पेग बरफ और सोडा के साथ कुँवर साहब के सामने पेश किया गया, एक घूँट में पूरा गिलास खाली करके कुँवर साहब ने गिलास लानेवाले की ओर देखा। कोतवाल साहब के इशारे पर दूसरा गिलास आया।

कुँवर साहब की जान-में-जान आई।

कोतवाल साहब ने मौका देखा। बोले, "कुँवर साहब! आप कैसे भूल पड़े?"

एक ठंडी साँस लेकर कुँवर साहब ने कहा, "आज घर में शराब खत्म हो गई थी, और प्यास जोर की थी! शहर में दुकानों पर धरना था, इसलिए सिविल लाइन्स जा रहा था।"

कोतवाल साहब ने कहा, "क्या बताऊँ कुँवर साहब, इन काँग्रेसवालों ने तो नाक में दम कर रखा है। आप जानते हैं आज सिविल लाइन्स की दुकानों पर भी धरना देने आ रहे थे। जब रोका तो माने ही नहीं। अगर पीटे न जाते तो सिविल लाइन्स की शराब की दुकानों पर भी लोग धरना देते।"

"ऐसी बात है?" कुँवर साहब ने चौथा पेग पीते हुए आश्चर्य से पूछा।

"हाँ साहब! अब बतलाइए क्या किया जाए? और आप हम लोगों को इन बदमाशों को पीटने से रोक रहे थे।"

कुँवर साहब ने कोतवाल का हाथ पकड़कर कहा, "दोस्त गलती हो गई, क्या बताऊँ, अब क्या हो सकता है?"

"कुछ नहीं, आप कतई इसकी फिक्र न करें। घर जाकर आराम करें।"

कुँवर साहब की कार बाहर खड़ी थी। उस पर लादकर वे घर भेज दिए गए। उस समय कुँवर साहब करीब-करीब एक बोतल व्हाइट हार्स की समाप्त कर चुक थे।

केशव ने कहानी समाप्त की और वह मेरी अलमारी में रखे हुए फलों पर इस प्रकार झपटा जैसे भूखी बिल्ली चूहे पर झपटती है।

[3]

दूसरे दिन पत्रों में निकला—सुपरिंटेंडेंट साहब ने गलती से कुँवर कमलनारायण को सत्याग्रही समझकर गिरफ्तार कर लिया था। उस समय कुँवर कमलनारायण कुछ नशे में भी थे, नहीं तो सुपरिंटेंडेंट साहब को यह गलती करने का मौका न मिलता।

इस खबर को पढ़कर हम लोग चार आदमी कुँवर कमलनारायण का ध्यान पत्रों में निकले हुए समाचार की ओर आकर्षित करने के लिए पहुँचे। बँगले के बरामदे में कुँवर साहब बैठे हुए थे और उनके सामने पड़ी हुई मेज पर एक व्हाइट हार्स की खुली हुई बोतल, तीन-चार सोडा की बोतल तथा एक शराब से भरा गिलास रखा था, और कुँवर साहब की नजर बाग में काम करनेवाली जवान मालिन पर थी। हम लोगों को देखते ही वे उठ खड़े हुए। उन्होंने आवाज दी, "अबे ओ" कलुआ, देख तो इन खद्दर-पोशों को किसने बँगले में घुस आने दिया? इनसे कह दे कि कुँवर साहब मर गए।"

नाज़िर मुंशी

ज्ञान कुरूपता है और अज्ञान सौंदर्य है। अगर आप इस बात को बिना किसी तर्क के माने लेते हैं—और मैं आपको विश्वास दिलाता हूँ कि तर्क करके आप मुझसे जीतेंगे नहीं—तो मैं आपसे कह सकता हूँ कि लड़कपन जीवन का सौंदर्य है। लड़कपन के कुछ थोड़े-से वर्षों में ही तो हम वास्तविक सुख का उपभोग करते हैं, उत्सुकता के उन इने-गिने पत्रों में ही हम वसुधा की अक्षय सुषमा को देख पाते हैं; फिर उसके बाद—ज्ञान की भयावक कुरूपता।

उड़नेवाले सफेद बादल से दौड़ने में होड़ लगाना, तितली के साथ खेलने का प्रयत्न करना, तारों में पहुँचने की कल्पना करना—यह सब-का-सब एक मधुर स्वप्न की आह-भरी धुँधली स्मृति के रूप में बदल चुका है। मैं जीवन देख रहा हूँ और मुझे कुरूपता के साथ खेलना पड़ता है कभी-कभी लड़कपन की भी याद आ जाती है, वे विगत स्वप्न पलभर के लिए वास्तविकता बनकर लौट पड़ते हैं।

चाहता हूँ कि वे सपने मिटें न ! पर इतना चाहते ही सपने उड़ जाते हैं, मुझे कुछ चकित-सा, कुछ भूला-सा और कुछ विक्षुब्ध-सा छोड़कर ।

उन्हीं सपनों में एक सपना नाज़िर मुंशी का भी था । एक दिन वह सपना जीवन की एक भयानक कुरूपता प्रदर्शित करता हुआ सदा के लिए नष्ट हो गया, और उसके नष्ट हो जाने का मुझे दुःख है । मैं कहता हूँ कि बचपन में सपनों को सपना बनाकर ही रखा जाना चाहिए, वास्तविकता से कसौटी पर उन सपनों को कहना उन्हें सदा के लिए नष्ट कर देना है—सौंदर्य की कुछ रेखाओं को निर्दयतापूर्वक मिटाकर एक-से-एक भयानक कुरूपताओं को ढूँढ़ निकालना है ।

पच्चीस वर्ष बीत गए—पल-पल, दिन-दिन, महीना-महीना और साल-साल कटते हुए । आज किसी की बारात में जाना अखर जाता है, अगर जाता हूँ तो मजबूरन । बाजों की आवाजें अब मेरे कान पर प्रहार की तरह पड़ती हैं, लोगों को विवाह के उपलक्ष्य में जब प्रसन्न देखता हूँ, तब सोचता हूँ कि ये कितने मूर्ख हैं । नाच-रंग को पलभर का नशा समझने लग गया हूँ, जिसका खुमार हमें जीवन के युद्ध में अधिक-से-अधिक निर्बल बना देता है, पर आज से पच्चीस वर्ष पहले मैं लड़का था । उन दिनों जब बरात में चलने का निमंत्रण मिलता था, तब चित्त प्रसन्न हो जाता था । महीनों से तैयारियाँ करता था, एक-एक दिन गिनता था, बारात में चलने की प्रतीक्षा में । जीवन की कुरूपता तथा असफलता ने उस समय तक मेरे कौतूहल का, मेरी उत्सुकता का गला न घोंटा था । वह मेरा लड़कपन था, मेरे जीवन का सौंदर्य था ।

ठीक पच्चीस वर्ष पहले की बात है जब मैं एक बारात में गया था । उसी बारात में पहले-पहल नाज़िर मुंशी को देखा था । बड़े आदमियों की बारात थी, लड़के का बाप डिप्टी कलक्टर था और लड़की का बाप सब-जज । बराती थे वकील, बैरिस्टर, रईस, डॉक्टर और ऐसे ही लोग ।

उस बारात में, कुछ गरीब आदमी भी थे, कोई ऐसे भिखमंगे तो नहीं, पर लड़केवाले और लड़कीवाले से तुलना करने पर, गरीब; और उन गरीब आदमियों में नाजिर मुंशी भी थे। पर उन दिनों मानो पच्चीस वर्ष पहले रिश्तेदारी में रुपए-पैसे का भेदभाव नहीं देखा जाता था। नाजिर मुंशी भी बराती थे, उतने ही इज्जतदार और प्रतिष्ठित, जितने लड़के के पिता डिप्टी साहब। मझोले कद के गोल-मटोल आदमी थे, मूँछें बड़ी-बड़ी और तौंद निकली हुई ।

नाज़िर मुंशी की ओर मैं क्यों आकर्षित हुआ ? लड़कों की भीड़ उन्हें क्यों हरदम घेरे रहती थी ? महाफ़िल में नाज़िर मुंशी क्यों सबके आगे बिठाए जाते थे ? इन प्रश्नों का एक उत्तर है—नाज़िर मुंशी हँसमुख आदमी थे। किसी भी आदमी को बातों में उड़ा देना उनके बाएँ हाथ का खेल था। जहाँ नाज़िर मुंशी थे, वहाँ हँसी का ठहाका था। हाजिर-जवाबी उनका जन्मसिद्ध अधिकार था।

उस बारात में एक अप्रिय घटना घट गई। सुबह बरफ नहीं आई और डिप्टी साहब सब-जज साहब पर नाराज हो गए। लगे कहने, और लुक-छिप-कर नहीं खुलेआम जैसा कि लड़के के पिता को अधिकार प्राप्त है—"मैंने समझा था पढ़े-लिखे आदमी हैं, शरीफ हैं। यह जानता था कि पूरे मक्खीचूस पैसे को इस बूरी तरह पकड़ते हैं। रुपए-दो रुपए के पीछे हमारी आराम तकलीफ का ख्याल तक नहीं। यह जानता होता कि ऐसे कमीनों से वास्ता पड़ेगा तो इनके यहाँ शादी न करता।"

सब-जज साहब ने जब यह सुना कि ज़रा बरफ न पहुँचने पर डिप्टी साहब वाही-तबाही बकने लगे, तो उन्हें भी गुस्सा आ गया। सुबह जिन्स तो भिजवा दी, लेकिन फिर कोई आदमी "आपको कोई तकलीफ तो नहीं है ?" "किसी चीज की जरूरत है।" आदि-आदि प्रश्न पूछने न आया।

डिप्टी साहब का पारा चढ़ता ही गया। शाम के समय नाश्ता नौकरों के हाथ आया और न सब-जज साहब ही बरातियों को झाँकने आए और न उनके लड़के, न रिश्तेदार। यह उपेक्षा डिप्टी साहब को असह्य हो गई। नाश्ता उन्होंने वापस भिजवा दिया और बरातियों को कूच का हुक्म सुनाया गया। फौज ने असबाब कसना शुरू किया। मामला इतना अधिक बढ़ गया और डिप्टी साहब तथा सब-जज अपनी-अपनी जिद पर अड़े रहे।

क्राइसिज (Crisis) पर विजय पाई, नाज़िर मुंशी ने लड़कों को एकत्र करके। उन्होंने सब-जज साहब के मकान पर धावा बोल दिया। बरातियों को इस बात का पता तक नहीं, सब लोग इतने अधिक व्यस्त थे।

सब-जज साहब अपने दरवाजे पर बैठे हुक्का गुड़गुड़ा रहे थे। उनको घेरे बैठे थे उनके रिश्तेदार व अन्य दोस्त। सब-जज साहब बीच-बीच में कहते जाते थे—"वही अकेले इज्जतदार नहीं हैं। लड़की की शादी की है, इज्जत नहीं बेची है। जाते हैं तो जाने दो!"

उनके दरवाजे पहुँचकर नाज़िर मुंशी ने हम लोगों को एक लाइन में खड़ा कराया, फिर उन्होंने सब-जज साहब को बड़े अदब के साथ झुककर एक लंबा-चौड़ा सलाम किया। नाज़िर मुंशी के पहुँचते ही सब-जज साहब

अकड़कर बैठ गए। उन्होंने नाज़िर मुंशी को उसी दृष्टि से देखा जिस दृष्टि से बादशाह शत्रु के राजदूत को देखता है।

पर नाज़िर मुंशी ने सब-जज साहब से कोई बातचीत नहीं की। इसके स्थान पर सब-जज साहब की तरफ़ इशारा करके उन्होंने हम लोगों से कहना आरंभ किया—लड़को! सब-जज साहब यही हैं, बड़े स्वाभिमानी और बड़े इज्जतदार! अँगरेजी तहजीब के कायल हैं, और अगर देखा जाय, तो अँगरेजी तहजीब ऐसी कोई बुरी भी नहीं है। ये सब-जज साहब हमारे मेजबान हैं; उन्होंने हमें—यानी बरात को अपने घर पर बुलाया है। और मेरे प्यारे बच्चो, तुम्हारे बुज़ुर्ग सब-जज साहब से नाराज होकर चले जा रहे हैं; इसमें तुम्हारे बुज़ुर्गों की ही गलती है। माना कि हिंदुस्तान की पुरानी तहजीब के मुताबिक मेजबान का यह फर्ज है कि वह मेहमान की उचित-अनुचित चुपचाप सह ले, और अपने घर पर आमंत्रित मेहमान की सेवा करे; लेकिन अँगरेजी तहजीब के मुताबिक कभी भी बेजा बात बर्दाशत न करनी चाहिए। गोकि मैं हिंदुस्तानी तहजीब का कायल हूँ, क्योंकि मैं हिंदुस्तानी ही हूँ और हिंदुस्तानियों के बीच में ही मुझे रहना है; और मेरे प्यारे लड़को! तुम्हारे लिए भी मेरी नेक सलाह यही है कि तुम हिंदुस्तानी तहजीब को ही अपनाना; लेकिन तुम्हें सब-जज साहब की उचित पर डटे रहने की प्रवृत्ति पर उनकी इज्जत करनी चाहिए। तुम सब लोग झुककर सब-जज साहब को सलाम करो और फिर अपने बुज़ुर्गों के साथ यहाँ से रवाना हो जाओ!"

नाज़िर मुंशी की स्पीच समाप्त हुई, लड़कों ने झुककर सब-जज साहब को सलाम किया।

नाज़िर मुंशी चलने के लिए घूमे थे कि सब-जज साहब ने खुद उठकर उनका हाथ पकड़ लिया। बड़े आदर के साथ उन्होंने नाज़िर मुंशी को और हम लोगों को बिठाया। अपने लड़के को बुलाकर उन्होंने मिठाई, फल, नमकीन आदि वस्तुएँ मँगवाईं। हम लोगों ने नाश्ता करना शुरू किया, उधर सब-जज साहब मय अपने साले, बहनोई, चाचा, फूफा, मामा, समधी, दामाद के डिप्टी साहब को मनाने चले।

उस दिन रात के समय जब महफिल जमी, तो जहाँ देखो वहाँ नाज़िर मुंशी ही नजर आते थे। वेश्या की ओर संकेत करते हुए सब-जज साहब ने कहा—"नाज़िर मुंशी, अपनी बहन को पान दे आओ!" और नाज़िर मुंशी ने जवाब दिया—"हजूर का मामा बनने से मुझे कतई इनकार है!" लोग हँस पड़े। डिप्टी साहेब ने कहा—"नाज़िर मुंशी! सुना है कि समधिन ने आज शाम तुम्हें

अपने हाथों मिठाई खिलाई! कैसी हैं?" और नाज़िर मुंशी ने तड़ाक से कहा—"उनकी शकल हुजूर की शकल से बिलकुल मिलती-जुलती है!" नाज़िर मुंशी के बड़े भाई डिप्टी साहब के बहनोई थे।

और पच्चीस वर्ष बीत गए! प्रत्येक दिन आशा बनकर आया और निराशा बनकर निकल गया। इन पच्चीस वर्षों में बहुत-कुछ देखा, उससे भी अधिक सुना; लेकिन सीखा केवल इतना कि ज्ञान कुरूपता है और अज्ञान सौंदर्य! जीवन के रहस्यों को सुलझाने में नित्य ही मैं उलझता गया, और उस उलझन से घबराकर मैं सुख पर विश्वास छोड़ बैठा, ज्ञान पर विश्वास छोड़ बैठा, और यहाँ तक कि अपने पर भी विश्वास छोड़ बैठा। लड़कपन के सपनों के धुँधले सौंदर्य को, जो एक अज्ञात पुलक की भाँति मेरे अंतर में छिपा है, धीरे-धीरे मैं नष्ट करता जा रहा हूँ। एक के बाद एक सपने मिटते जा रहे हैं और सात महीने हुए कि नाज़िर मुंशी वाला सपना भी सदा के लिए मिट गया।

अक्सर नाजिर मुंशी के विषय में मैं सोच लिया करता था। जितना जानता था, वह सब याद था, एक बात भी तो नहीं भूला था। हाँ, अगर कुछ भूल गया था तो वह, जिसे मैंने कभी जाना ही न था। नाज़िर मुंशी का क्या नाम था—उस बारात में इसे जानने का अवसर ही न मिला था। नाम तो वह साधन है, जो एक व्यक्ति को अन्य व्यक्तियों से पृथक करता है, और इस काम के लिए 'नाज़िर मुंशी' ही काफी था! वह कहाँ रहते हैं, यही भी नहीं मालूम था; पर बड़ी प्रबल इच्छा थी कि एक बार फिर नाज़िर मुंशी से मिलूँ। एक बार फिर उसी बारातवाले सुख का अनुभव करूँ।

यह इच्छा भी पूरी हो गई। इस बार डिप्टी साहब के लड़के का नहीं बल्कि उनके लड़के के लड़के का विवाह था। बारात में जाना ही पड़ा। इधर कई वर्षों से किसी बारात में न गया था, जाने की इच्छा भी न हुई थी, पर डिप्टी साहब का अनुरोध था, उससे भी प्रबल आग्रह था डिप्टी साहब के लड़के का, और जिस लड़के का विवाह था, वह तो मुझे चलने की जिद ही पकड़ गया था।

जाना पड़ गया। इन पच्चीस वर्षों में डिप्टी साहब मनुष्य की कोटि से उठकर देवता की कोटि में आ गए थे। वे लखपति हो गए थे। उनका लड़का एक्जीक्यूटिव इंजीनियर था और उनका नवासा, जिसका विवाह था, आई. सी. एस. में आ गया था। और लड़की के पिता कमिश्नर थे।

मैं डिप्टी साहब के घर पहुँचा। आमंत्रित अतिथि एकत्रित हो रहे थे। कार

से उतरा ही था कि मैं चौंक पड़ा। मेरा स्वागत करने के लिए डिप्टी साहब और इंजीनियर साहब दोनों ही मेरी कार तक आए। उनके पीछे-पीछे लगभग बीस आदमी और थे, सभी डिप्टी साहब के रिश्तेदार और प्रायः सभी उनके कृपापात्र। कार से उतरकर मैंने डिप्टी साहब और इंजीनियर साहब का अभिवादन किया, पर मैं उनकी ओर न देख रहा था, मैं देख रहा था दूर पर सबसे पीछे खड़े हुए एक और आदमी की ओर।

मैं चला, धीरे-धीरे डिप्टी साहब नौकर से मेरा असबाब उतरवाकर रखवाने में लग गए, इंजीनियर साहब मेरे आने की सूचना देने घर के अंदर चले गए और अन्य रिश्तेदार अपनी-अपनी जगह पर बैठ गए। पीछे खड़े आदमी के पास पहुँचकर मैंने उसके कंधे पर हाथ रखते हुए कहा, "नाज़िर मुंशी ?"

वह आदमी मेरी ओर घूम पड़ा। उसने खीसें निपोर दीं—"अरे, क्या आप मुझे पहचानते हैं ?"

"पच्चीस साल पहले की बात याद है जब तुम इंजीनियर साहब की बारात में गए थे।"

"हाँ, अच्छी तरह याद है, तब तो आप बिलकुल लड़के ही रहे होंगे ? अरे, आप ··· के साहबजादे तो नहीं हैं ?"

"आपका कयास ठीक है।"

नाज़िर मुंशी मेरे पास से जाना चाहते थे, पर मैंने उनका हाथ पकड़ लिया। अपने साथ उन्हें में रईसों की महफिल में ले गया, अपनी बगल में मैंने उन्हें बिठलाया।

डिप्टी साहब मेरा असबाब रखवाकर आ गए, इंजीनियर साहब घर में मेरे आने की सूचना देकर आ गए, आई. सी. एस., लड़का मुझसे मिलने आ गया। हम सब बैठे थे, बातें चल रही थीं और साथ-साथ व्हिस्की के दौर। नाज़िर मुंशी आँखें बंद किए चुप बैठे थे। कभी-कभी वे ललचाई आँखों से व्हिस्की से भरे गिलासों को देख अवश्य लेते थे, पर वहाँ बैठे हुए लोगों के लिए और शराब का गिलास भरकर देनेवाले नौकर तक के लिए नाज़िर मुंशी का कोई अस्तित्व ही न था। एकाएक इंजीनियर साहब की नजर मुंशी पर पड़ी। मुस्कराते हुए उन्होंने कहा, "नाज़िर मुंशी ? चुप कैसे हो ? ··· अरे कल्लू ! नाज़िर मुंशी को भी एक पेग दे !"

इस बार सब लोगों ने नाज़िर मुंशी को देखा, कल्लू ने भी। व्हिस्की का पेग नाज़िर मुंशी को दिया गया। एक घूँट में उन्होंने गिलास खाली कर दिया, आँखों में चमक आ गई।

इंजीनियर साहब ने फिर कहा, "आज नाज़िर मुंशी चुप हैं।"

मुसकराने का प्रयत्न करे हुए नाज़िर मुंशी ने उत्तर दिया, "इसलिए कि आप लोगों को मुहल्ले के धोबी न सतावें।"

सब लोग हँस पड़े। और फिर नाज़िर मुंशी का मजाक शुरू हुआ।

बारात चली, स्पेशल ट्रेन में। कुछ डिब्बे सेकंड क्लास के थे, कुछ इंटर के और कुछ थर्ड के। सेकंड क्लास में थे डिप्टी साहब के घरवाले और अमीर बराती, इंटर क्लास में थे गरीब रिश्तेदार, और थर्ड में थे नौकर। नाज़िर मुंशी भी इंटर में थे।

सफर लंबा—अखर जाने की बात थी। सुबह को ब्रिज खेलकर हमने समय काटा और दोपहर बाद का समय हम लोगों को काटने लगा। एकाएक आई. सी. एस. लड़का बोल उठा, "नाज़िर मुंशी को क्यों न यहाँ बुला लिया जाए?" यह बात सब लोगों को पसंद आई।

दूसरे स्टेशन पर नाज़िर मुंशी आए और चहल-पहल मच गई। बातों ने रंग पकड़ा और चुने हुए फिकरे सुनने को मिले। लोग हँस रहे थे और मैं नाज़िर मुंशी की ओर देख रहा था। नाज़िर मुंशी मजाक कर रहे थे, केवल इसलिए कि लोग आशा करते थे कि वे मजाक करेंगे और मजाक करना उनका कर्त्तव्य था; पर उनके मजाक करने में न तो कोई उल्लास था, न उनके अतंर की कोई भावना थी।

चाय का समय हो गया और हम लोग चाय पर डट गए। पर नाज़िर मुंशी अलग बैठे रहे, चाय में शरीक होने को किसी ने उनसे पूछा भी तो नहीं। मैंने यह देखा और मुझसे न रहा गया। मैंने कहा, "नाज़िर मुंशी चाय पिओ!" और सबने एक स्वर से नाज़िर मुंशी को आमंत्रित किया। कुछ संकोच के साथ वह हम सब लोगों में सम्मिलित हो गए।

चाय के बाद हम लोगों में फिर बातें शुरू हुईं, और उस बातचीत में नाज़िर मुंशी का कोई अस्तित्व न रहा। नाज़िर मुंशी कभी-कभी हम लोगों को देख लेते थे और फिर ऊँघने लगते थे। दूसरे स्टेशन पर वह अपने डिब्बे में चले गए।

बारात लौट आई, कोई खास घटना न घटी। बड़े लोगों की बारात थी, प्रबंध बहुत सुंदर और खातिरदारी पूरी। जो कुछ हुआ वह मशीन की भाँति। बड़े आदमी एक-दूसरे से मिले; उन लोगों में बातें भी हुईं, नपीतुली और उड़ती

हुईं। छोटे आदमी ने बड़े आदमियों का मुँह देखा, मौका ढूँढ़ा कि एक-आध बात वे भी कर सकें और इस प्रयत्न में दो-एक सफल भी हो गए।

बारात के विदा होने के बाद हम लोग भी विदा होने लगे। दूसरे दिन सुबह मैंने भी चलना निश्चित किया। सुबह जाने के पहले मैंने नाज़िर मुंशी को ढूँढ़ निकाला। उस समय नाजिर मुंशी डिप्टी साहब के पीछे-पीछे उनकी हाँ-में-हाँ मिलाते हुए बगीचे में टहल रहे थे।

मैंने डिप्टी साहब से कहा, ''चचा, मैं अब जा रहा हूँ।''

''अरे, इतनी जल्दी? दो-एक दिन तो ठहरो बेटा?''

''नहीं, मुझे कुछ जरूरी काम है!''

डिप्टी साहब के बहुत आग्रह करने पर भी जब मैं अपनी बात पर अड़ा रहा, तब वे मेरे जाने की सूचना देने स्वयं घर पर गए। नाजिर मुंशी अकेले रह गए। मैंने उनके कंधे पर हाथ रखकर कहा—''नाज़िर मुंशी!''

चौंककर नाज़िर मुंशी पीछे हटे। हाथ जोड़कर वे मेरे सामने खड़े हो गए—''कहिए हुज़ूर!''

नाजिर मुंशी के इस व्यवहार ने मेरी आत्मा पर गहरा प्रहार किया। सम्हलते हुए मैंने कहा—''नाज़िर मुंशी! हम लोगों ने तुम्हारा काफी अपमान किया है।''

मेरी बात काटते हुए नाज़िर मुंशी ने कहा, ''कैसा अपमान हुज़ूर? मैं तो आप लोगों का गुलाम हूँ!''

उस समय मैंने देखा कि नाज़िर मुंशी की आत्मा मर चुकी है। दिल में एक ठेस-सी लगी। मैंने देखा कि मेरा एक सुंदर सपना टूटा जा रहा है। मैंने एक प्रयत्न किया, उस सपने को बचाने का। मैंने कहा, ''नाज़िर मुंशी, तुम हमारे रिश्तेदार हो, हमारे बुजुर्ग हो! क्या तुम्हें हम लोगों का व्यवहार अपमानजनक नहीं लगा?''

नाज़िर मुंशी ने दाँत निकाल दिए—''हुज़ूर क्या कहते हैं? मैं तो आप लोगों का खिदमतदार हूँ। आप लोग बड़े आदमी हैं, भला मैं आप लोगों की बराबरी कैसे कर सकता हूँ?''

उस समय मेरे सामने धन का पिशाच अपनी सारी पाशविकता, कुरूपता तथा शक्ति के साथ खड़ा हो गया। उस सयम मैंने देखा कि जिसे हम मनुष्यता कहते हैं, वह धन के पिशाच के पैरों पर झुकी हुई उसकी पूजा कर रही है। मैं एकाएक सिहर उठा।

डिप्टी साहब लौट आए। आते ही उन्होंने नाजिर मुंशी से कहा, ''नाज़िर

मुंशी, भैया के ड्राइवर को बुला दो और भैया के सामान को ठीक तरह से रखवा दो !''

''अभी सब हुआ जाता है हुज़ूर।'' इतना कहकर नाज़िर मुंशी वहाँ से चलने के लिए घूमे।

उस समय तक मैं अपने आपे में आ गया था या अपना आपा मैं पूरी तरह से खो चुका था। मैंने नाज़िर मुंशी को बुलाकर कहा–''नहीं, मेरा सामान सब ठीक है। आपको तकलीफ करने की कोई जरूरत नहीं।'' फिर मैंने डिप्टी साहब से कहा–''चाचा, मेरी आपसे एक प्रार्थना है, इस समय मेरे पास रुपया नहीं है, इसलिए आप मेरी तरफ से नाज़िर मुंशी को एक हजार रुपया देकर कह दें कि वे फिर कभी आपके यहाँ न आवें। रुपया मैं घर पहुँचते ही आपको भिजवा दूँगा।'' यह कहकर मैं वहाँ से तेजी के साथ चला आया।

यदि डिप्टी साहब ने मुझे पागल समझा, तो कोई आश्चर्य की बात नहीं, क्योंकि वे सदा मुझे पागल समझते रहे हैं; पर नाज़िर मुंशी ने भी मुझे पागल समझा, और नाज़िर मुंशी ने ही क्यों, मैं स्वयं अपने को पागल समझ रहा हूँ। आखिर उस दिन मैंने यह सब क्यों कह डाला ? हम सब नाज़िर मुंशी हैं, हम सब धन के गुलाम हैं। हम सबकी आत्मा को धन के पिशाच ने अपने पैरों के नीचे कुचल रक्खा है। नाज़िर मुंशी में तो संसृति का एक बहुत ही साधारण नियम प्रदर्शित था। हाँ, इतना कह सकता हूँ कि वह नियम कुरूप और भयानक है।

आवारे

कुछ लोग दार्शनिक होते हैं, कुछ लोग दार्शनिक दिखते हैं। यह जरूरी नहीं कि जो दार्शनिक हो वह दार्शनिक न दिखे, या जो दार्शनिक दिखे वह दार्शनिक न हो, लेकिन आमतौर से होता यही है कि जो दार्शनिक होता है वह दार्शनिक दिखता नहीं है, और जो दार्शनिक दिखता है वह दार्शनिक होता नहीं है।

रामगोपाल जिस समय बंबई नगर के दादर मुहल्ले के एक ईरानी होटल में गरमी की दोपहरी में बिजली के पंखे के नीचे एक प्याला चाय के साथ पावरोटी

का एक टुकड़ा गले के नीचे उतारकर अपनी भूख शांत करने की कोशिश कर रहा था उस समय एक अच्छा-खासा दार्शनिक दिख रहा था। बाल बिखरे हुए, माथे पर शिकन, आँखों में चिंता की झलक, और बैठने के ढंग में एक विवशता से भरी लापरवाही। लेकिन अगर कोई उस समय रामगोपाल से कह देता कि वह दार्शनिक है तो यकीनी तौर से झुँझलाहट के साथ यही कहता, "आपकी बला से!" और फिर वह बिना दूसरा शब्द कहे अपने काम पर जुट जाता।

पावरोटी को गले के नीचे उतारने में रामगोपाल को मेहनत पड़ रही थी, और शायद सुस्ताने के ख्याल से उसने अपना पर्स निकाला। दस-दस रुपए के पंद्रह नोट, गिलट के सात रुपए और एक अठन्नी और तीन इकन्नियाँ—इतनी जमा-पूँजी अभी उस पर्स में मौजूद थी। इसके अलावा कुछ सिफारिशी चिट्ठियाँ जिन्हें निर्दिष्ट स्थान पर पहुँचाने के लिए उसने बंबई के कई फिल्म स्टूडियो के दर्जन चक्कर लगाए लेकिन फाटक के पठान दरबानों ने उसे किसी हालत में अंदर न घुसने दिया और इसलिए अभी तक वे चिट्ठियाँ उन स्थानों में न पहुँच सकीं, कुछ पते जो उसने रास्ते चलते हुए कुछ खास महत्त्वपूर्ण आदमियों की मुलाकात की यादगार में दर्ज कर लिए थे और छपे हुए करीब दस-बारह विजिटिंग कार्ड।

रामगोपाल ने अपने पर्स की हरएक चीज को निकाला। जो गिनने की थीं उन्हें गिना, जो देखने की थीं, उन्हें देखा और जिन पर उसे सोचना था उन पर सोचना भी आरंभ कर दिया।

लेकिन सोचने का अभ्यास न होने के कारण उसने पर्स अपनी जेब के हवाले करके फिर पावरोटी को गले के नीचे उतारने की कोशिश आरंभ कर दी।

"अरे, यह तो रामगोपाल मालूम होते हैं।"

"हम लोगों को क्यों देखेंगे—अकेले-अकेले चाय पी रहे हैं।"

रामगोपाल ने घूमकर देखा, सिंह और पांडे रामगोपाल की मेज की ही तरफ बढ़ रहे थे। रामगोपाल को मुस्कराना पड़ा, "आओ भाई!" और यह कहकर उसने होटल ब्वॉय को आवाज दी, "दो प्याले चाय!"

"कहो भाई, बहुत दिनों से दिखे नहीं, कहो कोई काम-वाम मिल गया है क्या?" बैठते हुए सिंह ने पूछा।

"नहीं यार—अभी तक तो नहीं मिला, लेकिन उम्मीद पूरी है!" रामगोपाल ने ज़रा रुककर कहा, "वहाशमा कंपनी के डाइरेक्टर को तो जानते हो—अरे वही मिस्टर कमानी! कल शाम को उनसे मुलाकात हो गई थी—बड़ी तपाक के

साथ मिले, गले में हाथ डाल दिया, बोले, "तुम्हें अगली पिक्चर में विलेन का काम दूँगा। वादा कर लिया है !"

पांडे हँस पड़ा, "तुम्हें विलेन और मुझे हीरो। मुझसे भी वादा किया था !"

रामगोपाल चौंक पड़ा। उसे बड़ी आसानी से विलेन का पार्ट मिल सकता है, यही नहीं अगर कोई समझदार डायरेक्टर हो तो वह हीरो भी बना सकता है—इसका उसे पूरा यकीन था, लेकिन पांडे को जो आदमी हीरो बनाने की सोचे वह या तो पागल है या मजाक कर रहा है। उसने पांडे को फिर एक दफा गौर से देखकर कहा, "तुम्हें हीरो बनाने का वादा किया है सच कह रहे हो ?"

"अरे छोड़ो भी—गए हुए लोगों के वादों पर लड़ना-झगड़ना बेकार है !" सिंह ने इन दोनों की बात अधिक न बढ़े इसलिए कहा।

रामगोपाल का चेहरा उतर गया। सिंह की बात में तथ्य है, इस बात को उसने महसूस किया; एक बँधती हुई उम्मीद छूट गई।

पांडे ने रामगोपाल के चेहरे की निराशा देख ली, उसने ज़रा मुलायमियत के साथ कहा, "इतना अफसोस करने की जरूरत नहीं। मुझे देखो, बंबई आए दो साल हो गए हैं लेकिन अभी तक सफलता नहीं मिली। पड़ा हूँ, बस उम्मीद पर।"

रामगोपाल ने एक ठंडी साँस ली, "कब तक—कब तक इस तरह चलेगा। पास की रकम करीब-करीब खत्म हो चुकी थी, होटलवाले का बिल चढ़ रहा है— समझ में नहीं आता क्या करूँ।"

पांडे ने कहा, "अगर मेरी सलाह मानो तो होटल छोड़ दो और एक कमरा किराए पर ले लो। जब तक कमरा न मिले तुम मेरे कमरे में रह सकते हो—अभी चार आदमी हैं, अब पाँच हो जाएँगे। वहाँ जी लग जाएगा खर्चे की बचत हो जाएगी।"

रामगोपाल ने कुछ सोचा, "यार कहते तो ठीक हो। अभी होटल का तीन रुपया रोज दे रहा हूँ—नब्बे रुपए महीने की बचत बहुत काफी होती है।"

"नब्बे की नहीं बल्कि अस्सी की, क्योंकि पांडे के कमरे में रहने पर तुम्हारा हिस्सा दस रुपया महीना आवेगा।"

"अस्सी ही क्या कम है !" रामगोपाल ने मुस्कराते हुए कहा। दिनभर के बाद उसके मुख पर यह पहली मुस्कराहट थी।

[2]

पांडे का पूरा नाम था रविशंकर पांडे। लखनऊ से बी.ए. पास करने के बाद जब उसके पिता एक जमींदार की लड़की के साथ दस हजार के लंबे दहेज पर उसकी

शादी तै करा रहे थे, वह बिना कहे-सुने एक दिन बंबई के लिए रवाना हो गया इसलिए कि वह लड़की जिसके साथ उसकी शादी तै कराई जा रही थी, गँवार होने के साथ-साथ बदशक्ल थी। पांडे ने फिल्म काफी देखी थीं; और फिल्मों की सुंदरियों को देखकर उसका दिल बल्लियों उछल पड़ता था। एक बार वह इन सुंदरियों से मिलकर उनमें से किसी एक को अपनाकर अपने जीवन को सुखमय बनाने का प्रयत्न करना चाहता था। पांडे देखने-सुनने मे बुरा न था, पैसे की भी उसके पिता के पास कोई खास कमी नहीं थी, और अपनी निजी योग्यता तथा प्रतिभा पर उसे विश्वास था।

बंबई आकर धीरे-धीरे उसे निराशाओं का सामना करना पड़ा और प्रत्येक निराशा के साथ उसका जोश ठंडा पड़ने लगा। न उसे प्रेमिका मिली और न उसे प्रतिभा और योग्यता के प्रदर्शन का मौका मिला। पास की रकम घटने लगी—पिता ने अधिक रुपया देने से इनकार कर दिया। इस उम्मीद पर कि हारकर पांडे को घर आना ही पड़ेगा। पर पिता शायद अपने पुत्र के जिद्दी स्वभाव को नहीं जानते थे। कदम उठकर पीछे नहीं पड़ता—सूरमा आगे बढ़ेगा नहीं तो मोर्चे पर खड़ा होकर अपनी जान दे देगा। पांडे भी कुछ ऐसे ही विचारों का था। बहुत दौड़-धूप करने पर एक फिल्म कंपनी में एक्स्ट्रा का काम मिल भी गया था, गोकि पैसे बहुत कम मिले थे। लिहाजा खर्च पूरा करने के लिए पांडे ने अपने कमरे में किराएदारों को बसा लिया था।

सिंह का पूरा नाम था जसवंतसिंह और वह आगरा जिले का रहनेवाला था। सिंह को गाने का बड़ा शौक था और उससे अधिक उसके आगरावाले मित्रों को विश्वास था कि अगर वह किसी फिल्म कंपनी में पहुँच जाए तो उसकी प्रतिभा चमक उठेगी और उसका भाग्य खुल जाएगा। रोज-रोज मित्रों की राय सुनते-सुनते सिंह की भी कुछ ऐसी ही राय हो गई थी। बाईस-तेईस साल का नवयुवक, दुनिया का उसे तजुर्बा न था। मित्रों ने दम-दिलासा देकर उसे बंबई लाद दिया। लेकिन बंबई आकर उसने देखा कि यहाँ हर जगह सिफारिश चलती है। कई जगह गया, अपने गाने सुनाए, लोगों ने उसकी तारीफ की लेकिन फिल्म कंपनी में जो काम न मिला सो न मिला। हाँ, एक-आध ट्यूशन उसे जरूर मिल गए और इस उम्मीद पर कि निकट भविष्य में उसे काम जरूर मिलेगा, उसे ट्यूशन से ही संतोष करना पड़ा। सिंह घर का खुशहाल न था। एक दिन जब वह एक फिल्म कंपनी के दरबान से गिड़गिड़ाकर भीतर घुसने का प्रयत्न कर रहा था, उसकी मुलाकात पांडे से हो गई। पांडे ने उसकी कहानी सुनी। कहानी सुनकर उसे दया आई उसने फुटपाथ पर या बरामदों में सोनेवाले

उस युवक को अपने कमरे में आश्रय दिया। बाद में जब सिंह को कुछ कामकाज मिला तब सिंह पांडे के कमरे के किराए का एक भाग देने लगा।

रामगोपाल को साथ लेकर जब पांडे और सिंह कमरे में पहुँचे, उस समय मिस्टर परमेश्वरीदयाल वर्मा अपनी हजामत बना रहे थे। एक ट्रंक और एक बिस्तर के साथ एक नए आदमी का कमरे में प्रवेश देखकर मिस्टर वर्मा चौंके, घूरकर उन्होंने रामगोपाल को देखा। पांडे ने उसी समय मिस्टर वर्मा से रामगोपाल का परिचय कराया, "यह हैं मिस्टर रामगोपाल—आज से हम लोगों के साथ रहेंगे। आपके किराए का हिस्सा साढ़े बारह रुपए से घटकर दस रुपए रह गए।" लेकिन ढाई रुपए की बचत से मिस्टर वर्मा को कोई खास प्रसन्नता न हुई। उनका ख्याल था कि एक कमरे में सिर्फ एक आदमी रहना चाहिए, जरूरत के वक्त दो रह सकते हैं, मजबूरी से तीन और जब गले आ पड़े तब चार।

उन्होंने गंभीरतापूर्वक कहा, "एक कमरे में पाँच आदमी—नान्सेंस—मैं किसी हालत में बर्दाश्त नहीं कर सकता।"

"तो फिर आप यह कमरा छोड़ सकते हैं।" सिंह ने ज़रा रुखाई से कहा।

"आप कौन होते हैं हमारे बीच में बोलनेवाले—कमरा पांडे का है। इन्हें जो कुछ कहना हो कहें।"

"मैं बोलनेवाला इसलिए होता हूँ कि मैं भी कमरे का किराया देता हूँ हर महीना। आपकी तरह नहीं कि तीन महीने से आजकल में टरका रहे हैं।"

"तो इसमें तुम्हारे बाप का क्या जाता है? नहीं है इसलिए नहीं देता, होगा तो एक-एक पैसा पांडे के पास पहुँच जाएगा।"

इस बातचीत में बाप का घसीटा जाना सिंह को अच्छा नहीं लगा, उसने अपनी चप्पल उतारी, "क्या कहा बे—सुअर कहीं का, मेरे बाप का फिर से तो नाम ले—"

पांडे ने सिंह का हाथ पकड़कर बीच-बचाव किया। मिस्टर वर्मा शांत भाव से दाढ़ी बनाते रहे।

मिस्टर वर्मा तीस साल के कद्दावर से आदमी थे। करीब पाँच साल पहले बंबई आए थे एक अँगरेजी कंपनी में असिस्टेंट मैनेजर होकर। यारबास आदमी थे—किसी कदर दबंग थे। एक दिन उन्होंने और उनके अँगरेज मैनेजर ने साथ-साथ पी और जी खोलकर पी। पीने के बाद इनमें और इनके मैनेजर में बातचीत आरंभ हुई, बातचीत ने वाद-विवाद का रूप धारण किया और वाद-विवाद ने जूते-लात का। मिस्टर वर्मा हाथ-पैर में अपने मैनेजर से तगड़े थे, उन्होंने मैनेजर को अधमरा कर दिया। दूसरे दिन वे नौकरी से बर्खास्त कर

दिए गए।

नौकरी से निकाले जाने के बाद मिस्टर वर्मा को यह अनुभव हुआ कि नौकरी के माने होते हैं गुलामी—और उसमें कुछ राजनीतिक चेतना भी जाग्रत हुई। जो कुछ रकम उनके पास थी उसे बीवी-बच्चों को देकर उन्होंने अपने देश रवाना किया, अकेले वे व्यापार करने के लिए बंबई में रह गए। फोर्ट एरिया में अपने एक मुलाकाती के दफ्तर में उन्होंने एक मेज अपनी डलवा ली और कमीशन एजेंसी का कारोबार शुरू कर दिया। पास की सारी रकम उन्होंने बीवी के हवाले कर दी थी, अपनी हैसियत बनाए रखकर ही वे कारबार चला सकते थे और हैसियत के माने होते हैं अच्छे सूट, कीमती सिगरेट और मौके-बेमौके टैक्सी की सवारी। लिहाजा हैसियत बनाए रखने के लिए उन्हें खाने और रहने में किफायत करनी पड़ी। पांडे को मिस्टर वर्मा लखनऊ से ही जानते थे, इसलिए वे पांडे के साथ रहने लगे। कारोबार शुरू किए हुए उन्हें अभी कुल छह महीने हुए थे—और अब जाकर कहीं उन्हें इतना मिलने लगा था कि कर्ज लेकर काम न चलाना पड़े।

शेव करके मिस्टर वर्मा ने एक अच्छा-सा रेशमी सूट निकाला। सूट पहनते हुए उन्होंने कहा, "सिंह, कल, जो मेरी टाई ले गए थे वह कहाँ है?"

"वहीं तुम्हारी खूँटी पर टाँग दी थी।" सिंह ने, जो उस समय एक जासूसी उपन्यास पढ़ने में व्यस्त हो गया था, बिना मिस्टर वर्मा की ओर देखे उत्तर दिया।

"तुमने मुझे क्यों नहीं वापस की? जरूरत के वक्त तो गिड़गिड़ाकर माँग ले जाते हैं और फिर नवाब साहब की तरह चीज फेंक देते हैं—कमीने कहीं के।"

सिंह पढ़ने में इतना व्यस्त था कि उसने मिस्टर वर्मा को उत्तर देने की कोई आवश्यकता नहीं समझी।

सिंह के मौन से मिस्टर वर्मा का पारा और भी चढ़ गया, "इन सालों से इतना कहा कि अगर तुम्हारे पास नहीं है तो मत पहनो, लेकिन जब शराफत हो तब मानें। माँगेंगे—नहीं दोगे तो आँख बचाकर उठा ले जाएँगे—अगर अबकी दफे यह हरकत हुई तो मैं कहे देता हूँ ठीक न होगा।"

"क्या ठीक नहीं होगा?" एक कर्कश आवाज ने कहा।

मिस्टर वर्मा ने घूमकर देखा कि छबीलदास गुप्ता कमरे के दरवाजे पर तने खड़े हैं—सिंह का सूट और वर्मा की टाई डाटे हुए।

"मुझसे बिना पूछे मेरी टाई क्यों ली?" कड़ककर वर्मा ने कहा।

"तबीयत—" मुँह बनाते हुए गुप्ता ने जवाब दिया।

हद हो गई। अब मिस्टर वर्मा से न रहा गया। लपककर उन्होंने छबीलदास का गला पकड़ा–"तो फिर मेरी तबीयत यह है कि आज तुम्हारी अच्छी तरह मरम्मत कर दूँ।"

"हाँ-हाँ। यह गजब मत करना।" सिंह डिटेक्टिव नावेल छोड़कर बीचबचाव करने दौड़ा, इस डर से कि कहीं इस हाथापाई में उसका सूट न फट जाए।

छबीलदास ने टाई गले से उतारकर वर्मा को दे दी और मिस्टर वर्मा सज-धजकर तैयार हो गए। अपने ट्रंक से उन्होंने स्टेट एक्सप्रेस का एक टिन निकाला और दस सिगरेटें जो वास्तव में स्टेट एक्सप्रेस थीं, उन्होंने एक ओर हटाकर बाकी नंबर टेन सिगरेटों में से एक-एक उन्होंने कमरे में सब लोगों को दीं। इसके बाद वे अपने कारोबार के लिए रवाना हो गए।

छबीलदास टाई के हाथ से निकल जाने पर उदास हो गए थे। उस दिन उनका भाग्य खुलनेवाला था। बात यह थी कि पिछले दिन उन्हें सुशीला का पत्र मिला था और सुशीला ने उन्हें दूसरे दिन सुबह के समय अपने यहाँ मिलने के लिए बुलाया था। सुशीला छबीलदास के नगर बनारस की वेश्या की पुत्री थी। छबीलदास अचानक एक दिन उसके प्रेम में पड़ गए। उन दिनों छबीलदास हिंदू विश्वविद्यालय में एम.ए. में पढ़ते थे। उत्साही नवयुवक थे, राजनीतिक अभिरूचि के थे। काँग्रेस के पक्के कार्यकर्त्ता थे। विश्वविद्यालय में उनके व्याख्यानों की, उनके चरित्र-बल की, उनके व्यक्तित्व की धाक थी।

सुशीला की माता ने सुशीला को उच्च शिक्षा दिलाई। मैट्रिकुलेशन पास करके वह भी विश्वविद्यालय में भरती हुई थी। लेकिन सुशीला की माँ की संगिन-साथियों ने, उनके मेली-मुलाकातियों ने उसे समझाना शुरू किया कि वेश्या की लड़की को समाज में कोई स्थान नहीं मिलेगा। ऐसी हालत में उसे उच्च शिक्षा देना उसकी जिंदगी बरबाद कर देना था, और धीरे-धीरे सुशीला की माता को यह विश्वास होने लगा था कि सुशीला को कालेज से हटाकर उसे पेशे में लगा देने में ही सुशीला का कल्याण है। सुशीला को इन बातों की भनक पड़ गई थी, और लगातार कई दिनों तक इस नई समस्या पर सोच-विचार के बाद सुशीला इस निर्णय पर पहुँची कि उसी दिन शाम को उसे किसी योग्य, समझदार और नेक आदमी की सलाह लेनी चाहिए। उस दिन छबीलदास का एक महत्त्वपूर्ण व्याख्यान राजनीति और समाज पर हुआ था और उस व्याख्यान से सुशीला प्रभावित हुई थी।

हिम्मत करके सुशीला ने छबीलदास को अपनी दास्तान सुनाई और उसकी

सलाह माँगी। सत्याग्रही किस्म के युवक छबीलदास ने सुशीला को दृढ़ता, चरित्र और सत्य पर कुर्बान हो जाने का संदेश दिया; सुशीला को ऐसा लगा मानो उसे एक पथ-प्रदर्शक, एक देवता, एक आराध्य मिल गया।

सुशीला और छबीलदास की दोस्ती बढ़ी, और यह दोस्ती लोगों की नजर में खटकी। इस दोस्ती की चर्चा छबीलदास के चचा लाला मलकूदास के कानों तक पहुँची। लाला मलकूदास की चौक में परचून की एक बहुत बड़ी दुकान थी और उनकी गणना नाकवालों में होती थी। उन्होंने इस विषय पर छबीलदास से जिरह-बहस की और जिरह-बहस के बाद इस नतीजे पर पहुँचे कि अगर जल्दी ही रोक-थाम नहीं की जाती तो लड़का वेश्या की लड़की से शादी करके सारे घर की नाक कटवा देगा। उन्होंने बलिया जाकर जहाँ उनके बड़े भाई, छबीलदास के पिता साह बुलाकीदास रहते थे, उस मामले में बातचीत की। साह बुलाकीदास बलिया जिले के महाजन, जमींदार और न जाने क्या-क्या थे। उन्होंने बीमारी का तार देकर छबीलदास को घर बुलाया और उनके हाथ-पैर बाँधकर जबर्दस्ती छबीलदास की शादी पास के एक जमींदार की लड़की से करा दी। दहेज में रुपए-पैसे, चीज वस्तु के साथ छबीलदास के ससुर ने, जिनके डाकू होने का लोगों को शक था, छबीलदास को एक धमकी भी दी कि अगर भविष्य में छबीलदास और सुशीला के संबंध में कोई शिकायत सुनी गई तो बनारस के बीच चौक में छबीलदास की जूतों से मरम्मत की जाएगी।

छबीलदास के चचा को शायद इस बात का पता नहीं था कि काँग्रेस का सत्याग्रही कार्यकर्त्ता बला का जिद्दी होता है। एक तो छबीलदास इस जबर्दस्तीवाली शादी से ही नाराज था, उस पर श्वसुर के इस नए किस्म के दहेज ने आग में घी का काम किया।

बनारस लौटकर छबीलदास को सुशीला ने बतलाया कि अब उसकी माँ बिना उससे पेशा कराए न मानेगी। छबीलदास ने सुशीला को अपनी कहानी सुनाई। दोनों में तय हुआ कि बंबई चला जाए। मोरारजी देसाई, कन्हैयालाल मुंशी आदि बड़े-बड़े नेता वहाँ पर हैं ही, उन नेताओं के आश्रय में रहकर दोनों देश का काम करेंगे। उसी रात दोनों बंबई के लिए रवाना हो गए।

बंबई जाने पर सुशीला और छबीलदास दोनों को यह पता चला कि वास्तविकता कल्पना से कहीं अधिक कुरूप होती है। बड़े-बड़े नेताओं के पास इतना समय नहीं था कि इन लोगों से मिलें, छोटे नेताओं ने दरपरदा छबीलदास को ठुकराकर सुशीला को हथियाने की कोशिश की। और एक दिन छबीलदास को पता चला कि सुशीला एक करोड़पति सेठ के यहाँ, जो काँग्रेस का एक

छोटा-मोटा कार्यकर्त्ता था, बैठ गई।

और जिस दिन सुशीला उसके यहाँ से चली गई उस दिन छबीलदास को पता चला कि वह सुशीला से बहुत अधिक प्रेम करने लगा था। सुशीला को इस प्रकार करोड़पति के रुपयों के लोभ में पड़कर उसके प्रेम को ठुकरा देने से छबीलदास के हृदय को एक गहरी ठेस लगी। उसने चार-छह बार सुशीला से मिलने की कोशिश की, लेकिन सुशीला ने कोई-न-कोई बहाना बनाकर मिलने से इनकार कर दिया। उसने सुशीला को कई पत्र लिखे लेकिन उसे किसी भी पत्र का उत्तर न मिला। उसे काँग्रेस से और काँग्रेसी नेताओं से घृणा हो गई। एक बार सुशीला से मिलकर वह बतला देना चाहता था कि किस प्रकार उसने उसकी जिंदगी को बरबाद कर दिया। घर जाने की हिम्मत न होती थी क्योंकि डाकू ससुर की खौफनाक मूर्ति उसकी आँखों के आगे नाच उठती थी। पागल-सा वह बंबई की सड़कों की धूल छानता फिरता था।

एक दिन सिंह उसी पार्क में सोया था जिसमें छबीलदास सो रहा था। माली ने जब रात के समय दोनों को पार्क से निकाला तब इन दोनों का परिचय हुआ। सिंह ने पांडे के यहाँ जगह पाकर छबीलदास को भी अपने साथ बुला लिया। इसके बाद छबीलदास ने एक दफ्तर में क्लर्की कर ली।

[3]

"कहो भाई मुलाकात हुई?" पांडे ने पूछा।

"हुई भी और नहीं भी हुई।" छबीलदास ने सिगरेट का एक गहरा कश खींचकर उत्तर दिया।

"यह तो पहेली बुझा रहे हो।" सिंह हँस पड़ा।

"बात यह है कि जब मैंने उसके मकान में घंटी बजाई तो वह दरवाजे पर खुद आई। मुझे देखते ही चौंक उठी, बहुत धीमे स्वर में उसने कहा, 'अभी ज़रा दो-एक आदमियों से कुछ जरूरी बातें हो रही हैं, शाम को पाँच-साढ़े पाँच बजे के बीच में चर्चगेट स्टेशन पर मिलना।' "

शाम के समय छबीलदास चर्चगेट पहुँचा। सुशीला वहाँ पहले से ही मौजूद थी। उस समय वह बनारसी सिल्क की एक साड़ी पहने थी, शरीर पर गहने लदे थे, पर उसका चेहरा उतरा हुआ था और उसकी आँखें लाल थीं—मानो दिन-भर वह रोती रही हो। छबीलदास को देखते ही वह फूट पड़ी। उसने कहा, "छबील! मैं लुट गई।"

सुशीला के आँसू देखकर छबीलदास एकबारगी पिघल गया। उस समय

वह यह भूल गया कि उसके सामने खड़ी स्त्री ने उसे धोखा दिया था। उसने कहा, ''क्या बात है—इतना अधीर होने को कोई बात नहीं—मैं हूँ। बतलाओ तो क्या हुआ ?''

''हीरालाल ने (उस सेठ का नाम था) मेरे जाली दस्तखत बनाकर बैंक से सब रुपए निकाल लिए—उसका दीवाला निकल गया है। मकान का किराया तीन महीने से नहीं दिया गया है, मकानवाले का नोटिस आया है। मेरी समझ में नहीं आता कि क्या करूँ।''

''मकान का कितना किराया है ?'' छबीलदास ने पूछा।

''डेढ़ सौ रुपया महीना—साढ़े चार सौ देने हैं। पास में एक पैसा नहीं।'' यह कहकर सुशीला ने एक सोने की अँगूठी निकालकर छबीलदास को दी, ''कल के लिए घर में अनाज नहीं है—इसे बेचकर कल कुछ रुपया ला देना।''

छबीलदास के नेत्रों में करुणा छलछला पड़ी; उसने कहा, ''सुशीला, मुझे अफसोस है कि मेरे पास रुपए नहीं हैं और तुम्हें यह दिन देखना पड़ा कि अपने गहने बेचो—भगवान की जैसी मरजी! कल सुबह मैं रुपए ले आऊँगा।''

छबीलदास सुशीला को एक पास के होटल में ले गया। वह कितना खुश था—एक साल बाद सुशीला उसके पास लौट आई। उस समय सुशीला के प्रति उसका क्रोध, उसके कर्मों के प्रति उसकी घृणा—वह सब लोप हो चुके थे।

छबीलदास की जेब में जो ग्यारह आने पैसे थे उनका ईरानी होटल में जैसा-तैसा नाश्ता करके छबीलदास ने सुशीला को विदा दी। वह खुद बिना टिकट गाड़ी पर बैठकर घर आया।

[4]

जिस समय छबीलदास घर लौटा वह प्रसन्न भी था, चिंतित भी था। उस समय कमरे में मिस्टर वर्मा बिस्तर पर लेटे हुए सुस्ता रहे थे और रामगोपाल एक उपन्यास पढ़कर समय काटने की कोशिश कर रहा था। सिंह और पांडे भोजन करने के लिए होटल चले गए थे।

सुशीला की अँगूठी बिके और वह भी छबीलदास के हाथों—छबीलदास का हृदय रो रहा था। आज उसे अपनी गरीबी, विवशता—यह सब बुरी तरह अखर रही थी। उसने वर्मा के चेहरे को देखा, शांत, गंभीर, निश्चिंत उसकी हिम्मत बढ़ी, ''वर्मा—कुछ बिजनेस बढ़ा ?''

वर्मा ने सिगरेट का धुआँ छोड़ते हुए कहा, ''बढ़ेगा क्यों नहीं। आज ही एक पार्टी फँसी है—एक सौदे में करीब दो हजार मिल जाएँगे।''

छबीलदास के हृदय की गति थोड़ी-सी तेज हुई, "यार—पच्चीस रुपए की सख्त जरूरत है—अगले हफ्ते वापस कर दूँगा।"

वर्मा ने छबीलदास को गौर से देखा। वे मौन भाव से छबीलदास को उसी तरह कुछ देर तक देखते रहे। छबीलदास का हृदय अब जोरों के साथ धड़कने लगा था। वर्मा ने आखिर अपनी खामोशी तोड़ी, "पचीस रुपए! ऐसी क्या जरूरत आ पड़ी?"

छबीलदास की आशा और बढ़ी। "भाई जीवन-मरण का प्रश्न है। कल सुबह तक पचीस रुपए मुझे किसी तरह चाहिए ही।"

वर्मा ने उसी प्रकार गंभीरता से उत्तर दिया, "जीवन-मरण का प्रश्न है—तब तो तुम्हें किसी-न-किसी प्रकार रुपयों का इंतजाम करना ही होगा। मेरे पास तो इस समय एक पैसा नहीं है और अगर एक हफ्ता ठहर सकते तो पच्चीस-पचास-सौ जितना माँगते दे सकता था।"

छबीलदास को ऐसा लगा मानो उसका हृदय बैठा जा रहा है; वह अपने दिल को सम्हालने में व्यस्त हो गया और वर्मा कह रहे थे, "देखो, मुझे कल पंद्रह रुपए की सख्त जरूरत है। एक सेठ को मैंने लंच के लिए बुलाया है—उससे बहुत बड़े बिजनेस की उम्मीद है। पच्चीस रुपए का तुम्हें इंतजाम करना ही है क्योंकि यह तुम्हारे जीवन-मरण का प्रश्न है, तो जैसे पच्चीस वैसे चालीस। कल सुबह तक पंद्रह रुपए मुझे दे देना—एक हफ्ते में मैं तुम्हें पंद्रह की जगह डेढ़ सौ रुपए वापस कर दूँगा।"

रामगोपाल, वर्मा की यह बात सुनकर ठहाका मारकर हँस पड़ा।

वर्मा ने रामगोपाल के हँसने पर कोई ध्यान नहीं दिया। छबीलदास रामगोपाल की ओर घूमा, "आपका परिचय?" छबीलदास ने पूछा।

छबीलदास से रामगोपाल का कोई परिचय न कराया गया था क्योंकि छबीलदास उस दिन सुबह से ही अपने मामलों में बुरी तरह उलझा हुआ था।

"जी—मैं भी इसी कमरे में आज से रहने लगा हूँ—और आपका पड़ोसी हुआ। मैंने पांडे जी से आपकी दास्तान सुनी—काफी दिलचस्प थी।"

"आपकी बला से।" छबीलदास ने रुखाई से उत्तर दिया।

छबीलदास की रुखाई का रामगोपाल पर कोई खास असर नहीं पड़ा। इस समय वह छबीलदास से मित्रता बढ़ाने की कोशिश कर रहा था।

रामगोपाल सुलझे हुए दिमाग का आदमी था। एक साधारण कुल में बहुत बड़ी आकांक्षाएँ लेकर वह पैदा हुआ था, और उसके जीवन में नेकी, सत्य, ईमानदारी यह सब उसकी सुविधाओं पर अवलंबित थे। शायद इतना अधिक

महत्त्वाकांक्षी और अवसरवादी होने के कारण वह आज तक न अपना कोई मित्र बना सका था और न कहीं टिक सका था। उसके रिश्तेदार उससे घबराते थे, जो स्पष्ट वक्ता थे और निर्भीक थे उन्होंने साफ-साफ उससे उनके घर में न आने को कह दिया था, जो शरीफ और मुहब्बतवाले थे वे ऐसी परिस्थिति पैदा कर देते थे कि रामगोपाल को जबर्दस्ती उनका घर छोड़ना पड़े।

ऐसा नहीं कि रामगोपाल को घर में पैसे की कोई तंगी रही हो। उसके पिता ने उसे नौकरी कर लेने को बहुत जोर दिया, मैट्रिकुलेशन-पास रामगोपाल को सौ-सवा सौ की नौकरी—बड़ी बात थी; लेकिन रामगोपाल की निगाह लाखों पर थी। उसने सुन रखा था कि सिनेमा लाइन एक ऐसी लाइन है जहाँ आदमी आसानी से लखपति या करोड़पति बन सकता है; और इसलिए पिता से अनुनय-विनय करके तथा एक लंबी रकम लेकर वह बंबई के लिए रवाना हो गया था।

बंबई में काफी चक्कर काटने के बाद एक बात उसकी समझ में और आई। अगर किसी युवक के साथ एक सुंदरी स्त्री है तो उसे आसानी से सफलता प्राप्त हो सकती है। लेकिन रामगोपाल को सुंदरी स्त्री कहाँ से मिलती।

और आज छबीलदास की कहानी सुनकर एकाएक उनके दिमाग में यह बात आई—'क्या भगवान ने मुझे अनायास इस कमरे में इन लोगों के साथ मेरी सहायता करने के लिए भेज दिया है?'

रामगोपाल ने कहा, "अजीब दुनिया है! दूसरों से हमदर्दी करो, उनकी सहायता करने की सोचो—लेकिन लोग इंसानियत से बात तक नहीं करते—जाने दीजिए, गलती हो गई।"

तीर निशाने पर पड़ा; छबीलदास रामगोपाल के बिस्तर पर बैठ गया, "माफ कीजिएगा!—बात यह है कि तबीअत अजीब उलझन में है, और वर्मा साहब जिस बेहूदेपन से पेश आए उससे दिमाग का पारा एकाएक बहुत चढ़ गया था।"

"खैर, कोई बात नहीं। तो अगर आप बुरा न मानें तो एक बात पूछूँ।"

"हाँ, हाँ!"

"सुशीला ने क्यों बुलाया था? क्या किसी मुसीबत में है?"

छबीलदास ने कहा, "हाँ, बहुत बड़ी मुसीबत में है। उस सेठ ने उसे छोड़ दिया है। घर में खाने तक के लिए पैसा नहीं है।" यह कहकर उसने सुशीला की अँगूठी निकाली, "उसने यह अँगूठी बेचने को दी है, लेकिन मैं अँगूठी बेचना नहीं चाहता।"

"अँगूठी बेचना तो बुरा होगा।"

"लेकिन मैं क्या करूँ—मेरे पास रुपए नहीं हैं।" छबीलदास ने ज़रा रुककर कहा, "अगर तुम मुझे पच्चीस रुपए उधार दे सको तो मेरी इज्जत बच जाए।"

रामगोपाल ने पच्चीस रुपए निकालकर छबीलदास को देकर कहा, "लेकिन इस पच्चीस रुपए से तो सुशीला का काम न चलेगा। आगे चलकर क्या करना होगा—तुमने यह भी सोचा?"

छबीलदास ने देखा कि उसके सामने एक देवता पुरुष बैठा है। चंद मिनटों की मुलाकात में उसने छबीलदास को पच्चीस रुपए दे दिए। उसने कहा, "यह तो नहीं सोचा! तुम इसमें कुछ मदद कर सकते हो?"

रामगोपाल ने ज़रा हिचकिचाहट के साथ कहा, "आप मेरी सलाह मानो तो सुशीला को किसी फिल्म कंपनी में नौकर रखवा दो। मैं कई डायरेक्टरों को जानता हूँ—अगर तुम चाहो तो मैं दौड़-धूप कर दूँगा। हज़ार-पाँच सौ रुपए की नौकरी आसानी से मिल जाएगी।"

बात छबीलदास की समझ में आ गई। उन्होंने रामगोपाल से हाथ मिलाया, "बात तुमने लाख रुपए की कही। मैं एक दिन तुम्हें सुशीला से मिलवा दूँगा। इस बीच में तुम अपने डायरेक्टर दोस्तों से बात कर लो।"

[5]

छबीलदास ने रामगोपाल का सुशीला से परिचय करा दिया।

रामगोपाल सुशीला को लेकर सेवा फिल्म कंपनी के डायरेक्टर मिस्टर व्रती के यहाँ पहुँचा।

मिस्टर व्रती फिल्म लाइन में मशहूर आदमी थे। न जाने कितनी फिल्में उन्होंने बनाईं न जाने कितनी फिल्में उन्होंने अधबनी छोड़ दीं। बड़े ठाठ से रहते थे—उनके मकान में ही उनका दफ्तर था।

मिस्टर व्रती को एक नई हीरोइन की जरूरत थी क्योंकि उनके नए सेठ ने उनसे कह दिया था कि एक फर्स्ट क्लास नई-हीरोइन चाहिए, जिस तनख्वाह पर भी हो। मिस्टर व्रती के मकान पर हीरोइनों का ताँता लगा रहता था जिनमें कुछ व्रती साहब नामंजूर कर देते थे और कुछ को उनके नए सेठ।

सुशीला को देखते ही व्रती साहब प्रसन्न हो गए; उनके दिल ने साफ कह दिया कि सेठ जी इस हीरोइन को पसंद कर लेंगे।

उन्होंने बजाय रामगोपाल के सुशीला से कहा, "मैंने आज से ही आपको

हजार रुपए पर रख लिया—एक पिक्चर बनाने पर मैं आपकी तनख्वाह डेढ़ हजार रुपए महीने कर दूँगा।"

रामगोपाल ने उसी समय कहा, "वह तो ठीक है, लेकिन जब तक आप मुझे अपनी पिक्चर में रोल नहीं देंगे तब तक यह काम न करेंगी।"

सुशीला ने आश्चर्य से रामगोपाल को देखा। रामगोपाल ने सुशीला से कह रखा था कि वह लखपती आदमी है, उसने सुशीला को बताया कि वे पच्चीस रुपए जो छबीलदास ने उसे दिए थे, रामगोपाल से लेकर दिए थे। और अब उसने देखा कि रामगोपाल उसकी नौकरी के कमीशन में खुद नौकरी माँग रहा है। लेकिन उसने उससे कुछ कहा नहीं, मिस्टर व्रती की ओर से आँखें हटा लीं।

"अच्छी बात है—आपको भी मैं एक पार्ट दे दूँगा; लेकिन तनख्वाह ज्यादा न दे सकूँगा।"

और उसी समय रामगोपाल को सेवा फिल्म कंपनी में ढाई सौ रुपए महीने की जगह मिल गई।

सेवा फिल्म कंपनी से निकलकर रामगोपाल ने सुशीला से कहा, "बहुत बड़ा काम हो गया—इसकी खुशी में आज ताजमहल होटल में खाना खाया जाए।"

पिछले कुछ दिनों से सुशीला बहुत अधिक परेशान रही थी, आज उसकी परेशानियाँ दूर हो गई थीं। उसका जी हल्का था, और वह हँसना चाहती थी, घूमना चाहती थी। सेठ हीरालाल के साथ वह एकाध दफा ताजमहल होटल गई थी और वहाँ की चहल-पहल, वहाँ के वैभव से वह प्रभावित हुई थी। उसने कहा, "अच्छी बात है।"

सुशीला को लेकर रामगोपाल ताजमहल होटल पहुँचा। वहाँ उसने सुशीला से प्रेमालाप प्रारंभ किया। सुशीला उस दिन प्रसन्न थी। यह प्रेमालाप उसे बुरा नहीं लगा। वह रामगोपाल को प्रेमालाप में बढ़ावा दे रही थी।

लेकिन उन दोनों को यह पता न था कि होटल के एक कोने में एक आदमी बैठा हुआ इन दोनों की गतिविधि को बड़े ध्यान से देख रहा था।

उस दिन मिस्टर वर्मा ने पंजाब के एक बहुत बड़े व्यापारी को फाँसा था और उसे वे ताजमहल होटल में डिनर खिलाने को ले गए थे। रामगोपाल को एक स्त्री के साथ ताजमहल होटल में बैठा देखकर स्वाभाविक रूप से मिस्टर वर्मा को कौतूहल हुआ; लेकिन उस कौतूहल को उन्हें जबर्दस्ती दबाना पड़ा। पर मिस्टर वर्मा साधारण ही चीजों को छोड़ देनेवाले जीव नहीं थे। जब मिस्टर वर्मा अपने कमरे में पहुँचे तो वे काफी खुश थे—दो हजार के फायदे का काम

उन्होंने तय कर लिया था।

सुशीला को उसके घर पहुँचाकर रामगोपाल उस समय तक अपने कमरे में लौट आया था और छबीलदास से वह सुशीला की तथा अपनी सफलता की बात बतला रहा था। लेकिन इस बातचीत में वह ताजमहल होटल जाने की बात तथा सुशीला से अपनी प्रेम-वार्त्ता को दबा गया था। पांडे और सिंह को रामगोपाल के सौभाग्य पर ईर्ष्या हो रही थी। उसी समय मिस्टर वर्मा ने "मार लिया मैदान बंदे—मार लिया मैदान," गाना गुनगुनाते हुए कमरे में प्रवेश किया। आते ही तपाक से उन्होंने रामगोपाल से पूछा, "वाह भाई—बड़े छुपे रुस्तम निकले ! किस खूबसूरत बला को ताजमहल होटल में फाँस ले गए थे ?"

रामगोपाल पकड़ा गया, फिर भी उसने बचने की कोशिश की, "मेरी क्लास-फेलो थी, बंबई घूमने आई है।"

"क्यों बनते हो यार—शक्ल से तो ऐक्ट्रेस मालूम होती है—मैं भी ताजमहल होटल में मौजूद था—और तुम दोनों किसी फिल्म कंपनी की बात भी कर रहे थे।"

सिंह की ईर्ष्या रामगोपाल के सौभाग्य से काफी भड़क चुकी थी, उसने छूटते ही कहा, "सुशीला रही होगी। आज इन्हें और सुशीला, दोनों को नौकरी मिली है न ! जश्न मनाने गए थे।"

छबीलदास के चेहरे से सारी खुशी गायब हो गई, उसने ज़रा गंभीर स्वर में कहा, "तुम इतने कमीने निकलोगे—यह मुझे न मालूम था।"

वर्मा हँस पड़े। "इसमें कमीनेपन की क्या बात—कहा है न रंडी किसकी बीवी और भँडुआ किसका यार।"

वर्मा की इस हँसी ने आग में घी का काम किया। छबीलदास ने रामगोपाल से कड़ककर कहा, "क्या जवाब देते हो ?"

रामगोपाल भी तन गया, "तुम मुझसे जवाब माँगनेवाले कौन होते हो ? जवाब माँगना है तो सुशीला से माँगो जाकर।"

पांडे ने किसी तरह मामला शांत करवाया।

[6]

मिस्टर व्रती ने सुशीला से कहा, "यह आदमी रामगोपाल, इसके सामने मैंने पूरी बात कहना ठीक नहीं समझा। अब मैं एक सवाल पूछना चाहता हूँ—यह रामगोपाल कौन है और इससे आपका क्या रिश्ता है ?"

सुशीला ने उत्तर दिया, "मैं इसे बिलकुल नहीं जानती। मेरे एक मुलाक़ाती

ने कहा था कि ये आपकी फिल्म कंपनी में मुझे पहुँचा देंगे।"

मिस्टर व्रती ने संतोष की एक गहरी साँस ली, "अगर मैं इसे अपनी कंपनी में न लूँ तो आपको कोई आपत्ति तो नहीं होगी, क्योंकि यह किसी काम का आदमी नहीं है।"

"इसमें मुझे क्या आपत्ति हो सकती है।" सुशीला ने शांत भाव से उत्तर दिया।

"एक बात और। मेरी कंपनी में रहकर आप बिना मेरी इजाजत किसी भी आदमी से नहीं मिल सकेंगी—मेरी कंपनी की यह पहली शर्त है।"

"अच्छी बात है।" सुशीला ने कहा।

मिस्टर व्रती उठ खड़े हुए, "आज शाम को पूना चलना है—वहाँ सेठजी से बातें करनी हैं। आप शाम तक तैयार हो जाइए, टिकट मँगवाए लेता हूँ।"

मिस्टर व्रती ने उसी समय कंपनी के दरबान को आज्ञा दी कि रामगोपाल को आफिस में घुसने न दिया जाए और उससे कह दिया जाए कि उसे नौकरी नहीं मिली।

जिस समय सुशीला अपना असबाब ठीक करने अपने घर पहुँची, छबीलदास फुटपाथ के चक्कर लगा रहा था। सुशीला ने छबीलदास को अंदर बुलाया।

छबीलदास भरा हुआ था, उसने कहा, "मैं तुम्हारे सर्विस पा जाने पर बधाई देने आया हूँ।"

सुशीला मुस्कराकर अपना असबाब ठीक करने लगी।

"और इस बात पर भी कि तुम्हें एक नया मित्र मिल गया है जो तुम्हें ताजमहल होटल में खाना खिला सकता है, वहाँ तुमसे प्रेमालाप कर सकता है।"

सुशीला ने सूटकेस में कपड़े रखते हुए कहा, "तो क्या तुम मुझसे कैफियत तलब करने आए हो?"

छबीलदास हँस पड़ा, "मैं कैफियत तलब करनेवाला कौन होता हूँ। मैं तो वह साधन मात्र हूँ जो तुम्हारी मुसीबत पर काम आए।"

छबीलदास के इस स्वर से सुशीला को बुरा लगा, "आपका वह फर्ज था क्योंकि आप ही मुझको बनारस से बहका लाए थे। आगे से मैं आपसे इस तरह की न कोई सहायता माँगूँगी न आपसे कोई वास्ता रखूँगी।"

छबीलदास उठ खड़ा हुआ—तैश में। आज उसे अपने ऊपर ग्लानि हो रही थी।

उसने कहा, "बहुत अच्छा। लेकिन याद रखना तुम्हें फिर मेरी जरूरत पड़ेगी—और उस दिन मैं तुम्हारे ये शब्द याद रखूँगा—आगे चलकर मुझसे किसी तरह की उम्मीद न रखना।" और वह चला आया।

[7]

उस छोटे-से कमरे में पाँच बिस्तर पड़े थे और पाँच आदमी लेटे थे। पांडे एक फिल्म मैगजीन उलट-पुलट रहा था, सिंह एक फिल्मी गाना गुनगुना रहा था। वर्मा सिगरेट के कश-के-कश ले रहा था। छबीलदास एक कोने में पड़ा सिसकियाँ ले रहा था। वह अपने विगत पर सोच रहा था, और वर्तमान की उस विगत से तुलना कर रहा था। और रामगोपाल दूसरे कोने में मौन अपने भविष्य पर चिंता कर रहा था।

रामगोपाल को एक दिन नौकरी मिली, दूसरे दिन उसकी नौकरी छूट गई। कल एक हीरोइन मिली जिसके साथ में रहकर उसने लखपती होने के सपने बनाए थे, आज वह हीरोइन हाथ से निकल गई।

उसने जेब से अपना पर्स निकाला—अब उसमें कुल जमा-पूँजी पैंतीस रुपए रह गई थी।

पांडे ने मैगजीन रख दी। उसने रामगोपाल से पूछा, "क्यों, बड़े चुप हो? क्या बात है?"

सिंह ने उत्तर दिया, "आज इनकी नौकरी छूट गई।"

छबीलदास, जो अभी तक सिसकियाँ भर रहा था, चौंककर बैठ गया, "अच्छा हुआ। इन साले दगाबाजों के साथ होगा ही क्या? इस हाथ ले, उस हाथ दे।" और यकीनी तौर से छबीलदास का क्रोध और दुःख 75 प्रतिशत गायब हो गया था।

रामगोपाल से अब न रहा गया, वह उठ बैठा और उसने कहा, "अब जो किसी साले ने गाली दी तो मैं उसका मुँह तोड़ दूँगा।"

मामला संगीन हो रहा था—वर्मा ने यह देखा और उठ बैठा। "आखिर मामला क्या है?"

सिंह ने कहा, "आज रामगोपाल को सेवा फिल्म कंपनी से जवाब मिल गया—सो ये झल्लाए हुए हैं। लेकिन छबीलदास आज क्यों इतने क्रोधित हो गए—यह समझ में नहीं आता।"

"वह मैं बतला दूँ।" वर्मा ने मुस्कराते हुए कहा, "वह औरत—वही—क्या नाम है उसका—वह आज एक आदमी के साथ—शायद उसका नाम व्रती

है—पूना गई है, साथ में मेरे पंजाबवाले सेठ भी थे जो उस कंपनी में रुपया लगा रहे हैं।"

अब वर्मा से न रहा गया, वह खिलखिलाकर हँस पड़ा। "पंजाबवाले सेठ के पास पैसा है—वह पैसा खर्च तो होना ही चाहिए।"

पांडे उठा—उसने छबीलदास से कहा, "इसी बात पर नाराज हो गए? अरे भाई, एक दफा तुम्हें छोड़कर चली गई तो फिर अब वह फिर से तुम्हारी कैसे हो सकती थी—भूल जाओ उसे।"

उधर सिंह रामगोपाल से कह रहा था, "ऐसी नौकरियाँ मिलेंगी और छूटेंगी—इस पर अफसोस करने की क्या बात है?"

और पांडे और सिंह ने मिलकर छबीलदास और रामगोपाल से हाथ मिलवा दिया।

वर्मा ने एक-एक सिगरेट उन लोगों को दी—कमरे में सिगरेट का धुआँ भर गया। उस एक छोटे-से कमरे में भेड़ों की तरह रहनेवाले वे पाँचों युवक लेटे थे और सिगरेट पी रहे थे जैसे कुछ हुआ ही नहीं। भावना और चेतना से शून्य। और धीरे-धीरे वह पाँचों युवक सो गए सुबह उठकर फिर नित्य की तरह बेकारी, गैर-जिम्मेदारी की जिंदगी बिताने के लिए।

सौदा हाथ से निकल गया

राय इकबाल शंकर का रोबदाब उनके रिश्तेदारों या उनके मोहल्लेवालों पर कितना ही रहा हो, उनकी घरवाली राधा, जो रद्धो बीबी के नाम से प्रसिद्ध हैं, उन्हें निहायत निकम्मा आदमी समझती हैं और मौका पड़ने पर उनके सामने ही यह ऐलान भी कर देती हैं। और रद्धो बीबी की कुशल सद्गृहिणी होने की ख्याति भले ही दूर-दूर तक फैली हो, राय इकबाल शंकर रद्धो बीबी को निहायत गँवार किस्म की औरत समझते हैं और अकसर अपनी भावना को रद्धो बीबी के मुख पर प्रकट भी कर देते हैं। यह क्रम पिछले तीस वर्षों से लगातार चलता आ रहा है, जब इन दोनों का विवाह हुआ था और जीवन के अनेक

उतार-चढ़ावों के बावजूद पति-पत्नी के एक-दूसरे के प्रति इस अभिमत में अंतर नहीं पड़ने पाया।

राय इकबाल शंकर की हवेली के तीन हिस्से किराए पर उठे हैं, चौथे में वह स्वयं रहते हैं। जहाँ तक कामकाज का सवाल है, न राय इकबाल शंकर के दिवंगत पिता राय हिम्मतबहादुर ने अपनी जिंदगी-भर कोई काम किया और न राय इकबाल शंकर के एकमात्र सुपुत्र राय गोपालकृष्ण से आशा की जा सकती है कि वह अपनी जिंदगी में कोई कामकाज करेगा। वैसे लड़का बुद्धिमान और प्रतिभाशाली है, बी.ए. में उसे फर्स्ट डिवीजन मिला था, लेकिन तीन साल पहले वह जो स्टूडेंट लीडर बनकर छात्र आंदोलन में जेल गया, तब से उसे राजनीति का चसका लग गया है और छात्र-लीडर की हैसियत से हिंदुस्तान भर में दौरे करता रहता है।

राय इकबाल शंकर के पास पुराने जमाने की एक आस्टिन कार है, जो महीने में पंद्रह दिन आराम करती है और बाकी दिनों में शहर का एकाध चक्कर लगा लेती है। राय इकबाल शंकर खुद ही उस कार को ड्राइव करते हैं, वरना आठ-दस साल पहले ही वह कार कबाड़ी की दुकान में पहुँच गई होती। उनकी हवेली में उनके पिता के जमाने का एक टेलीफोन भी है; जिसका उपयोग बाहरवाले राय इकबाल शंकर से संपर्क स्थापित करने के लिए करते हैं; इस तरफ तो रद्धो बीबी ने उसमें ताला डाल रखा है और बहुत जरूरत पड़ने पर ही उसका ताला खोला जाता है। घर में व्यवस्था तो सोलह आने रद्धो बीबी के हाथ में है, जिन्हें जिंदगी की गाड़ी घसीटनी पड़ती है।

उस दिन सुबह के समय राय इकबाल शंकर जब नाश्ता करके उठे, उनके मन में आया कि शहर का एक चक्कर ही लगा लिया जाए। उन्होंने कार निकालने की कोशिश की, लेकिन कार की बैटरी डाउन थी। हवेली से निकलते ही उन्होंने एक रिक्शेवाले को रोका, लेकिन उसने गोलागंज से हजरतगंज तक रिक्शे के किराए के रूप में एक रुपया माँगा, तो राय इकबाल शंकर का पारा एकाएक चढ़ गया। उन्होंने तय किया कि मील-सवा मील का रास्ता पैदल ही नाप लिया जाए।

जाड़े के दिन और सुबह नौ बजे का समय। धूप बड़ी सुहानी थी और राय इकबाल शंकर अपने ही मन में मगन, छड़ी हिलाते हुए चले जा रहे थे। एकाएक उनके पैर ठिठक गए। नवाब झम्मन के महल की ड्योढ़ी से हाशिम कबाड़ी निकल रहा था—अत्यंत प्रसन्नता और संतोष की मुद्रा में। उसके पीछे एक कुली के सिर पर लदी हुई एक बहुत बड़ी खाने की गोल मेज थी, जिसमें

कुल दो पाए लगे थे, तीसरा पाया हाशिम हाथ में लिए तलवार की तरह भाँजता हुआ चल रहा था। उसके साथ राय इकबाल शंकर की पुरानी मुलाकात थी, उन्होंने बढ़कर हाशिम से कहा—बड़े खुश नजर आ रहे हो, हाशिम मियाँ! कोई अच्छा सौदा करके लौट रहे हो!

हाशिम ने अपना पटा-बनेठीवाला हाथ रोका, बड़े अदब के साथ झुककर राय इकबाल शंकर को सलाम किया—हुजूर की बात! अच्छे सौदे तो लद गए अंग्रेजों के साथ, जब एक-से-एक जरीक-बरीक चीजें कौड़ियों के मोल मिल जाया करती थीं। अब तो रह गए हैं बिगड़े हुए फटे हाल नवाब और रईस, खुद खाने-पीने के मुहताज़, तो अब सिवा टूटे-फटे कबाड़ में रखा क्या है! अब देखिए न यह तीन टाँग की मेज, उस पर एक टाँग टूटी हुई, यानी बिलकुल अलग! नवाब झम्मन की बेगम से बस इतना सौदा हुआ है।

राय इकबाल शंकर ने मेज पर नजर डाली। उन्होंने अंदाजा, तो मेज बड़ी पुरानी यानी बाबा आदम के जमाने की लगी। लेकिन अजीब ढंग की। ऐसी मेज उन्होंने जिंदगी में पहले कभी न देखी थी। कोयले की तरह काली। लेकिन उन्होंने भाँप लिया कि मेज पर किसी तरह का रंग या रोगन नहीं चढ़ा है, वह तो लकड़ी का रंग ही काला है, यानी असली आबनूस की लकड़ी है। लेकिन अपने भाव उन्होंने प्रकट नहीं होने दिए। बोले—ठीक कहते हैं, हाशिम मियाँ, भला यह कोई मेज हुई⋯तीन पाएवाली और उस पर एक पाया अलग!

एकाएक हाशिम का स्वर बदल गया—असली आबनूस की लकड़ी की मेज है, हुजूर! हाशिम की नजर धोखा नहीं खा सकती, तभी हमने बीस रुपया गड़ाप से थमा दिए बेगम साहिबा को! नवाब साहेब बेचारे तो चार दिनों से बेहोश पड़े हैं, खुदा जाने कब उनकी जान निकल जाए। मेज का जिकर सुनकर ज़ैसे कुछ देर के लिए उन्हें होश आ गया हो, कुछ गड़बड़ाए। हमें तो सिर्फ इतना सुनाई पड़ा—नसीरूद्दीन हैदर⋯नसीरुद्दीन⋯! और फिर तुरंत बेहोश हो गए। तो हम तो यह मेज लदवाकर चल पड़े। रुपया-आठ आना देकर जुम्मन बढ़ई से इसकी टाँग ठुकवा लेंगे, तो नख्खास की बाजार में कोई माई का लाल इसे हँसते-खेलते खरीद ले जाएगा।

राय इकबाल शंकर ने मन-ही-मन हिसाब लगाया, फिर उन्होंने अपनी जेब से अपनी कुल पूँजी निकाली—दो दस-दस रुपए के नोट, एक पाँच का और छह एक-एक के। उन्होंने पचीस रुपयों के नोट हाशिम के हाथ में थमाते हुए—इस सब झमेले में कहाँ फँसोगे, हाशिम मियाँ? इस मेज को बेचने के लिए तुम्हें साल-छह महीने का इंतजार भी करना पड़ सकता है। तो, लो ये पचीस

रुपए और मेज मेरे यहाँ पहुँचा दो। मेज क्या, मैं तो लकड़ी के दाम दे रहा हूँ तुम्हें!

हाशिम ने नवाब झम्मन की बेगम से पंद्रह रुपयों में वह मेज खरीदी थी। उसने पचीस लेते हुए कहा—हुजूर की बात भला हम टाल सकते हैं? जब आपको यह मेज पसंद आ गई तब आपकी हुई! और हाशिम ने वह मेज राय इकबाल शंकर के घर पहुँचा दी।

रद्धो बीबी ने जो वह मेज देखी, तो जलकर खाक हो गईं—यह दो टाँग की काली-कलूटी मेज! कहाँ से यह कबाड़ उठा लाए? मैं कहती हूँ, ज्यों-ज्यों आपकी उम्र बढ़ती जा रही है, त्यों-त्यों आपकी अक्ल घटती जा रही है! जहाँ से लाए हैं, वहीं वापस कर आइए! घर में रुपए नहीं हैं, परसों राशन मँगवाना है।

राय इकबाल शंकर ने अपनी गलती महसूस की, लेकिन रद्धो बीबी का पारा देखकर हाशिम वहाँ से चुपचाप खिसक गया था। एक खिसियाहट से भरी मुस्कान के साथ राय इकबाल शंकर ने रद्धो बीबी से कहा—अब तो खरीद ही ली है मैंने यह मेज। वापस करने का सवाल ही नहीं उठता। तो सामान की कोठरी में रखवा दो। मेरा मन कहता है, सौदा बेजा नहीं किया है मैंने।

और इसके पहले कि रद्धो बीबी और कुछ कहें, वह अपनी छड़ी घुमाते हुए घर से निकल पड़े।

राय इकबाल शंकर से जैसुख मीरचंदानी की मित्रता कब और कैसे हुई, इस कहानी से इस बात का कोई संबंध नहीं है, लेकिन इतना बतला देना आवश्यक होगा कि जैसुख मीरचंदानी अंतर्राष्ट्रीय ख्याति के क्यूरियो के व्यापारी हैं और दिल्ली में उनकी बहुत बड़ी क्यूरियो की दुकान है। साल में तीन-तीन महीने वह योरप और अमेरिका में रहते हैं। तीन महीने हिंदुस्तान के विभिन्न भागों का दौरा करते हैं। लाखों-करोड़ों का सौदा वह हर साल कर लेते हैं।

उस दिन दोपहर के समय भोजन करके जब राय इकबाल शंकर एक नींद लेने की सोच रहे थे, उनके टेलीफोन की घंटी बजी। राय इकबाल शंकर ने टेलीफोन उठाया—हलो... अरे... जैसुख भाई... आप! दिल्ली से बोल रहे हैं, या लखनऊ से... लखनऊ से... तो कब आए आप? सुबह के वक्त। मेरी बड़ी किस्मत! हाँ-हाँ, रात का खाना मेरे गरीबखाने में ही रहेगा। शाम पाँच बजे तक मैं आपके होटल में पहुँच जाऊँगा। और राय इकबाल शंकर ने फोन रख दिया।

रद्धो बीबी के हाथ का बनाया खाना जिस किसी ने एक बार खा लिया, तो उँगलियाँ चाटता रह गया। राय इकबाल शंकर ने रद्धो बीबी को आवाज दी—अजी सुनते हो, वह जैसुख मीरचंदानी आया है लखनऊ! कहता है कि रात के वक्त खाना मेरे यहाँ ही खाएगा। तो कोरमा और शामी बना लेना। अगर हो सके, तो थोड़ी-सी बिरियानी भी बना लेना।

—सब बना लूँगी! रद्धो बीबी ने झुँझलाकर कहा—घर में एक हफ्ते से डालडा नहीं है... भगवान जाने कहाँ गायब हो गया! देहरादूनी चावल भी खत्म हो चुका है? और आप न आव देखते हैं न ताव, लोगों को न्योता देते हैं!

राय इकबाल शंकर मुसकराए—अरे, मुझे तो तुम्हारा भरोसा है! भला उस साले मीरचंदानी को तुम्हारे हाथ के बनाए खाने के मुकाबले का खाना कहाँ नसीब होगा? तो भाई तुम्हीं को सब इंतजाम करना है। मुझे तो नींद आ रही है। थोड़ा-सा आराम करके उसके यहाँ पाँच बजे तक पहुँचना है मुझे।

रद्धो बीबी को एक ही शौक है—अच्छा खाना बनाना और अच्छा खाना खिलाना। सन्न होकर वह बोलीं—अच्छा-अच्छा, आपको बातें बनानी बहुत आती हैं! आप अब सोइए, नहीं तो आपका मिजाज बिगड़ जाएगा!

राय इकबाल शंकर जब अपनी नींद पूरी करके उठे, चार बज रहे थे। जल्दी-जल्दी उन्होंने कपड़े बदले और घर से निकल पड़े। पीछे से रद्धो बीबी ने आवाज लगाई—देखिए, जल्दी आ जाइएगा। मौसम का कोई ठिकाना नहीं, यह भादों की घटा न जाने कब फट पड़े!

राय इकबाल शंकर ने आसमान पर नजर डाली। पूरब में कुछ काले-काले बादल दिख रहे थे। उन्होंने कहा—मैं कार लिए जा रहा हूँ। जल्दी ही आ जाऊँगा। यह जैसुख मीरचंदानी आठ-साढ़े आठ बजे तक खा लेता है, तो खाना तैयार रखना। और राय इकबाल शंकर प्रसन्नमन चल पड़े।

मीरचंदानी हजरतगंज के सबसे शानदार होटल में ठहरा था। राय इकबाल शंकर के पहुँचते ही पानी बरसना आरंभ हो गया।

मीरचंदानी ने राय इकबाल शंकर का स्वागत किया—ये साला मौसम भी कितना खूबसूरत है। राय साहेब! तो हम सोचा कि बरसात का मजा लखनऊ में उठावें। दिल्ली में तो काम करते-करते कबाड़ा निकल जाता है! और उसने बैयरा से छह बोतलें सोडा की मँगाकर अपने सूटकेस से स्कॉच व्हिस्की का एक अद्धा निकाला। दोनों अब इत्मीनान के साथ बैठकर बातें करने लगे।

राय इकबाल शंकर ने पूछा—कहो मीरचंदानी, आज लखनऊ में कुछ काम बना ?

—क्या काम बनेगा साला, हरेक आदमी चार सौ बीस हो गया है··· बड़ा-बड़ा अफ़सर और मिनिस्टर तलक ! सब जाली माल भेड़ना चाहता है मीरचंदानी के हाथ ! वह साला गेंदालाल जरतारी का जामा लाया, बोला आसुफद्दौला का है ! यह नहीं सोचा कि ढाका की मलमल और कोहेनीर मील की मलमल में जमीन-आसमान का फरक होता है। और वह मीर सज्जाद अली बारह तसबीर लाया। बोला—राजपूत कला का है। बिलकुल नकल, मुसकिल से सत्तर-अस्सी साल पुराना माल ! और वो तुम्हारा आर्ट कालेज का डाइरेक्टर लंबी-लंबी बात करता है, लेक्चर झाड़ता है ऊपर से ! ना बाबा, जी होता है, लखनऊ को छोड़कर अभी चला जाऊँ, तो और फिर यहाँ आने का नाम न लूँ ! सब साला कबाड़ !

—यह तो बुरा हुआ ! राय इकबाल शंकर ने अपने गिलास से लंबा घूँट लेते हुए कहा।

—अरे अमारा जिगरी दोस्त राय इकबाल शंकर तो है यहाँ, तो उससे मिलना हो गया ! फिर यह खूबसूरत मौसम, यह खूबसूरत शहर ! रही चार सौ बीसी की बात, तो वह दुनिया-भर में फैली है ! अपना धंधा ही लो, पूरा चार सौ बीसी का है। मीरचंदानी जोर से हँस पड़ा—फिकर न करो कल सुबह के प्लेन से हम कलकत्ता के लिए रवाना ! लखनऊ में काम न बना तो न बना।

एकाएक राय इकबाल शंकर को उस आबनूस की मेज की याद आ गई, जो उन्होंने हाशिम कबाड़ी से खरीदी थी और उनकी कबाड़ की कोठरी में पड़ी थी और जिसके संबंध में वह भूल ही गए थे। कुछ हिचकिचाते हुए उन्होंने कहा—मीरचंदानी, एक आबनूस की डाईनिंग मेज मेरे हाथ लग गई है··· बहुत बड़ी और गोल। आठ आदमी उसके इर्द-गिर्द बैठकर खाना खा सकते हैं। और इतनी बड़ी मेज, लेकिन कुल तीन पाए हैं उसमें !

—क्या बकता है राय इकबाल शंकर ? आबनूस की इतनी बड़ी मेज और उसमें तीन पाए ! दिमाग सही है ?

—दिमाग बिलकुल सही है ! मेरे घर में पड़ी है··· उसका एक पाया अलग हो गया है। वह किसी अच्छे कारीगर से फिट करानेवाला था कि मेज का वजूद ही दिमाग से निकल गया !

—यह मेज तुम्हें कहाँ से मिली ? अब मीरचंदानी के स्वर में उत्सुकता थी।

—यहाँ एक नवाब झम्मन थे··· अभी कुछ दिन पहले उनकी मृत्यु हो गई है,

उनके यहाँ से। यह नवाब झम्मन अवध के किसी बादशाह के रिश्तेदार होते थे...शायद नसीरुद्दीन हैदर के साले के पोते थे। उन्हीं के यहाँ पड़ी थी। मैं उसे उनकी बेगम से खरीद लाया था। उस वक्त नवाब झम्मन बेहोश पड़े थे।

एकाएक मीरचंदानी का चेहरा गंभीर हो गया—क्या कहा? नसीरुद्दीन हैदर के साले के खानदानवालों से यह मेज मिली है तुम्हें? आबनूस की लकड़ी की है और उसमें सिर्फ तीन पाए हैं? और फिर जैसे उसने अपने से ही कहा हो—क्या यह संभव है? क्या यह संभव है? और मीरचंदानी ने अपनी आँखें बंद कर लीं, जैसे उसे नींद आ गई हो।

राय इकबाल शंकर आश्चर्य से मीरचंदानी को देख रहे थे। उन्होंने कहा—क्या सो गए, मीरचंदानी?

मीरचंदानी ने चौंककर अपनी आँखें खोल दीं। अब उनमें बेतरह चमक आ गई थी। वह बोला—राय इकबाल शंकर, अगर यह माल असली है, तो वाकई बड़ा कीमती है। मैं याद कर रहा था कि मैंने कहाँ पढ़ा या सुना था...किस्सा यह है कि जब नेपोलियन ने आस्ट्रेलिया-हंगरी के शाहंशाह की बेटी जोजेफीन से शादी की थी, तब जोजेफीन के साथ एक बढ़ई आस्ट्रेलिया से आया था...शायद यह बवेरिया का रहनेवाला था। कुछ पागल-सा आदमी था वह। उसका नाम था एलबर्ट गुंथर। उसने एक ही डिजाइन की तीन मेजें बनाईं थीं आबनूस की लकड़ी की। वे डायनिंग मेजें थीं...आठ-आठ आदमियों के लिए, और उनमें केवल तीन-तीन पाए लगे थे। उलटना तो दूर रहा मजाल है कि वे टस-से-मस भी हो जाए। तो एक मेज तो अमेरिका के करोड़पति मिस्टर विंडहम के पास है, एक मारसाई के म्यूजियम में सुरक्षित है, लेकिन तीसरी का पता नहीं चल रहा था। अवध के बादशाह नसीरुद्दीन हैदर बड़े शौकीन आदमी थे। अंग्रेज, फ्रांसीसी, सभी तरह के लोग थे उनकी मुलाजिमत में। मुमकिन है, उन्होंने यह तीसरी मेज मँगवा ली हो यह वही तीसरी मेज हो।

राय इकबाल शंकर का दिल अब बेतरह उछलने लगा था। उन्होंने अपने दिल को थामकर कहा—मीरचंदानी, मान लो, यह वही मेज हुई?

कुछ सोचकर मीरचंदानी बोला—अगर यह वही मेज है, तो बड़ी आसानी से किसी अमरीकी करोड़पति के हाथ दस-बीस हजार में निकल जाएगी। तीसरी टाँग को बड़ी कुशलतापूर्वक लगाना पड़ेगा...तो फिकर मत करो, हमारे पास एक-से-एक अच्छे कारीगर हैं दिल्ली में।

राय इकबाल शंकर ने पूछा—तो उसमें मुझे कितना मिलेगा?

अद्धे में बची हुई व्हिस्की को दो गिलासों में बराबर मात्रा में ढालते हुए

मीरचंदानी बोला—तुम हमारे दोस्त हो, राय इकबाल शंकर! तो अगर माल असली है, तो पाँच हजार तुम्हारे। हमें इसे बेचने में वक्त लगेगा। दौड़-धूप करना पड़ेगा। खिलाना-पिलाना होगा। पाँच हजार के ऊपर जो मिलेगा, वह हमारी तकदीर का। हमारा लखनऊ आना कारगर साबित हुआ। और उसने घड़ी देखी—आठ बजनेवाला है। खाना खाने का वखत हो गया। हम नौ बजे सो जाते हैं। लेकिन ये साला पानी रुकने का नाम नहीं लेता!

राय इकबाल शंकर उठ खड़े हुए—मैं अपनी मोटर लाया हूँ। कोई फिक्र की बात नहीं। ठीक नौ बजे मैं तुम्हें यहाँ वापस पहुँचा दूँगा। अब चलो।

गृहस्थी किस तरह चलाई जाती है, हरेक चीज का आनन-फानन इंतजाम कर लिया जाता है, यह गुर औरतें ही जानती हैं और इन सबकी जानकारी रखनेवाली औरतों में रद्धो बीबी का स्थान काफी ऊँचा था लेकिन बहुत कम लोगों को पता था कि रद्धो बीबी यह सब छमिया महरी के बल पर ही कर पाती थीं। छमिया महरी रद्धो बीबी की नौकरानी, सहेली, सलाहकार, सबकुछ थी। हवेली के पीछेवाली एक कोठरी रद्धो बीबी ने छमिया को मुफ्त दे रखी थी और उसी के अनुपात से रद्धो बीबी छमिया से मुफ्त काम भी करा लेती थीं।

जिस सामान की भी रद्धो बीबी को जरूरत थी, वह सब छमिया उधार-नकद, जैसे भी बना, आनन-फानन ले आई। चार बजे शाम से ही रद्धो बीबी रसोई बनाने में जुट गईं। घंटे भर बाद पानी भी बरसने लगा।

बिरियानी बन गई, शामी के लिए सामान भी तैयार हो गया, सब्जियाँ बन गईं, कोरमे का मसाला भूना जा रहा था कि एकाएक गैस खतम हो गई।

छमिया पास में ही खड़ी थी। गैस का चूल्हा बुझते ही बोली—हाय बीबी जी, यह मरी गैस तो छुई-मुई हो गई! ऐन मौका धोखा दे गई! दो हफ्ता पहले ही तो आई थी।

रद्धो बीबी ने तमतमाकर कहा—सब-के-सब बेईमान और हरामखोर हो गए हैं! देख, ज़रा भट्ठी जला ले... नीचे थोड़ा-सा इमली का कोयला पड़ा है, उसे सुलाकर... और रद्धो बीबी कहते-कहते रुक गईं। एक परेशानी-सी उनके चेहरे पर आई—और पत्थर का कोयला तो चार दिन हुआ, खत्म हो गया! कल ये गए थे तो कोयला... फिर मिसिर ने कहा कि कम-से-कम एक हफ्ता लगेगा कोयला आने में! शहर के किसी कोल-डिपो में कोयला नहीं है!

छमिया ने सहानुभूति प्रकट की—अरे बीबी जी, आगी लागे ई सरकार माँ, कोनो चीज तो बाजार माँ नाही है! अच्छा, ठहरो, हम मिट्टी के तेलवाला चूल्हा

जलाए लेती हैं। और छमिया भंडार घर से स्टोव निकाल लाई। लेकिन स्टोव ने जो जलने का नाम न लिया सो न लिया, रद्धो बीबी को एकाएक जैसे कोई बात याद आ गई–अरी, उसमें मिट्टी का तेल ही कहाँ है, जो जले ! इन हरामजादों ने जो चार-पाँच दिन बिजली गायब रखी, तो स्टोव से तेल निकालकर लालटेन और ढिबरी में डाल दिया, तब रोशनी हुई !

–ठहरो बीबी जी, मिट्टी का तेल हम बाजार से लिए आती हैं, ज़रा राशन कार्ड देना। और मिट्टी के तेल की बोतलें तथा राशन कार्ड लेकर वह बाहर भागी।

रद्धो बीबी अब भयानक संकट में पड़ गईं। साढ़े पाँच बज चुके थे। साढ़े सात-आठ बजे तक जैसुख मीरचंदानी को साथ लेकर राय इकबाल शंकर आने को कह गए थे। कुल दो घंटे बाकी हैं। कैसे यह सब होगा ! उनका जी चाहा कि वह रोएँ, लेकिन रोने से तो काम नहीं चलेगा। वह चुप बैठ गईं।

पाँच मिनट ही में छमिया मुँह लटकाए खाली हाथ वापस लौटी–हाय बीबी जी, वहाँ तो फौजदारी हो रही है ! सत्तर-अस्सी आदमी लाइन लगाए खड़े रहे, तो मारपीट शुरू हो गई...एक बच्चा कुचल गया, दो आदमी अस्पताल भेजे गए, तीन आदमी पुलिस पकड़ ले गई। तो हम भागी वहाँ से ! और उसने बोतलें तथा राशन कार्ड बीबी को थमा दिए।

–अब क्या हो ? बड़े करुण स्वर में रद्धो बीबी ने पूछा।

–फिकर न करो। हम अबही लकड़ी का चूल्हा जलाइत हैं। लकड़ी की आँच में जैसा अच्छा खाना बनता है, वैसा भला गैस, पत्थर के कोयले की भट्ठी या मिट्टी के तेल के स्टोव से बन सकता है ! आनन-फानन सब हुआ जाता है।

–लेकिन जलाने की लकड़ी तो इस घर में दो-तीन साल से नहीं आई ! रद्धो बीबी ने रुआँसे स्वर में कहा।

–वह अबहीं लेते आइत हैं। लाला भीखूमल का टाल आजकल चौबीस घंटा चल रहा है। न गैस, न कोयला, न मिट्टी का तेल ! झखमार के लकड़ी खरीदो ! लेकिन ऐसे दाम बढ़ा दिए हैं उस हरामजादे ने कि कुछ पूछो न !

हारे हुए स्वर में रद्धो बीबी ने कहा–जो हो, अब तो नाक का सवाल है ! तो ले आ पाँच सेर लकड़ियाँ। कल दौड़-धूप के गैस या पत्थर के कोयले या मिट्टी के तेल का इंतजाम किया जाएगा।

दस मिनट के अंदर ही छमिया पाँच सेर लकड़ियाँ ले आई। कागज और इमली के कोयले के सहारे लकड़ियाँ जलाई गईं और देगची चूल्हे पर चढ़ गई।

रसाईघर धुएँ से भर गया। बरसात की गीली लकड़ियाँ, वह भी कच्ची, नई

चिरी हुई, जलने का नाम न लेती थीं। छमिया बोली– बीबी जी, यह लकड़ियाँ तो गीली हैं! इस चूल्हे में तो आधी रात तक भी खाना न बन पाएगा!

–दौड़ के भीखूमल के यहाँ से सूखी लकड़ी ले आ। रद्धो बीबी ने हुक्म दिया।

–अरे बीबी, बरसात में भला सूखी लकड़ी कहाँ से मिलेगी। भीखूमल ने सूखी लकड़ी कह के ही यह लकड़ी दी है! फिर अब तो पानी भी जोर से गिरने लगा है। तो इन्हीं लकड़ियों से काम चलाना पड़ेगा, जैसे भी हो।

रद्धो बीबी और छमिया महरी, धुएँ से दोनों की आँखें लाल हो रही थीं। साठ वाट के बिजली के बल्ब का प्रकाश एक अंगारे के प्रकाश की भाँति दिख रहा था। चूल्हा धौंकते-धौंकते दोनों के हाथ थक गए थे। चूल्हा फूँकते-फूँकते दोनों की साँसें फूल रही थीं। झल्लाकर रद्धो बीबी छमिया का हाथ पकड़कर रसोईघर से बाहर निकलीं। उन्होंने छमिया से कहा–खोल उस कबाड़ की कोठरी को। पुरानी चारपाइयों के पटिए या पाए पड़े हैं। वह तो सूखे होंगे। बीस-तीस साल पुरानी लकड़ियाँ।

छमिया खुशी से उछल पड़ी–वाह बीबी जी! यह बात खूब सूझी आम और जामुन की लकड़ी बिलकुल मशाल की तरह जलेंगी।

कोठरी खोली गई और तभी मेज का एक पाया छमिथा के हाथ में आ गया। छमिया बोली–अरे बीबी जी, यह एक टूटा पाया हाथ में लग गया है। बड़ी वजनी है, पाँच-छै सेर का होगा।

–बस-बस! काम बन गया! रद्धो बीबी बोलीं–एकदम सूखी और बेकार की लकड़ी है यह। चल, रसोईघर में... जल्दी कर।

–लेकिन बीबी जी, उस पाए को चीरना बड़ा मुश्किल काम होगा, पत्थर की तरह ठोस है यह लकड़ी! छमिया ने चलते हुए कहा।

–अरी, चल के उसे चूल्हे में लगावें तो! एक दफे अगर जो इसने आग पकड़ ली, तो बुझेगी नहीं। मैं पुरानी लकड़ियों को अच्छी तरह जानती हूँ। और मेज की टाँग को लेकर दोनों रसोईघर में पहुँचीं। टाँग चूल्हे में डाल दी गई। एक तरफ रद्धो बीबी ने पंखे से चूल्हा धौंकना आरंभ किया, तो दूसरी ओर छमिया महरी ने मुँह से चूल्हा फूँकना आरंभ किया। देखते क्या हैं कि दो मिनट के अंदर ही मेज के पाए ने आग पकड़ ली और रसोईघर प्रकाश से जगमगा उठा।

छमिया ख़ुशी से चीख उठी–अरे बीबी, यह पाया तो मशाल की तरह जल रहा है... कैसी तेज आँच है! चलो, काम बन गया!

रद्धो बीबी भी चहक उठीं–गैस के चूल्हे के बाप में भी इतनी आँच नहीं हो

सकती ! और फिर कैसे धीरे-धीरे यह पाया जल रहा है ! पूरा खाना इस टाँग में बन जाएगा।

बाकायदा कोरमा बनाना आरंभ हो गया। उस समय घड़ी में साढ़े सात बज चुके थे।

जिस समय जैसुख मीरचंदानी को साथ लेकर राय इकबाल शंकर घर पहुँचे, पूरा खाना तैयार था, सिर्फ रोटियाँ सिकना बाकी था। सवा आठ बज रहे थे और जैसुख मीरचंदानी को बड़ी जोर की भूख लगी थी। उसने कहा—राय इकबाल शंकर, पहले डिनर, फिर बातचीत !

रद्धो बीबी खाना परस रही थीं और छमिया महरी रोटियाँ सेंक रही थी। जैसुख मीरचंदानी खाना खाता जाता था और खाने की बेतहाशा तारीफ करता जाता था—अ-हा-हा-हा ! क्या कोरमा है ! क्या शामी है ! और ऐसी बिरियानी तो उन्होंने कभी खाई ही नहीं ! अगर स्वर्ग है, तो इस लखनऊ में ! और इधर रद्धो बीबी अपनी तारीफ सुनकर खुशी से फूली न समा रही थीं।

खाना खाकर जैसुख मीरचंदानी ने कहा—राय इकबाल शंकर, अब ज़रा वह तुम्हारी आबनूस की मेज भी देख ली जाए।

राय इकबाल शंकर ने कबाड़ की कोठरी का दरवाजा खोला। छमिया महरी की मदद से राय इकबाल शंकर ने और जैसुख मीरचंदानी ने मिलकर वह मेज बाहर निकाली। फिर उसे कमरे में लाए। नियोन लाइट के तेज प्रकाश में अपनी आँख मिचमिचाते हुए मीरचंदानी कुछ आश्चर्यचकित सा उस मेज को देखता रहा। फिर वह जैसे उछल पड़ा—वही है... वही है... वही तीसरी मेज ! विंडहस के यहाँ काली मेज बिलकुल इसी तरह की है ! इसक इस पाए में एलबर्ट गुंथर का नाम नक्श होगा। और उसने झुककर मेज के दोनों पायों को गौर से देखना आरंभ किया।

लेकिन उसे इन दो पायों में एलबर्ट गुंथर का नाम नहीं मिला। हारकर उसने कहा—राय इकबाल शंकर, इस मेज का तीसरा पाया कहाँ है ? उसमें वह नाम होगा।

—वह वहीं उस कोठरी में डाल दिया था, उसे निकलवाता हूँ। और उन्होंने रद्धो बीबी की ओर देखा—वह इसका तीसरा पाया, जो टूटा हुआ था, वह तो निकाल लाओ।

छमिया महरी वहीं पास खड़ी थी। वह बोली—वह तो चूल्हे में लग गया है, तब कहीं खाना बना है जाकर !

राय इकबाल शंकर को जैसे अपने कानों पर विश्वास नहीं हुआ—क्या कहा ? वह पाया चूल्हे में लग गया ?

हाँ-हाँ, चूल्हे में लग गया । रद्धो बीबी बोलीं—ऐन मौके पर गैस चली गई, पत्थर का कोयला एक हफ्ते से बाजार से गायब है, मिट्टी के तेल के लिए दुकान पर फौजदारी हो रही है, सिर फूट रहे हैं, और यह मरा टालवाला , गीली लकड़ियाँ और वह भी बेतहाशा महँगी ! खाना बनता तो कैसे ? पुरानी सूखी हुई बेकार लकड़ी के नाम पर वह पाया दिखा तो लगा दिया उसे चूल्हे में !

जैसुख मीरचंदानी ने निराश भाव से कहा—एक शानदार सौदा हाथ से निकल गया ! यह मेज असली है, इसे साबित करने का कोई सबूत अब नहीं रह गया !

राय इकबाल शंकर ने अपना माथा ठोक लिया—अरी भलीमानस, पाया नहीं जला, पाँच हजार की रकम जल गई है मेरी ! और फिर उन्होंने मीरचंदानी से कहा—जैसुख भाई, चलो, इसके पहले कि मैं इस गम के सदमे से बेहोश हो जाऊँ, तुम्हें तुम्हारे होटल पहुँचा दूँ ।

वसीयत

जिस समय मैंने कमरे में प्रवेश किया, आचार्य चूड़ामणि मिश्र आँखें बंद किए हुए लेटे थे और उनके मुख पर इस तरह की ऐंठन थी, जो मेरे लिए नितांत परिचित-सी थी, क्योंकि क्रोध और पीड़ा के मिश्रण से वैसी ऐंठन उनके मुख पर अकसर आ जाया करती थी । वह कमरा ऊपरी मंजिल पर था और वह अपने कमरे में अकेले थे । उनका नौकर बुधई मुझे उस कमरे में छोड़कर बाहर चला गया ।

आचार्य चूड़ामणि की गणना जीवन में सफल, संपन्न और सुखी व्यक्तियों में की जानी चाहिए, ऐसी मेरी धारणा थी । दो पुत्र, लालमणि और नीलमणि । लालमणि देवरिया के स्टेट बैंक की शाखा का मैनेजर था और नीलमणि लखनऊ के सचिवालय में डिप्टी सिक्रेटरी था । तीन लड़कियाँ थीं । सरस्वती,

सावित्री और सौदामिनी। सरस्वती के पति श्री ज्ञानेंद्रनाथ पाठक इलाहाबाद में पी. डब्ल्यू. डी. के सुपरिंटेंडिग इंजीनियर थे, सावित्री के पति श्री जयनारायण तिवारी की सुलतानपुर में आटे की और तेल की मिलें थीं, तथा सौदामिनी के पति संजीवन पांडे सेना में कर्नल थे और मेरठ छावनी में नियुक्त थे।

आचार्य चूड़ामणि का और मेरा साथ करीब चालीस वर्ष पुराना था। एक ही दिन हम दोनों की हिंदू विश्वविद्यालय के दर्शन विभाग में नियुक्ति हुई थी। आचार्य चूड़ामणि रीडर बने थे और मैं लेक्चरर बना था।

उनके अथक परिश्रम, अटूट निष्ठा तथा अडिग संयम का ही परिणाम था कि वह विश्व में भारतीय दर्शन के विशेषज्ञ माने जाते थे। प्रकांड पांडित्य के ग्रंथों से लेकर बी.ए. पाठ्य-पुस्तकों तक अनेक ग्रंथों की रचना उन्होंने की थी। न जाने कितनी कमेटियों के वह सदस्य थे। हरेक विश्वविद्यालय उन्हें अपने यहाँ परीक्षक बनाकर अपने को धन्य समझता था। साथ ही बड़े कट्टर किस्म के ब्राह्मण थे वह। और तो और, मेरे घर की बनी हुई चाय तक उन्होंने कभी नहीं पी। महीनों उन्हें वाराणसी से बाहर रहना होता था और तब वह सत्तू, दूध फल तथा अपने घर में बनी मठरियों या लड्डुओं से हफ्तों काम चला लेते थे।

वाराणसी के लंका मोहल्ले में उन्होंने दुमंजिला मकान खरीद लिया था, उसी में वह रहते थे। उनकी पत्नी तथा उनके पुत्रों ने उनसे कितना आग्रह किया कि वह कहीं खुली जगह कोई कोठी बनवा लें, लेकिन उन्होंने कतई इनकार कर दिया। गर्मी में दो बार और जाड़ों में एक बार नित्य गंगा-स्नान करके पूजा करना उनका नियम-सा था।

जनवरी का प्रथम सप्ताह था। उस दिन जब वह गंगा-स्नान करके लौटे, उन्हें कुछ ज्वर-सा मालूम हुआ। उनकी पत्नी जसोदा देवी अपनी परंपरा के अनुसार लखनऊ में अपने छोटे पुत्र के यहाँ थीं, उनके नौकर बुधई के ऊपर उनकी देखभाल करने का पूरा भार था। दोपहर के समय जब उन्हें पसलियों में दर्द भी मालूम हुआ, उन्होंने वैद्यराज धन्वंतरि शास्त्री को बुलाया। वैद्यराज ने नब्ज देखकर काढ़ा पिलाया—निदान था कि सर्दी लग गई है, ठीक हो जाएगी। दूसरे दिन जब बुखार और तेज हुआ, तब उन्होंने डॉक्टर को बुलाया। डॉक्टर ने देखा कि उन्हें न्युमोनिया हो गया है। दोनों फेफड़े जकड़ गए हैं। उसने दवा दी। बीमारी के चौथे दिन आचार्य चूड़ामणि ने बुधई को भेजकर मुझे बुलाया था।

थोड़ी देर तक मैं उनकी चारपाई के सामने खड़ा रहा कि वह आँखें खोलें, फिर हारकर मुझे ही बोलना पड़ा—गुरुदेव! आपका शिष्य जनार्दन जोशी

आपकी सेवा में उपस्थित है !

मेरा इतना कहना था कि आचार्य चूड़ामणि ने अपनी आँखें खोल दीं । सजल नयनों से मुझे कुछ देर एकटक देखते रहे, फिर बोले—तो तुम आ गए, जर्नादन ! मेरा अंत समय आ गया है । तुम मेरे सबसे अधिक निकटस्थ रहे हो, तो तुम्हें बुला भेजा !

मैंने आचार्य चूड़ामणि की बीमारी के संबंध में लालमणि से सबकुछ नीचे ही सुन लिया था, जो देवरिया से एक घंटा पहले ही आ गया था आचार्य चूड़ामणि का तार पाकर । मेरी आँखों में भी आँसू आ गए । मैंने कहा—गुरुदेव ! यह संसार असार है और यह शरीर नश्वर है !

कमजोर आवाज में आचार्य ने कहा—हाँ, जनार्दन ! यही पढ़ा । लेकिन अभी मेरी अवस्था ही क्या है ⋯ कुल मिलाकर पिचहत्तर वर्ष ! सोच रहा था, संन्यासाश्रम का भी कुछ रस लूँ, लेकिन लगता है, मृत्यु सिर पर आ गई है ! मृत्यु से बड़ा भय लगता है ! और जैसे वह बेहद थके हों, उन्होंने आँखें मूँद लीं ।

मैंने उन्हें धीरज बँधाया—दिल छोटा मत कीजिए, गुरुदेव ! बताइए, मेरे लिए क्या आदेश है ?

आचार्य चूड़ामणि ने फिर आँखें खोलीं—अरे हाँ, मेरी तकिया के नीचे कुछ कागज रखे हैं, उनमें मेरी वसीयत है । कल इसकी रजिस्ट्री यहीं घर पर करा चुका हूँ । एक प्रात न्यायालय में है । दूसरी यह, तो इसे निकाल लो । एकमात्र तुम मेरे सबसे अधिक निकटस्थ हो और इस दुनिया में एकमात्र तुम पर मेरा विश्वास रहा है । मैंने उन सबों को कल ही तार करवा दिया है जिन्हें मेरे क्रिया-कर्म में सम्मिलित होना है और मेरी वसीयत के अनुसार कुछ मिलना है । तो यह वसीयत के कार्यान्वयन के लिए मैंने तुम्हें नियुक्त किया है । तो यह वसीयत मैं तुम्हें सौंपता हूँ । मेरा प्राणांत होते ही यह वसीयत लागू हो जाएगी ।

—गुरुदेव की असीम कृपा रही है मेरे ऊपर ! यह कहकर मैंने आचार्य के तकिए के नीचे से कागजों का पुलिंदा निकाला । इधर मैंने उन कागजों को उलटना आरंभ किया, उधर आचार्य चूड़ामणि की आँखें उलटने लगीं । मैंने तत्काल बुधई और लालमणि को बुलाकर आचार्य को भूमि पर उतारा । इधर मैंने उनके मुख में गंगा-जल डाला. उधर आचार्य के प्राण महायात्रा पर निकल पड़े ।

बुधई को उनके कमरे में छोड़कर मैं लालमणि के साथ नीचेवाले बड़े हॉल में आया । कागज का पुलिंदा मेरे हाथ में था । लालमणि ने पूछा—यह कैसे कागज हैं, जोशी जी ?

यह तुम्हारे पिता की वसीयत है, और तुम्हारे पिता के कथनानुसार इसी समय से लागू हो जाती है। तो इसे पढ़ना आवश्यक है।

—हाँ, बुधई ने बताया था कि सब-रजिस्ट्रार साहब को पिता जी ने बुलाया था। लालमणि बोला।

एक छोटी-सी भूमिका अपने संबंध में, फिर वसीयत में कार्यान्वयन के अनुच्छेद आरंभ हो गए थे। पहला अनुच्छेद इस प्रकार था : "मैं चूड़ामणि मिश्र आदेश देता हूँ कि मेरा अंत्येष्टि-संस्कार सनातन धर्म की प्रथा से हो, और अपने अंत्येष्टि-संस्कार के लिए मैंने पचास हजार की रकम अपनी अलमारी में अलग निकाल रखी है, जो क्रिया-कर्म का व्यय काटकर मेरा अंत्येष्टि-संस्कार करनेवाले को मिलेगी। मुझे खेद के साथ कहना पड़ता है कि मेरे दोनों पुत्र अधर्मी और नास्तिक हैं। वैसे मेरा अंत्येष्टि-संस्कार करने का उत्तरदायित्व मेरे ज्येष्ठ पुत्र लालमणि पर है, लेकिन मेरा आदेश है कि मेरा अंत्येष्टि वही कर सकता है, जो यज्ञोपवीत धारण किए हो और जिसके सिर पर शिखा हो। यदि मेरे ज्येष्ठ पुत्र में यह शर्त पूरी नहीं होती, तो नीचे लिखी नामों की तालिका के अनुसार प्राथमिकता के क्रम से यज्ञोपवीत और शिखा धारण करनेवाला ही मेरा अंत्येष्टि-संस्कार कर सकेगा…" मैं पढ़ते-पढ़ते रुक गया। लालमणि की ओर देखकर मैंने पूछा—क्यों चिरंजीव लालमणि, तुम्हारे चोटी-बोटी है कि नहीं? और यज्ञोपवीत पहनते हो या नहीं?

कुछ उलझन के भाव से उसने कहा—चुटइया रख के कहीं स्टेट बैंक की मैनेजरी होती है? और जनेऊ हर दूसरे-तीसरे दिन मैला हो जाता है, तो हमने पहनना ही छोड़ दिया।

—तब तो पचास हजार गए हाथ से, तुम अंत्येष्टि-संस्कार के योग्य नहीं हो। तुम्हारे बाद नीलमणि का नंबर है।

—उसके भी न चोटी है, न जनेऊ है। यह जो तीसरे नंबर पर हमारा चचेरा भाई है जगत्पति मिश्र, राज ज्योतिषी, यह निहायत झूठा और आवारा है! ग्राहकों को फँसाने के लिए इसके एक बालिश्त की चोटी लहराती है और झूठही कसमें खाने के लिए मोटा-सा जनेऊ पहने हैं!

जगत्पति मुझसे भी एक बार पाँच रुपए ऐंठ ले गया है, तो मैंने कुछ सोचकर कहा—लालमणि, हमारी सलाह मानो, तो तुम किसी नाई की दुकान पर तत्काल मशीन से अपने बाल छँटा लो, तो चौथाई या आधी इंच की चोटी निकल ही आएगी। और वहाँ से लौटते हुए एक जनेऊ भी लेते आना।

मेरी बात सुनते ही लालमणि तीर की तरह बाहर निकला। लालमणि के

जाने के बाद मैंने वसीयत का दूसरा अनुच्छेद पढ़ा : "मैं चूड़ामणि मिश्र चाहता हूँ कि मेरी मृत्यु की सूचना तार या टेलीफोन द्वारा मेरी पत्नी जसोदा देवी, मेरे पुत्र लालमणि तथा नीलमणि, मेरी पुत्रियों सरस्वती, सावित्री और सौदामिनी तथा मेरे भतीजे जगत्पति, श्रीपति और लोकपति को दे दी जाए। अन्य सगे-संबंधियों को सूचना देने की कोई आवश्यकता नहीं। इन समस्त कुटुंबवालों की प्रतीक्षा बारह घंटे से लेकर चौबीस घंटे तक की जाए, इसके बाद मणिकर्णिका घाट पर मेरे शरीर का दाह-संस्कार हो। मेरे दसवें के दिन, समस्त सगे-संबंधियों की उपस्थिति में मेरी वसीयत का शेषांश पढ़ा जाए।"

अब मुझे आचार्य चूड़ामणि मिश्र की वसीयत में दिलचस्पी आने लगी थी, लेकिन आचार्य की आज्ञा मुझे शिरोधार्य करनी थी, इसलिए वसीयत को तहाकर मैंने अपनी जेब के हवाले किया। आचार्य प्रवर का भौतिक शरीर अगले चौबीस घंटों में बिगड़ने न पाए, मुझे इस बात की चिंता थी। सौभाग्य से लालमणि वाराणसी आ गया था और करीब आध घंटे बाद वह चौथाई इंच लंबी चोटी धारण किए हुए नाई की दुकान से घर वापस आ गया। इस समय उसके कंधे पर एक मोटा-सा जनेऊ भी लहरा रहा था। मैंने वसीयत का दूसरा अनुच्छेद उसे सुनाकर आदेश दिया कि वह वसीयत में बताए लोगों को तार या टेलीफोन से खबर कर दे, अपने चचेरे भाइयों के परिवार को बुलाए और एक सिल्ली बर्फ की मँगवाकर आचार्य प्रवर का शरीर उस पर रखवा दे। दूसरे दिन सुबह नौ बजे आचार्य जी की शव-यात्रा मणिकर्णिका घाट के लिए होगी। मैं सुबह सात-साढ़े सात बजे पहुँच जाऊँगा।

कितनी शानदार शव-यात्रा थी आचार्य चूड़ामणि की! मैं तो दंग रह गया था। वाराणसी के सभी धर्माध्यक्ष और पंडित सम्मिलित थे उसमें। शरमा-शर्मी कुछ नेता भी आ गए थे। जगत्पति की आपत्तियों के बावजूद आचार्य की कपाल-क्रिया उनके ज्येष्ठ पुत्र लालमणि ने की अपनी चोटी और यज्ञोपवीत के बल पर।

दसवें के दिन जब घर शुद्ध हो गया, मैं आचार्य की वसीयत लेकर उनके घर पहुँचा। उनके सब परिवारवाले तथा सगे-संबंधी आ गए थे। नीचेवाले बड़े कमरे में सब लोग एकत्र हुए। एक ओर स्त्रियाँ थीं, आचार्य की पत्नी जसोदा देवी, लालमणि की पत्नी नीरजा मिश्र, नीलमणि की पत्नी मधुरिमा मिश्र, दोनों के ही बाल बॉब्ड, दोनों ही अंग्रेजी मिश्रित हिंदी में बात करनेवाली। आचार्य की

पुत्रियाँ सरस्वती और सावित्री भारतीयता की प्रतिमूर्ति, लेकिन सौदामिनी अपनी भावजों से इक्कीस निकलती हुई। दूसरी ओर पुरुष थे, आचार्य के पुत्र लालमणि और नीलमणि, आचार्य के दामाद ज्ञानेंद्रनाथ पाठक, जयनारायण तिवारी तथा संजीवन पांडे, आचार्य के भतीजे जगत्पति मिश्र, श्रीपति मिश्र और लोकपति मिश्र, बुधई सब लोगों के पान-पानी की व्यवस्था कर रहा था।

मैं उस समय तक अत्यधिक गंभीर था। आचार्य चूड़ामणि के आदेश का पालन करते हुए मैंने उनकी वसीयत का शेषांश अपने घर पर नहीं पढ़ा था, यद्यपि उसे पढ़ने की इच्छा बहुत हुई थी।

मैंने वसीयत पढ़ना आरंभ किया। दो अनुच्छेदों में लोगों को कोई दिलचस्पी नहीं थी, वह तो सब हो चुका था। अब मैं तीसरे अनुच्छेद पर आया, जो इस प्रकार था; चूड़ामणि मिश्र आदेश देता हूँ कि मेरा दाहसंस्कार करनेवाले व्यक्ति की पत्नी सूतक हट जाने के बाद छह महीने तक नित्य प्रति सुबह स्नान करके ग्यारह ब्राह्मणों की रसोई अपने हाथ से बनाकर उन्हें भोजन कराएगी…"

उसी समय लालमणि की पत्नी नीरजा मिश्र ने तमककर कहा—जाड़े में सुबह स्नान करके ग्यारह ब्राह्मणों की रसोई बनावे मेरी बला! बूढ़े की सनक पर मैं अपनी जान नहीं दे सकती!

मैंने नीरजा मिश्र की बात अनसुनी करते हुए तीसरे अनुच्छेद का शेषांश पढ़ा : "यदि स्त्री इससे इनकार करती है, तो क्रमानुसार यह काम मैं दूसरी वधू, और इसके बाद अपनी तीन लड़कियों के हाथ में सौंपता हूँ। इसके लिए उस स्त्री के लिए पचीस हजार रुपए की रकम निश्चित करता हूँ।"

एकाएक मुझे मधुरिमा मिश्र की भारी और मोटी आवाज सुनाई दी—पिता जी का आदेश वेदवाक्य है मेरे लिए! जीजी नहीं करती हैं तो न करें, मैं उनकी इच्छा की पूर्ति करूँगी!

नीरजा एकाएक तड़प उठी—बड़ी इच्छा की पूर्ति करनेवाली होती हो! जिंदगी में कभी रसोई बनाई है या अब बनाओगी! लखनऊ में बैरों से खाना बनवाकर खाती हो! मैं तो अकसर अपने घर में रसोई खुद ही बना लिया करती हूँ। जहाँ छह-सात आदमियों की रसोई बनाती हूँ, वहाँ ग्यारह आदमियों की रसोई बना लिया करूँगी, कुल छह महीने की तो बात है! और नीरजा ने मुझसे पूछा—यह तो नहीं लिखा है कि गरम पानी से स्नान न किया जाए?

मुझे कहना पड़ा—यह शर्त लगाना वह भूल गए।

नीरजा ने ताली बजाते हुए कहा—तो, फिर मुझे यह स्वीकार है ! अब आगे पढ़िए।

मधुरिमा मिश्र अपनी जेठानी को कोई कड़ा उत्तर देना चाहती थी कि नीलमणि बोल उठा—ठीक है, यह अधिकार भाभी जी का है। वैसे भाभी जी का मधुरिमा पर आक्षेप अनुचित है। मधुरिमा ने पचास-पचास आदमियों का भोजन अकेले अपने हाथ से बनाया है। भाभी जी को अपने शब्द वापस लेने चाहिए।

—मैं अपने शब्द किसी हालत में वापस नहीं ले सकती ! नीरजा ने चीखकर कहा।

लेकिन वाह रे नीलमणि ! उसने उठकर कहा—मैं नीरजा के शब्द वापस लेता हूँ। अब आप आगे पढ़िए !

बात और आगे न बढ़े, मैंने वसीयत पढ़ना आरंभ किया—अनुच्छेद चार इस प्रकार है : "मैं चूड़ामणि मिश्र अपनी पत्नी जसोदा देवी से जीवन भर परेशान रहा। अत्यंत आलसी, चटोरी और लापरवाह स्त्री है यह। मैंने तो दाल-भात और सत्तू खाकर जीवन बिता दिया, लेकिन यह हरामजादी मुझसे छिपाकर प्रायः नित्य ही रबड़ी मलाई और मिठाई खाती है..."

तभी जसोदा देवी ने चिल्लाकर कहा—हाय राम ! यह सब लिखा है इस बुढ़वे ने ! ऐसे खबीस आदमी के पल्ले मैं पड़ गई...इसे नरक में जगह न मिलेगी। घरवालों को सता-सताकर जमा-जथा इकट्ठा करता रहा... नास हो इसका !

इसी समय लालमणि और नीलमणि ने एक साथ अपनी माता को डाँटा—अम्मा ! पिता जी को गाली मत दो ! हाँ, जोशी जी, आप आगे पढ़िए।

मैंने चौथे अनुच्छेद का शेषांश बढ़ा : "मेरी मृत्यु के बाद इस राँड को मेरे पुत्रों पर निर्भर रहना पड़ेगा, जो अपनी जोरुओं के गुलाम हैं। ये मेरी पुत्र-वधुएँ इसे भूखों मार देंगी, और इसकी बिगड़ी हुई आदतों के कारण इसे भयानक कष्ट होगा। इसलिए मैं जसोदा के नाम दो लाख रुपया छोड़ता हूँ, जिसके ब्याज पर यह मजे में जिंदा रह सकती है।"

मैंने चौथा अनुच्छेद समाप्त ही किया था कि स्त्रियों के कक्ष में एक हंगामा-सा खड़ा हो गया। जसोदा देवी 'हाय लालमन के पिता !' कहकर धड़ाम से जमीन पर लेट गईं और अन्य स्त्रियों ने उन्हें घेर लिया। दस सेकेंड बाद ही उन्होंने रोना आरंभ कर दिया—तुम तो सरग में चले गए लालमन के पिता...हमें इस नरक में छोड़ गए ! हमें छमा करो ! तो हमारे अनजाने हमसे अपराध हो

गया है···! हाय लालमन के पिता ! और उन्होंने अपनी छाती पीटना आरंभ कर दिया।

मैंने समस्त साहस बटोरकर कड़े स्वर में कहा—यह सब कारन बाद में कीजिएगा, अभी तो वसीयत पढ़ी जा रही है ! और जशोदा देवी की पुत्रियों ने उन्हें जबरदस्ती चुप कराया।

मैंने अब पाँचवाँ अनुच्छेद पढ़ना आरंभ किया : "मैं चूड़ामणि मिश्र अपनी पुत्री सरस्वती के पति ज्ञानेंद्रनाथ पाठक से अत्यधिक खिन्न हूँ। एक हफ्ता पहले मैंने यह खबर पढ़ी थी कि ज्ञानेंद्रनाथ पाठक के विरुद्ध पाँच लाख रुपए के गबन की इन्क्वायरी की माँग उठाई गई है एसेंबली में। इसके अर्थ यह हैं कि यह ज्ञानेंद्रनाथ पाठक बेईमान और रिश्वतखोर है···"

ज्ञानेंद्रनाथ पाठक की ओर सब लोगों की निगाहें उठ गईं और सहसा ज्ञानेंद्रनाथ पाठक उठ खड़े हुए—यह बूढ़ा हमेशा का बदमिजाज और बदजबान रहा है, मरने के पहले पागल भी हो गया था ! और उन्होंने अपनी पत्नी सरस्वती को आज्ञा दी—चलो, इस घर में मेरा दम घुट रहा है···एकदम चलो !

सरस्वती भी उठा खड़ी हुई, लेकिन सावित्री और सौदामिनी ने सरस्वती का हाथ पकड़ लिया—पहले पूरी बात तो सुन लो !

दूसरी ओर पुरुषों ने ज्ञानेंद्रनाथ पाठक का हाथ पकड़कर बैठाया, नीलमणि ने मुझसे कहा—हाँ, जोशी जी, पाँचवाँ अनुच्छेद पूरा कीजिए।

मैंने पाँचवाँ अनुच्छेद पूरा किया : "और अगर ज्ञानेंद्रनाथ पाठक पर इन्क्वायरी बैठ गई तो बहुत संभव है, इसकी नौकरी जाती रहे, इसे शायद सजा भी हो जाए, इस सबमें इसके पाप की कमाई भी नष्ट हो सकती है। इसलिए मैं सरस्वती के लिए एक लाख रुपया छोड़ता हूँ।"

कमरे में सन्नाटा छा गया। ज्ञानेंद्रनाथ पाठक चुप बैठे छत की ओर देख रहे थे और सरस्वती सुबक रही थी। जसोदा देवी ने सरस्वती के सिर पर हाथ रखते हुए कहा—कोई बात नहीं, इनकी तो आदत ही ऐसी थी !

मैंने अब वसीयत का छठा अनुच्छेद पढ़ा : "मैं चूड़ामणि मिश्र अपनी दूसरी लड़की सावित्री से हमेशा संतुष्ट रहा हूँ। अत्यंत सुशील और विनम्र रही है यह। भगवान की भी इस पर कृपा है। इसके पति जयनारायण तिवारी का ऊँचा कारोबार है, आटे की मिल, तेल की मिल, और अब वह शक्कर की मिल भी खोल रहा है। सावित्री और जयनारायण को मेरे शत-शत आशीर्वाद !" और मैं चुप हो गया।

तभी मुझे जयनारायण की आवाज सुनाई दी—वसीयत के अनुसार हमें कुछ

मिलेगा भी या नहीं ?

—यह तो उन्होंने नहीं लिखा है । छठा अनुच्छेद समाप्त हो गया, केवल आशीर्वाद ही दिया है उन्होंने ।

और अब सावित्री ने रो-रोकर कहना आरंभ किया—पिता जी हमेशा हम लोगों से जलते रहे, हमारी संपन्नता का बखान करते रहे । उन्हें क्या पता कि इस साल हमें दो लाख रुपयों का घाटा हुआ है !

जयनारायण तिवारी ने सावित्री को डाँटा—क्यों घर का कच्चा चिट्ठा खोल रही हो ! घाटा हुआ है तो हमें, कोई हरामजादा इस घाटे को पूरा कर देगा ?

कर्नल संजीवन पांडे ने कड़े स्वर में कहा—तिवारी जी, गाली-वाली देना हो, तो अपने मजदूरों और मातहतों को देना ! यहाँ दोगे, तो मुँह तोड़ दिया जाएगा !

मैंने सब लोगों से हाथ जोड़कर विनयपूर्वक कहा—पहले वसीयत समाप्त हो जाए, तब आपस में लड़िए-झगड़िए ।

काफी चाँव-चाँव के बाद सब लोग शांत हुए । मैंने अब सातवाँ अनुच्छेद पढ़ा : ''मैं चूड़ामणि मिश्र अपनी छोटी लड़की सौदामिनी का मुँह नहीं देखना चाहता । यह मेरे नाम को कलंकित कर रही है । बाल कटे हुए, अंग्रेजी में बात करती है । मुझे बताया गया है कि यह कभी-कभी सिगरेट और शराब भी पी लेती है, यद्यपि मुझे इस पर विश्वास नहीं होता…''

मुझे पढ़ते-पढ़ते रुक जाना पड़ा, सौदामिनी चीख रही थी—यह सब छोटे जीजा जी की हरकत है ! वह हमेशा पिता जी के कान भरते रहे, तभी पिता जी ने मुझे कभी अपने यहाँ नहीं बुलाया !

उसी समय मुझे सावित्री की चीख सुनाई दी—अरे, उन्हें बचाओ ! वह संजीवन उनकी जान ले लेगा !

अब मैंने पुरुषों की गैलरी की ओर देखा, और मेरी आँखों को विश्वास नहीं हुआ । कर्नल संजीवन पांडे जयनारायण तिवारी का गला पकड़े थे और कह रहे थे—क्यों बे, सुअर के बच्चे ! हमारे यहाँ आते ही स्कॉच व्हिस्की माँगता है, और पीछे चुगली करता है ! और जयनारायण तिवारी 'गों-गों' की आवाज कर रहे थे । ज्ञानेंद्रनाथ पाठक और नीलमणि ने बड़ी मुश्किल से जयनारायण तिवारी को संजीवन पांडे के पंजे से छुड़ाया ।

मैंने कहा—आप लोगों को इस पवित्र अवसर पर इस तरह लड़ना-झगड़ना शोभा नहीं देता ! इससे आचार्य की दिवंगत आत्मा को क्लेश होगा । पहले मैं पूरी वसीयत पढ़ लूँ, तब आप आपस में एक-दूसरे से निबटिएगा ! अभी सातवाँ अनुच्छेद समाप्त नहीं हुआ है ।

सब लोग शांत हो गए। मैंने पढ़ना आरंभ किया : "लेकिन इस समय मुझे लगता है, मुझसे सौदामिनी के प्रति अन्याय हो गया है। एक पतिव्रता स्त्री को जो करना चाहिए, वही सब वह कर रही है। और मैं संजीवन पांडे को भी दोष नहीं दे सकता। फौज में बड़ा अफसर है। चीन की फौज से लड़ा, पाकिस्तान की फौज से लड़ा और सौभाग्य से जीवित बचा हुआ है। लेकिन मृत्यु की छाया इसके सिर पर मँडराती ही रहती है। और इसीलिए वह खुलकर मांस-मदिरा का सेवन करता है। खुले हाथ खर्च करता है। पास में पैसा नहीं। अगर वह मर जाएगा, तो सौदामिनी और उसके बच्चों को भीख माँगने की नौबत आएगी। इसलिए मैं डेढ़ लाख रुपयों की व्यवस्था करता हूँ, जिसका ब्याज आठ प्रतिशत की दर से बारह हजार रुपया प्रतिवर्ष, यानी एक हजार रुपया महीना होगा।"

एकाएक सौदामिनी किलक उठी—धन्य हो पिता जी ! तुम निश्चय स्वर्ग में जाओगे !

और मैंने देखा की संजीवन पांडे ने उठकर जयनारायण तिवारी को गले से लगाया—भाई साहब, मुझे क्षमा कीजिएगा ! आपकी ही वजह से उस खबीस बूढ़े से डेढ़ लाख रुपए की रकम हाथ लगी !

मैंने संजीवन पांडे को डाँटा—तुमको शर्म नहीं आती, जो अपने पितातुल्य पूज्य आचार्य को खबीस बूढ़ा कह रहे हो ! अच्छा, अब मैं आठवाँ अनुच्छेद पढ़ता हूँ : "मैं चूड़ामणि मिश्र अपने भतीजे जगत्पति मिश्र राज ज्योतिषी के कष्टों से भलीभाँति परिचित हूँ। इसके पास कोई बैठक नहीं है, इसलिए गाहक खुद इसके यहाँ नहीं फँसता, इसे घूम-फिरकर गाहकों को फँसाना पड़ता है। बावजूद अपने झूठ और आडंबर के यह अपना पेशा नहीं चला पा रहा है। अपने संकटमोचन के मकान का ऊपरी खंड मैं जगत्पति मिश्र को देता हूँ, एक हजार रुपयों की रकम के साथ, जिससे यह अपना एक शानदार साइनबोर्ड बनवा ले, एक टेलीफोन लगवा ले और अपने पेशे के योग्य पीतांबर आदि वस्त्र खरीद ले।"

जगत्पति मिश्र ने कुछ हिचकिचाते हुए कहा—हमारे लिए सिर्फ इतना ही ?

उत्तर नीलमणि ने दिया—पहले हैसियत बना लो, फिर लखनऊ आना। वहाँ ज्योतिषियों की बड़ी पूछ है, हम तुम्हें काफी रकम पैदा करा देंगे।

मुझे डाँटना पड़ा—यह सब बातें बाद में, अभी तो वसीयत क्रम चल रहा है। हाँ तो नवाँ अनुच्छेद इस प्रकार है : "मैं चूड़ामणि मिश्र अपने भतीजे श्रीपति मिश्र से अत्यंत संतुष्ट हूँ। हाई स्कूल पास होने के बाद ही वह राजनीति में आ गया, और राजनीतिक नेताओं तथा मिनिस्टरों की चमचागीरी करके वह

खाने-पीने भर के लिए झटक लेता है। लेकिन उसे केवल इतने से संतोष नहीं कर लेना चाहिए, उसे स्वयं एम.एल.ए. या मिनिस्टर बनना चाहिए। मैं जानता हूँ कि चुनाव लड़ने के लिए पूँजी की आवश्यकता है, क्योंकि एक चुनाव में पचास-साठ हजार रुपए का खर्च है। मैं श्रीपति मिश्र के लिए पचास हजार रुपयों की व्यवस्था करता हूँ, ताकि वह अगला चुनाव लड़ सकें। अपनी मक्कारी, छल-कपट और गुंडागर्दी के बल पर श्रीपति अपने प्रदेश का ही नहीं, भारतवर्ष का बहुत बड़ा नेता बन सकेगा।"

हर्षातिरेक से उमड़ते हुए अपने आँसुओं को पोंछते हुए श्रीपति ने कहा—चाचा जी, आपने मेरे चरित्र पर जो लांछन लगाया है, वह सरासर अपने भ्रम के कारण! लेकिन मैं आपके आदेशों का पालन करूँगा।

मैंने अब दसवाँ अनुच्छेद पढ़ा : "मैं चूड़ामणि मिश्र अपने भतीजे लोकपति मिश्र का आदर करता हूँ। विनम्र, शिष्ट, अध्यवसायी और पंडित। अपने अथक परिश्रम और अपनी योग्यता के बल पर ही वह संस्कृत महाविद्यालय का आचार्य बन सका है। मैं अपनी समस्त पुस्तकें उसे देता हूँ, जिनकी जिल्दें बनवाकर वह मेरे मकान के नीचवाले खंड में एक अच्छा-सा पुस्तकालय स्थापित कर दे। इसी मकान में वह आकर रहे भी और जसोदा की देखभाल करे। जसोदा की मृत्यु के बाद इस मकान के नीचे के कांड का स्वामी लोकपति मिश्र होगा। अगर जसोदा लोकपति के साथ न रहना चाहे तो वह अपने पुत्रों-पुत्रियों के साथ या कहीं दूसरी जगह रह सकती है। ऐसी हालत में जसोदा के जीवनकाल में ही इस नीचे के खंड पर लोकपति का स्वामित्व हो जाएगा। पुस्तकों की जिल्दें बँधवाने के लिए तथा रैक खरीदने के लिए मैं दो हजार रुपयों की व्यवस्था करता हूँ।"

लोकपति ने भूमि पर अपना मस्तक नवाकर कहा—चाचा जी का आदेश शिरोधार्य है। लेकिन जिल्द-बँधाई और रैकों के खरीदने के लिए यह रकम बहुत कम है।

तभी मुझे लालमणि की आवाज सुनाई दी—इसमें हजार-दो हजार और जो लगे, मुझसे ले लेना।

ग्यारहवाँ अनुच्छेद इस प्रकार था : "मैं चूड़ामणि मिश्र अपने सेवक बुधई से बहुत संतुष्ट हूँ, जो गत बीस वर्षों से मेरे अंत समय तक बड़ी लगन और बड़ी भक्ति के साथ मेरी सेवा करता रहा। भोजन यह मेरे यहाँ करता था, वस्त्र यह मेरे पहनता था, अपनी तनख्वाह यह पूरी-की-पूरी अपने घर भेज देता था। तो मैं आदेश देता हूँ कि मेरे समस्त वस्त्र, सूती, रेशमी और ऊनी बुधई को दे दिए

जाएँ। भंडारघर में जितना भी अनाज-घी-चीनी है, वह सब भी बुधई को दे दिया जाए। और मेरी ओर से सौ रुपए देकर इसे विदा कर दिया जाए। यदि मेरे कुटुंब का कोई व्यक्ति बुधई को अपने यहाँ नौकर रखना चाहे, तो मुझे कोई आपत्ति नहीं।"

जसोदा देवी ने कड़ककर बुधई से पूछा--कितना सामान है भंडार में?

बुधई ने हाथ जोड़कर कहा--एक बोरा चावल, एक बोरा गेहूँ, पाँच किलो चीनी, एक मन गुड़, एक टीन घी और दो कनस्तर सत्तू है। दालें भी थोड़ी-थोड़ी हैं।

जसोदा देवी ने कहा--तेरहीं के दिन जो भोज होगा, यह अनाज उसमें काम आएगा। बुधई को कैसे दिया जा सकता है?

मुझे बोलना पड़ा--भोज का प्रबंध लालमणि को करना पड़ेगा, जिन्हें इस काम के लिए पचास हजार की रकम मिली है। लालमणि अगर चाहें, तो यह अनाज बुधई से बाजार भाव पर खरीद लें।

लालमणि ने कहा--यह सब बाद में देखा जाएगा। अब आप वसीयत का शेषांश पढ़िए।

बारहवें अनुच्छेद की प्रतीक्षा में सभी लोग थे; जो इस प्रकार था : "मैं चूड़ामणि मिश्र अपने मकान के रूप में अचल संपत्ति तथा बैंक में जमा ग्यारह लाख रुपयों की चल संपत्ति का स्वामी हूँ। यह ग्यारह लाख की रकम पिछले अप्रैल में मेरे नाम में थी, ब्याज लगाकर यह रकम अब और बढ़ गई होगी। संभवत: इस राशि पर मृत्यु-कर भी देना होगा। तो मृत्यु-कर देने के बाद जो रुपया बचे वह बराबर-बराबर भागों में लालमणि और नीलमणि में वितरित हो जाए।"

मैंने कुछ रुककर कहा--वसीयत समाप्त हो गई है, केवल एक फुट नोट है मेरे लिए अलग से। अगर आप कहें, तो उसे भी पढ़ दूँ।

एक स्वर से सब लोगों ने कहा--हाँ-हाँ, उसे भी पढ़ दीजिए।

फुटनोट इस तरह था : "मेरे परम शिष्य जनार्दन जोशी! तुम्हारा उत्तरदायित्व केवल इस वसीयत को मेरे परिवारवालों को सुनाना होगा। इस वसीयत की रजिस्ट्री हो चुकी है, जो अदालत में मौजूद है। तो जनार्दन, तुम इस वसीयत पर परिवारवालों के हस्ताक्षर लेकर अदालत में तत्काल जमा कर देना। जहाँ तक तुम्हारा संबंध है, तुम हमेशा भावनात्मक प्राणी रहे हो। तुम्हें भौतिक दर्शन पर विश्वास नहीं रहा है। न तुमने सॉरेल पढ़ा, न चार्वाक का दर्शन पढ़ा है। एकमात्र वेदांत के तुम पंडित रहे हो। मुझे तुमसे कभी-कभी

ईर्ष्या होने लगती है कि कितना संतोष है तुम्हें, तुम्हारे मन में कितनी शांति है। मैं निःसंकोच कहता हूँ कि तुम मेरे सबसे अधिक निकटस्थ हो। मैं तुम्हें अंतिम उपकार के रूप में अपना परम-प्रिय तोता गंगाराम भेंट करता हूँ, जिसे मैंने अपने प्राणों की तरह पाला है। जब तुम अदालत में इस वसीयत को जमा करके लौटना, तब बुधई से गंगाराम को ले लेना।"

मैंने घड़ी देखी, दस बज चुके थे। मैं उठ खड़ा हुआ—अदालत खुल गई होगी, मैं पूज्य गुरुदेव की आज्ञानुसार यह वसीयत वहाँ जमा करके वापस लौटता हूँ।

अदालत में अधिक समय नहीं लगा, बारह बजे ही मैं लौट आया बुधई ने तोते का पिंजरा मुझे थमा दिया।

लंका से अस्सी घाट अधिक दूर नहीं है, जहाँ मेरा मकान है। पिंजरा हाथ में लेकर मैं पैदल ही चल पड़ा। उस समय मेरे मन में परम संतोष था। आचार्य इतने संपन्न और इतनी स्थिर बुद्धि के आदमी होंगे, मैंने पहले कभी कल्पना न की थी मैं इस पर सोचता मगन भाव से चल रहा था कि मुझे सुनाई पड़ा—तुम बुद्धू हो!

मैं चौंक पड़ा। बिलकुल साफ आवाज। और मैंने अनुभव किया कि यह आवाज तोते के पिंजरे से आई थी। इस आवाज को सुनकर मेरे विचारों ने पलटा खाया। आचार्य ने लाखों रुपए उन लोगों को बाँट दिए, जिनसे वह बेहद नाराज थे, जिन्हें वह गालियाँ देते थे, लेकिन मेरे लिए उन्होंने एक पैसे की भी व्यवस्था नहीं की। अब मुझे आचार्य चूड़ामणि पर कुछ झुँझलाहट होने लगी। इस झुँझलाहट के मूड में मैं तेजी से डग बढ़ाकर चलने लगा। तभी मुझे पिंजरे से सुनाई पड़ा—मैं पंडित हूँ!

बड़ी साफ आवाज, जैसे आचार्य चूड़ामणि स्वयं बोल रहे हों। तो आचार्य एक मूल्यवान उपहार मुझे दे गए हैं। अस्सी घाट सामने दीख रहा था कि मुझे फिर सुनाई पड़ा– तुम बुद्धू हो!

आसपास के लोग मुझे और मेरे हाथवाले पिंजरे को देख रहे थे और मुझे लगा कि आचार्य चूड़ामणि अपनी वसीयत में मुझे ठेंगा दिखाकर मेरा उपहास कर रहे हैं। मेरा अंदरवाला वेदांती न जाने कहाँ गायब हो गया। मैं तेजी से अपने घर की ओर न मुड़कर गंगा जी की ओर चलने लगा, तभी पिंजरे से सुनाई पड़ा—मैं पंडित हूँ!

सामने गंगा जी लहरा रही थीं। मैंने आचमन करते हुए कहा—आचार्य तुम पंडित थे, इससे कोई इनकार नहीं कर सकता, तुम्हारी आत्मा को शांति मिले! और मैं अपने घर की ओर चलने को उद्यत ही हुआ कि गंगा राम बोल उठा—तुम बुद्धू हो!

जैसे सिर से पैर तक आग लग गई हो मेरे, मैंने पिंजरे की खिड़की खोलते हुए कहा—मैं बुद्धू हूँ, यह मानने से मैं इनकार करता हूँ। हे गंगाराम मैं तुम्हें मुक्त करता हूँ! मेरे कहने के साथ ही गंगाराम पिंजड़े से उड़ गया।

और घाट पर खाली पिंजरा छोड़कर मैं घर की ओर चल दिया।

संकट

महल वही, गाँव वही, लेकिन जैसे सबकुछ बदला हुआ।

लाल रत्नाकर सिंह के पिता राजा पृथ्वीपाल सिंह लखनऊ जिले में आदिमपुर के छोटे-से ताल्लुकदार अवश्य रहे थे, लेकिन लाल रत्नाकर सिंह के हाथ लगी डेढ़ सौ एकड़ जमीन, जिस पर वह खेती करते थे, वह महल, जिसमें वह रहते थे और जमींदारी के करीब दो लाख रुपयों के बांड, जिनका भुगतान जाने कब होगा, और यह भी ठिकाना नहीं कि हो ही जाएगा।

लखनऊ के पूरब प्रायः पच्चीस मील की दूरी पर बाराबंकी और सुलतानपुर की सीमाओं से लगा हुआ आदिमपुर गाँव था और उसी आदिमपुर की बस्ती से लगी हुई वह डेढ़ सौ एकड़ भूमि थी, जिस पर लाल रत्नाकर सिंह खेती करते या कराते थे।

एक मिडिल स्कूल, एक पोस्ट ऑफिस, एक थाना, इसके अलावा ग्राम पंचायत का दफ्तर और एक सहकारी बीज-भंडार, आदिमपुर में इनके जुड़ जाने से वह एक अच्छा खासा कसबा बन गया था।

तो उस दिन शाम के समय लाल रत्नाकर सिंह के घर पर जमा हुए मिडिल स्कूल के हेडमास्टर पंडित कमलनाथ शर्मा, पोस्टमास्टर बाबू संकटाप्रसाद श्रीवास्तव, थानेदार ठाकुर घमंडी सिंह, ग्राम-प्रधान श्री शिवराम यादव और

महाजन लाला अशर्फीलाल। पंडित कमलनाथ शर्मा ने उस दिन बड़े प्रेम से भाँग तैयार की थी और ये लोग भाँग छान ही रहे थे कि पोथी-पत्रा लिए हुए घुमरी दुबे पधारे!

—आओ हो, घुमरी! लाल रत्नाकर सिंह ने बैठे-बैठे कहा—साइत बिचार के चले हो सरऊ, तो तुमहूँ भाँग छान लेव!

—भाँग तो हम घर से ही छान के चले हैं, सरकार! ठकुराइन साहिबा याद कीहिन रहें तो चले आए।

—अरे हाँ, बचकौना का मुंडन होंय का है, तो साइत निकालने को बुलवाया होगा। लाल रत्नाकर सिंह बोले—हम तो कहते हैं कि नौ रात में नउवा के बुलवाय के मुंडवाय दो बचकौना को, लेकिन ठकुराइन ठाट-बाट से मुंडन कराना चाहती हैं! हजार-पाँच सौ का गच्चा देने पर तुल गई है हरामजादी!

पोस्टमास्टर बाबू संकटाप्रसाद बोले—राम-राम, लाल साहेब! ठकुराइन साहिबा के लिए अपशब्द मत निकालिए! कौन-सी बेजा बात कहती हैं? विवाह और मुंडन, यही तो दो खास संसकार होते हैं, तो उन्होंने उचित ही कहा है।

ठाकुर घमंडी सिंह अपनी मूँछों पर ताव देते हुए बोले—ठकुराइन साहिबा में अभी पुरानी आन-बान है...ऊँचा रहन-सहन, ऊँचा सोचना, ऊँची कहना!

—तो हमें का तुम लोग ओछा और नीच समझ राखे हौ? होय साला मूंडन ठाट-बाट के साथ! और वह घुमरी की ओर घूमे—सो निकासौ सरऊ साइत! लेकिन इंतजाम के लिए हमको दुइ-एक महीना चाही।

—अरे सरकार, दुइ महीना से ऊपर लें! नौरात में मूंडन हो जाए...सावन लागगा है...सावन, भादों और आधा कुँवार समझैं। और पत्रा खोलकर वह बोले—कुँवार सुदी तीज के दिन साइत ठीक रही।

लाल रत्नाकर सिंह ने घर से एक सीधा मँगवाया, उस पर सवा रुपए रखकर घुमरी को देते हुए उन्हें विदा किया।

घुमरी दुबे के जाते ही ग्राम प्रधान शिवराम यादव बोले—लाल साहेब, आपके विवाह के समय राजा साहेब ने दो हजार आदमियों को दावत दी थी। वह जमाना दूसरा था, तो इस मूंडन में आदिमपुर के सभी आदमियों को दावत देनी होगी। तो चिंता न करें। हम शिवराम यादव बचकौना के ताऊ हैं, तो सब जिन्स हमारी तरफ से।

—वाह प्रधान जी, क्या बात कही आपने! लाल साहेब, जश्न होना चाहिए! बारह बोतलें नारंगी शराब की हमारे जिम्मे। यह साला छोटे लाल

कलवार ! दिन-रात हौली खोले रहता है और पानी मिलाकर शराब बेचता है। तो इस दफा थानेदार घमंडी सिंह को नजर देनी होगी उसे। और घमंडी सिंह हँस पड़े।

भाँग का नशा धीरे-धीरे गमक रहा था। अब बाबू संकटाप्रसाद बोले—अहा-हा-हा ! क्या बात कही थानेदार साहेब ! अब मामला महफिल का रह गया। तो बिना महफिल के रंग नहीं जमने का !

इतनी देर बाद महाजन अशर्फीलाल ने मुँह खोला—लाल साहेब, आपकी शादी में तीन तायफे आए थे⋯एक बनारस से, एक लखनऊ से और एक फैजाबाद से। इन काँग्रेसियों ने बड़ी थू-थू की, लेकिन वाह रे राजा साहेब, ज़रा भी परवाह नहीं की थी उन्होंने ! रात-भर महफिल जमी रही।

—तो ददुआ, सब फूँक-ताप के भसम भी तो कर गए ! नहीं, नाच नहीं होगा ! लाल रत्नाकर सिंह ने दृढ़तापूर्वक कहा।

—बिलकुल ठीक ! शिवराम यादव बोले—नाच-वाच नहीं जमेगा। अच्छी नाचने-गानेवालियाँ तो कलकत्ता-बंबई भाग गईं सनीमा में काम करने। नौटंकी रहे, लाल साहेब !

कड़कड़-धड़ाम-कड़कड़-धड़ाम ! कान फोड़ के रख देते हैं साले ! लाल रत्नाकर सिंह बोले—बचवा के मुंडन में नौटंकी तो न होई ! फिर लंबी फीस माँगते हैं।

मानो इतनी देर बाद पंडित कमलनाथ शर्मा की चेतना जागी। उन्होंने खखारते हुए कहा—ठीक कहते हैं लाल साहेब, यह नौटंकी बकवास समझें ! इसका जमाना लद गया ! तो हम बतावें, उस दिन एक कवि-सम्मेलन करवा दिया जाए, श्रृंगार रस, वीर रस, हास्य रस, तरह-तरह की देशभक्ति की कविताएँ रहेंगी⋯आनंद-ही-आनंद समझो !

थानेदार घमंडी सिंह उछल पड़े—वाह पंडित जी, क्या सुझाव दिया सुलतानपुर की नुमाइश में जो कवि-सम्मेलन हुआ था, उसमें मजा आ गया था ! वह मिनिस्टर दामोदर मिसिर और डी. एम. कामतानाथ रातभर बैठे रहे। अब संगीत, ड्रामा, भड़ैती, सब एक साथ ! बस, कवि-सम्मेलन ठीक रहेगा !

लाल रत्नाकर सिंह कुछ गंभीर हो गए—कवि सम्मेलन में तो हजार-पाँच सौ का खर्चा है ! और हम पचास-साठ से अधिक खर्च नहीं करब !

—अरे, इसकी चिंता न करें, सरकार ! कमलनाथ बोले—अपने छोटे अध्यापक योगेश जी का नाम फैल रहा है⋯बड़ी सुंदर कविताएँ लिख रहे हैं, और पटवारी मुन्नालाल ने सवैये की भरमार कर दी है⋯भगवान की दया से

गला भी अच्छा है। बनवारी बरई बिरहा गाते-गाते विरह के गीत लिखने लगा है। और अँगनू मिसिर तो हजो करने में बड़े-बड़े कवियों के कान काटते हैं। यह सब दावत में आएँगे, मुफ्त कविता पढ़ेंगे।

तभी संकटाप्रसाद बोले—हमारे पोस्टमैन छेदीलाल ने भारत-पाकिस्तान के युद्ध के समय वीर रस की जो कविताएँ लिखीं, तो उसकी धूम मच गई!

प्रधान शिवराम बोले—आप चिंता न करें, अकेले आदिमपुर में एक दर्जन से भी अधिक कवि हैं, तीन-चार शायर भी हैं! जुम्मन बिसाती तो बिना अपने शेर सुनाए बात ही नहीं करता! तो इन सबों को दावत में बुला लीजिए।

थानेदार घमंडी सिंह ने मुँह बनाते हुए कहा—यह साले तो बोर कर देंगे, लाल साहेब! एकाध ऊँचा कवि होना चाहिए, वरना महफिल उखड़ जाएगी। तो हम बतावें, सुलतानपुर की नुमा ्श में कानपुर का एक कवि आया था, समा बाँध दिया उसने! बेर-बेर उसके नाम की फर्माइश होती थी। अजीब-सा नाम था उसका ··· अभिशप्त! भला यह भी कोई नाम हुआ! शक्ल भी कुछ हवन्नक-सी लंबे-लंबे बाल, चेहरे पर कसाव! लेकिन साहेब, क्या गला पाया है ··· लता मंगेशकर, गिरिजा देवी, रफीक, मुकेश, सभी मात! और क्या तड़प है उसके शब्दों में! तो बाहर से एक उसे बुला लीजिए, जब इन साले मुकामी कवियों से बोर होने लगें, तब उसे बुलवा लिया।

यह प्रस्ताव वहाँ बैठे सब लोगों को अपील कर गया। लाल रत्नाकर सिंह ने कुछ सोचकर कहा—य्यू अभिसप्त तो बहुत रुपया माँगी!

महाजन अशर्फीलाल ने कहा—इसकी चिंता न करें, लाल साहेब! यह अभिशप्त हमारे बड़े भाई सेठ सोनेलाल के मुनीम शिवशंकर का छोटा भाई है। इसका नाम भी कुछ भला-सा है ··· हरिशंकर, लेकिन बेकार और आवारा किस्म का निकल गया। तो हम सब तय कर देंगे ··· पचास-साठ रुपए में राजी हो जाएगा। अगले महीने हमें कानपुर जाना है।

—इतने का इंतजाम हम कौनोंतरा करि देब! तो कवि-सम्मेलन का प्रबंध तुम्हारे और कमलनाथ के जिम्मे!

श्री हरिशंकर अभिशप्त की आजीविका का एकमात्र साधन था कवि-सम्मेलन। उनके पिता जयशंकर मिश्र ने हरिशंकर को उच्च शिक्षा दिलानी चाही थी, लेकिन हरिशंकर जो बी.ए. में अटके, तो आगे न बढ़ सके। उन्हें कविता का शौक लग गया और उनकी कविताओं की धूम मच गई थी। उनके पिता ने उनके बाल्यकाल में ही उनका विवाह कर दिया था और अपने पिता की

मृत्यु के समय वह एक पुत्री-रत्न के पिता भी बन चुके थे। दूसरे वर्ष भी जब वह बी. ए. में फेल हुए, तभी उनके पिता का देहांत हो गया। उनके बड़े भाई शिवशंकर मिश्र ने उनसे बहुत आग्रह किया कि वह कानपुर की किसी फर्म में क्लर्की कर लें, लेकिन महाकवि हरिशंकर ने क्लर्की करने से इनकार कर दिया। यही नहीं, वह अपना उपनाम अभिशप्त रखकर अपने बड़े भाई से अलग भी हो गए।

भगवान यदि किसी को पेट देता है, तो उसे भरने का भी प्रबंध कर देता है। कविता की प्रतिभा के साथ अभिशप्त जी को संगीत की प्रतिभा भी मिली थी और इन दो प्रतिभाओं के साथ अभिशप्त जी की कवि-सम्मेलनों से वार्षिक आय चार-पाँच हजार रुपया हो जाती थी।

विवाहों की भाँति कवि-सम्मेलनों की भी एक सहालग होती है औ कवि-सम्मेलनों की यह सहालग नवंबर से लेकर मार्च तक रहती है। फिर सात महीनों की लंबी बेकारी, और यह कवि-सम्मेलनी कवियों के संकट का समय होता है।

भयानक महँगाई से त्रस्त और मिट्टी के तेल तथा डालडा के अभाव से ग्रस्त अभिशप्तजी जब प्रधानमंत्री के प्रति करुण पुकार का गीत लिख रहे थे, तभी शिवशंकर के साथ कमलनाथ और अशर्फीलाल ने उनकी तन्मयता भंग की। शिवशंकर ने अशर्फीलाल और कमलनाथ का परिचय दिया, फिर कमलनाथ ने कहा—अभिशप्त जी, हम आदिमपुरवालों की उत्कट अभिलाषा है कि आपकी कविताओं का रसास्वादन करें।

—यह आदिमपुर कहाँ है? अभिशप्त जी ने पूछा।

—अरे, आदिमपुर का नाम आपने नहीं सुना? लखनऊ जिले का वह एक ताल्लुका था, अब एक बड़ा कसबा है। अशर्फीलाल बोले—वहाँ के ताल्लुकदार लाल रत्नाकर सिंह बड़े गुणग्राही व्यक्ति हैं। तो नौरात में उनके लड़के का मुंडन है, उसी सिलसिले में एक विराट कवि-सम्मेलन हो रहा है।

—मैं इन देहातों के कवि-सम्मेलनों में नहीं जाता! रुखाई के साथ अभिशप्त जी ने उत्तर दिया।

—अरे, ये लोग अपने आदमी हैं! शिवशंकर बोले—फिर आजकल कवि-सम्मेलनों का मौसम भी नहीं है। कुछ अतिरिक्त आय हो जाएगी। बड़ा रमणीय स्थान है आदिमपुर...गोमती के किनारे।

अभिशप्त जी कुछ देर तक सोचते रहे। 'बैठे से बेगार भली' वाली कहावत उन्हें याद हो आई और वह बोले—मेरी फीस डेढ़ सौ रुपए है, प्रथम श्रेणी का

मार्ग-व्यय अलग से ।

अशर्फीलाल ने कहा–यह तो घर का मामला है । आप शिवशंकर के छोटे भाई हैं, मैं सानेलाल का छोटा भाई हूँ। आपकी भरपूर खातिरदारी होगी । लखनऊ से मोटर पर बैठाकर हम आपको आदिमपुर ले जाएँगे और मोटर पर लखनऊ वापस भेज देंगे । पत्र-पुष्प के रूप में पचास रुपया आपकी सेवा में और बीस रुपया कानपुर से लखनऊ का आने-जाने का मार्ग-व्यय ।

अभिशप्त जी ने दृढ़ता के साथ कहा–नहीं, मैं अपने सिद्धांत से नहीं डिग सकता ! डेढ़ सौ से एक पैसा कम नहीं !

समस्या शिवशंकर मिश्र ने हल कर दी–न अशर्फीलाल की बात और न तुम्हारी बात ! सौ रुपया तुम्हारी फीस के और बीस रुपया मार्ग-व्यय के। अशर्फीलाल जी, स्वीकार है आपको ?

अशर्फीलाल ने हामी भर दी । अभिशप्त जी ने तीन अक्टूबर को आदिमपुर चलना स्वीकार कर लिया ।

आदिमपुर के इतिहास में इतना शानदार मुंडन किसी लड़के का नहीं हुआ था जितना बचकौना उर्फ प्रभाकर सिंह का हुआ । तीसरी अक्टूबर की सुबह से ही चहल-पहल आरंभ हो गई थी और शाम तक करीब पाँच-छह सौ आदमी लाल रत्नाकर सिंह के महल के सामने दावत खाने के लिए इकट्ठे हो गए थे ।

लाल रत्नाकर सिंह बड़े गर्व के साथ सबकुछ देख रहे थे । एक आत्मसंतोष मुसकरा रहा था उनके चेहरे पर । मझले भाई पद्ममाकर सिंह ने पंद्रह दिन पहले अपने तराई के फार्म से दो क्विंटल गेहूँ, एक क्विंटल चावल, एक क्विंटल खाँडसारी और दो टीन शुद्ध देसी घी अपनी जीप पर भेजकर बड़े भाई के स्वाभिमान की रक्षा कर दी थी, जिससे वह ग्राम प्रधान शिवराम यादव के एहसान से बच गए थे । और एक दिन उनके छोटे भाई मेजर दिवाकर सिंह अपने साथ आर्मी कैंटीन से बारह बोतलें रम की लेते आए थे, जिससे थानेदार घमंडी सिंह ने जिस ठर्रे का वादा किया था, उसकी जरूरत भी जाती रही थी । तभी ठाकुर पद्माकर सिंह की जीप महल के सामने रुकी । पुलककर लाल रत्नाकर सिंह पद्माकर सिंह की ओर बढ़े । अपनी पत्नी और बच्चों के साथ पद्माकर सिंह जीप से उतरे । उन्होंने अपने बड़े भाई के चरण छुए । बच्चों के साथ उनकी पत्नी महल के अंदर चली गईं ।

ठाकुर पद्माकर सिंह ने पाँच वर्ष पहले कृषि विद्यालय में शिक्षा पाने के बाद तराने में ढाई सौ एकड़ का एक फार्म खरीद लिया था। और पाँच वर्षों के अंदर अपने अथक परिश्रम से ट्रैक्टर, ट्यूबवेल तथा अपनी शिक्षा की सहायता से तराई के प्रभावशाली भूस्वामी बन गए थे। बरेली में उन्होंने अपनी एक शानदार कोठी बनवा ली थी। दर्जनों नौकर-चाकर, राजसी ठाट-बाट।

पद्माकर सिंह और दिवाकर सिंह को साथ लेकर रत्नाकर सिंह शामियाने के नीचे बैठ गए। महल के अंदर भोज की पंगतें चल रही थीं और बाहर कवि-सम्मेलन हो रहा था।

भाँग और शराब का नशा, उस पर भर पेट भोजन, और कवि लोग वही घिसे-पिटे। कवि-सम्मेलन जमने का नाम नहीं ले रहा था। तभी कमलनाथ शर्मा ने अभिशप्त जी से कविता पढ़ने का आग्रह किया। अभिशप्त जी की कविता ने जादू का असर किया। श्रोताओं में जो लोग उठने की सोच रहे थे, उन्होंने अपना इरादा छोड़ दिया, जो जाने को उठ खड़े हुए थे, वे बैठ गए और जो लोग चल दिए थे, वे वापस आ गए। फिर क्या था, रात के दो बजे तक कवि-सम्मेलन चलता रहा।

सुबह जब लाल रत्नाकर सिंह सोकर उठे, आठ बज चुके थे। उन्होंने देखा कि सहन में चार झाबे तरकारियों के रखे हुए हैं। इस बीच पद्माकर सिंह भी आ गए। आते ही उन्होंने कहा—क्या बताऊँ, मैं कल सुबह ग्यारह-बारह बजे तक यहाँ पहुँच जाना चाहता था, लेकिन-तीन जगह जीप खराब हुई रास्ते में···सात-आठ घंटे की देर हो गई !

—सो तो हम समझ गए, लेकिन ई झाबा कैसे ?

—जी, अनाज, घी और चीनी तो भिजवा दी थी मैंने, सब्जियाँ नहीं भिजवा पाया···पंद्रह दिनों में सड़ जातीं। तो मैंने कल सुबह एक मन टमाटर, एक मन बैंगन तुड़वा लिए थे···तरकारी इन दिनों कितनी महँगी है !

—सो तो ठीक, लेकिन अब यह किस काम की ?

—इन्हें लखनऊ भिजवाकर बिकवा दीजिए, डेढ़-दो सौ रुपयों की हैं यह।

तभी शिवराम यादव आ गए—राम-राम ! लाल साहेब कितनी गजब की दावत दे डाली आपने कल। लोग भोजन करके तृप्त हो गए !

लाल रत्नाकर सिंह ने गर्व से अपनी छाती फुलाकर कहा—सब्जी में सिर्फ आलू और कद्दू था, यही मलाल रह गया। ई पद्माकर देर मां पहुँचे, नाहीं तो हम टिमाटर और बैंगन भी खिलाते !

—टिमाटर ! भला टिमाटर हम लोगों को कहाँ नसीब होता ! सुना है,

लखनऊ में चार-पाँच रुपया किलो बिक रहा है! और यह बैंगन भी दो-ढाई रुपया किलो पहुँच गया है! फिर टिमाटर और बैंगन का ढेर देखते हुए उन्होंने कहा—इतना ढेर-सा टिमाटर और बैंगन आ गया है! धन्य हैं आप!

—इस साले धन्य को चाटें, दो-तीन दिन में सड़ने लगेगा!

—लखनऊ भिजवाकर इन्हें बिकवा दीजिए। शिवराम ने भी सलाह दी।

तब तक पंडित कमलनाथ शर्मा पधारे—वाह, सरकार! कितनी शानदार दावत थी और कितना भव्य कवि-सम्मेलन! आदिमपुर के इतिहास में आपका नाम अमर हो गया! टिमाटर और बैंगन देखते हुए कमलनाथ बोले—अरे, इतने टिमाटर और बैंगन…!

पद्ममाकर सिंह बोले—कल सुबह फार्म से ताजे तुड़वाकर दावत के लिए लाया था, देर हो गई आने में।

अशर्फीलाल बोले—दो-ढाई सौ रुपए का माल है, लखनऊ में ही खरीदार मिलेंगे।

उसी समय संकटाप्रसाद की आवाज सुनाई पड़ी—लेकिन इन्हें बेचने में बड़ी झंझट उठानी पड़ेगी। और यह कहकर उन्होंने डाक का एक पुलिंदा रत्नाकर सिंह के सामने बढ़ाते हुए कहा—यह लीजिए, बधाई के संदेश! छेदीलाल डाकिया तो कवि-सम्मेलन के बहाने कल दिनभर गायब रहा है और इस वक्त पड़ा हुआ सो रहा है। हमने सोचा कि हमीं आपके यहाँ यह डाक पहुँचा दें।

डाक का पुलिंदा पद्माकर सिंह ने हाथ में ले लिया। अशर्फीलाल ने हँसते हुए कहा—वह छेदीलाल सो नहीं रहा है, अभिशप्त जी के साथ लगा हुआ है! सुबह हमने अभिशप्त जी को नाश्ते के लिए बुलाया था, तो छेदीलाल भी साथ आया था। लगता है यह छेदीलाल गया धंधे से!

सब लोग हँस पड़े। हँसी का दौर समाप्त हो जाने पर कमलनाथ शर्मा ने कहा—लाल साहेब, अभिशप्त जी को आज वापस लौटना है। दोपहर का भोजन मेरे यहाँ करके करीब दो बजे तक लखनऊ के लिए रवाना हो जाना चाहते हैं, ताकि छह बजे तक कानपुर पहुँच जाएँ। तो उन्हें बिदाई देनी है और यहाँ से लखनऊ तक पहुँचाना है।

एकाएक जैसे किसी ने लाल रत्नाकर सिंह को वास्तविकता की दुनिया में ढकेल दिया हो, कमजोर स्वर में वह बोले—हाँ, बिदाई…बिदाई! कितना रुपया बताय रह्यो तुम?

—सौ रुपए उनकी दक्षिणा और बीस रुपए उनके मार्ग-व्यय के। शांत भाव से कमलनाथ ने कहा।

—हम तो पचास-साठ का बजट बनाए रहेन, यू तो बहुत हुइगा !

उत्तर अशर्फीलाल महाजन ने दिया—उनकी फीस तो दो सौ रुपया है, मेरे कहने से सौ रुपए पर चले आए ! तो आप जितना दे सकते हैं, दे दीजिए, बाकी हम पूरा कर देंगे ।

जैसे किसी ने डंक मार दिया हो लाल रत्नाकर सिंह को । उन्होंने मन-ही-मन कहा, उस साले शिवराम के एहसान से बचे, इस सूअर घमंडी सिंह के एहसान से बचे, अब इस हरामजादे अशर्फीलाल का एहसान लेना होगा क्या ? लेकिन अपनी भावना उन्होंने प्रकट नहीं होने दी, शांत भाव से उन्होंने कहा—सुनो अशर्फीलाल, बिदाई पूरी मिली और हम ही देब । समझ का राखे हौ तुम लाल रत्नाकर सिंह को ! 'प्राण जाय पर वचन न जाई !' सुने हो यह चौपाई ! और पंडित कमलनाथ से बोले—डेढ़ बजे अभिशप्त जी का यहाँ भेज जाएब ! हम खुद उन्हें लखनऊ पहुँचाय देब और बिदाई दै देब !

सब लोग चले गए, तब पद्माकर सिंह ने कहा—आप लखनऊ जा रहे हैं, तो इन तरकारियों को भी कैसरबाग की मंडी में बेच दीजिएगा । सौ-सवा सौ जो भी मिल जाए, वह ठीक···

ठीक दो बजे अभिशप्त जी लाल रत्नाकर सिंह के महल में आए । मैं तैयार खड़ा था । लाल रत्नाकर सिंह ने अपनी बगल में अभिशप्त जी को बैठाया और लखनऊ के लिए चल पड़े । लाल साहब की सज्जनता पर अभिशप्त जी मुग्ध ! स्वयं उन्हें पहुँचाने के लिए वह लखनऊ जा रहे थे !

पच्चीस मील का सफर तय करके ठीक चार बजे चारबाग स्टेशन पर जीप रुकी । लाल रत्नाकर सिंह का नौकर सुमेर पीछे बैठा था और उसके साथ दो झाबे थे । लाल साहेब ने सुमेर से पीछे लदे दोनों झाबे उतरवाए, फिर उन्होंने एक बंद लिफाफा अभिशप्त जी को थमाते हुए कहा—कविवर, हम आपके बड़े आभारी जो आप हम पर इतनी कृपा कीन्हेव ! और बिना अभिशप्त जी का उत्तर सुने उन्होंने अपनी जीप हाँक दी ।

अभिशप्त जी ने दोनों झाबे देखे, फिर उन्होंने बड़ी उत्सुकता के साथ बिदाई के रुपए निकालने के लिए लिफाफा खोला । लिफाफे में करेंसी नोटों के स्थान पर एक पत्र मिला, जिसे लाल रत्नाकर सिंह ने स्वयं, शुद्ध-अशुद्ध जैसा भी हो सका, लिखा था :

''हे कवि, हम यह दो झाबे तुम्हें भेंट कर रहे हैं, एक मां 25 किलो टिमाटर

आय। टिमाटर इन दिनन पाँच रुपया किलो के भाव से बिकाय रहा है, सो एक सौ पचीस रुपया के भए। आपकी फीस होत है सौ रुपया। अब अगर इन्हें घाटे मां बेची तब हूँ सौ रुपया नकद वसूल। और दूसरे झाबा मां दस किलो बैंगनो आय। बैंगन का भाव भी दो रुपया किलो चल रहा है, सो बीस रुपया इनके खड़े कर लेना। सो बीस रुपया तुम्हारा मार्ग व्यय भा। अगर घाटा हुई जाए से वहिका पूरा करने के लिए पाँच किलो के वजन का एक कद्दू बैंगन के साथ रखाय दीन है। कद्दू भी डेढ़ रुपया किलो के भाव से बिकाय रहा है। पद्माकर हमसे कहिन रहै कि हम बाजार मां ई सब बेंच देईं तो हम कहा कि कवि जी बैंच लेंय, हम कहाँ ई झंझट मां फँसी। भूलचूक की माफी देंय। समझ लेंय कि हम बड़े संकट मां हैं, सो आपै हमें ई संकट से उबारैं—रत्नाकर सिंह।"

लाल रत्नाकर सिंह का संकट दूर हुआ, अब यह संकट पड़ा अभिशप्त जी पर! उनके पैरों पर एक मन वजन के दो झाबे, कानपुर के लिए गाड़ी में डेढ़ घंटे का समय बाकी और उनकी जेब में कुल जमा एक रुपया बारह आने! उन्हें ऐसा लगा कि वह बेहोश होकर गिर पड़ेंगे। और तभी उन्हें बनमाली जी की याद आ गई।

वंशीधर बनमाली के पिता धरनीधर दीक्षित ने निशातगंज में एक होटल खोल रखा था, जिसमें गोमती पार के कविगण नित्य शाम के समय चाय पीते हुए साहित्य-चर्चा और कविता-पाठ किया करते थे। होटल का प्रबंध तो धरनीधर दीक्षित करते थे, वंशीधर बनमाली का काम था ग्राहकों को फँसाना और उनकी आवभगत करना।

अभिशप्त जी ने एक रिक्शे पर वह दोनों झाबे लदवाए और निशातगंज में बनमाली जी के होटल में पहुँचे। अभिशप्त जी के भाग्य से बनमाली जी होटल में ही मौजूद थे और एक गीत लिखते हुए साहित्यकारों की प्रतीक्षा कर रहे थे। उन्होंने पुलककर अभिशप्त जी का स्वागत किया। अभिशप्त जी ने रिक्शे का किराया बनमाली जी से दिलाकर दोनों झाबे उतारे। इस बीच धरनीधर दीक्षित भी आ गए। पिता-पुत्र को अभिशप्त जी ने अपना संकट बताया।

धरनीधर दीक्षित ने तत्काल वह दोनों झाबे खुलवाए।

—वाह! क्या टिमाटर हैं। लखनऊ भर में ऐसे टिमाटर न मिलेंगे! और बैंगन! वाह! कितने बैंगनी, कितने बड़े! तो सुनो अभिशप्त, चिंता मत करो, हम अभी तुम्हारा संकट दूर किए देते हैं!

पास ही से वह एक साइकल-ठेला ले आए। उस ठेले पर उन्होंने बड़े करीने से टिमाटर और बैंगन सजाकर रख दिए, एक तराजू और बाट भी बगलवाली

दुकान से लेकर उन्होंने उस ठेले पर रख दिए। एक प्याला चाय उन्होंने अभिशप्त जी को देते हुए कहा—पहले चाय पी लो, बड़े थके हुए और डाउन दिख रहे हो। फिर यह ठेला सँभालो ! आज टिमाटर का भाव पाँच रुपया किलो है और सो भी निहायत घटिया और छोटे-छोटे टिमाटर ! तो ठेला लेकर निकल पड़ो और आवाज लगाओ—चार रुपया किलो ! और बैंगन का भाव है दो रुपया किलो। सो तुम आवाज लगाओ डेढ़ रुपया किलो !

फटी-फटी आँखों से अभिशप्त जी ने धरनीधर दीक्षित को देखा—क्या यह भी करना होगा ?

धरनीधर दीक्षित उबल पड़े—ससुर, रात-रात-भर पतुरिया ऐस महफिल मां गला फाड़-फाड़कर चिचियात हौ तो सरम नाहीं आवत, सौदा बेचै मां नानी मरत है ! निशातगंज बाजार के दो चक्कर लगाय आओ, अभी तुम्हारा संकट दूर हुआ जाता है !

और ठीक छह बजे तक ठेला खाली, और अभिशप्त जी की जेब में एक सौ पंद्रह रुपया। धरनीधर दीक्षित ने कट्टू अपने पास रख लिया—ठेले और तराजू-बाट के किराए के रूप में।

मोर्चाबंदी

यह अपने ढंग का अनोखा युद्ध है और इस युद्ध की अपने ढंग की अनोखी मोर्चाबंदी है।

युद्ध-क्षेत्र है लखनऊ की छोटी-सी संजीवन कालोनी, जो प्रमुखतः छोटे-छोटे अफसरों, राजकर्मचारियों एवं व्यापारियों की बस्ती। पढ़े-लिखे संपन्न लोग, ऊपर से आधुनिक युग के प्रगतिशील, लेकिन अंदर से बड़े धार्मिक, असीम आस्था और विश्वास रखनेवाले। बुद्धिमत्ता, तिकड़म, सरलता और दाँव-पेंच का विचित्र योग।

यह युद्ध कैसे ठन गया, किन लोगों में ठन गया, इसे समझने के पहले संजीवन कालोनी का इतिहास जान लेना आवश्यक होगा।

इस प्रदेश की राजधानी इलाहाबाद से हटकर लखनऊ आई थी, घुमरा ताल्लुके के ताल्लुकदार राजा चंद्रभूषणसिंह ने गोमती के किनारे पाँच एकड़ जमीन खरीदकर उसके बीचोबीच एक निहायत शानदार कोठी बनवाई थी जिसके चारों ओर फलों और फूलों के बाग और लंबे-चौड़े लॉन थे।

राजा साहेब शौकी-मिजाज आदमी थे, उनके पास हाथी थे, घोड़े थे, फिटन थी, मोटर थी—दर्जनों नौकर-चाकर थे। इस कोठी का नाम था घुमरा हाउस और घुमरा हाउस के चारों ओर एक ऊँची चहारदीवार थी।

तै बात है इन लंबे खर्चों के कारण राजा चंद्रभूषणसिंह करीब-करीब दिवालिया हो गए थे। उनके मरने के बाद जब रियासत उनके पुत्र सूर्यभानसिंह को मिली, उन्होंने खर्चों में कटौती की। हाथी-घोड़े बेचकर कर्ज चुकाया गया, घुमरा हाउस के नौकर-चाकर रियासत भेज दिए गए और घुमरा हाउस में ताला लटका दिया गया। सूर्यभानसिंह संयत आदमी थे, समय की धारा वह पहचानते थे। उन्होंने अपने पुत्रों को शिक्षा दिलाई।

सन् 1948 में जमींदारी उन्मूलन एक्ट के बाद ताल्लुकदारी समाप्त हो गई। जमींदारी समाप्त होने के सदमे से चार-पाँच वर्षों में ही सूर्यभान सिंह की मृत्यु हो गई। उनके दो पुत्र थे, बड़े का नाम सिंहासनसिंह, छोटे का नाम संजीवनसिंह। सिंहासनसिंह ने कृषि विद्यालय का डिप्लोमा प्राप्त किया, और वह राज का उत्तराधिकारी होने के नाते अपना डेढ़ हजार एकड़ का फार्म सँभालता हुआ घुमरा के महल में रहने लगा। छोटे लड़के संजीवनसिंह ने लखनऊ विश्वविद्यालय से राजनीतिशास्त्र में एम. ए. पास किया, और लखनऊ के एक डिग्री कालेज में लेक्चरर हो गया।

लाल संजीवनसिंह लंबे से रौबदार आदमी थे, शांत और गंभीर। किसी कदर कलाप्रेमी। म्यूजिक कालेज में उन्होंने कुछ दिन संगीत का अभ्यास किया, मुशायरों और कवि-सम्मेलनों में उन्हें बेहद दिलचस्पी थी। राजा सूर्यभानसिंह ने लखनऊवाला घुमरा हाउस अपने छोटे पुत्र के नाम कर दिया था, और लाल संजीवनसिंह संतुष्ट थे। लेकिन उनके गंभीर और शांत व्यक्तित्व के भीतर छिपा हुआ एक अत्यंत जिद्दी और उग्र व्यक्तित्व भी था जो प्रकट होते ही विस्फोट का रूप धारण कर लेता था। शायद इसीलिए लाल संजीवनसिंह ने अपनी शादी करने से इनकार कर दिया था, और राजा सूर्यभानसिंह अपने इस छोटे पुत्र से इस कदर डरते थे कि उन्होंने संजीवनसिंह पर विवाह करने के लिए अधिक जोर भी नहीं दिया। लाल संजीवन ने घुमरा हाउस को फिर से आबाद करने की कोशिश की, लेकिन अकेले आदमी—साथ में रामसिंह रावत, उनका

खिदमतगार, उनका अंगरक्षक, उनका रसोइया—यानी उनकी गृहस्थी का मालिक। कहावत है कि बिन घरनी घर भूत का डेरा, तो एक-एक कर घुमरा हाउस के कमरे गिरते गए और लाल संजीवनसिंह उनका मलबा बेचते रहे।

कामकाज ठीक तरह से चल रहा था कि एक दिन कालेज के प्रिंसिपल से उनकी कुछ कहा-सुनी हो गई। कालेज के प्रिंसिपल मिस्टर जैकब तानाशाह किस्म के आदमी थे। गाली बकने और धौंस जमाने में माहिर। चारों ओर उनकी धाक थी। कहासुनी ने उग्र रूप धारण किया और मिस्टर जैकब ने आदत के अनुसार लाल संजीवनसिंह को गाली दी। उसे लाल साहब के अंदर अनेक पर्तों में दबे हुए विस्फोटक व्यक्तित्व का पता नहीं था। और तभी लाल साहब ने आव देखा न ताव, मिस्टर जैकब को धर पटका और उनकी इतनी पिटाई की कि चार दिन तक मिस्टर जैकब की मरहमपट्टी होती रही। तहलका मच गया कालेज में, और लाल साहब कालेज से बर्खास्त कर दिए गए।

कालेज की नौकरी छोड़कर उन्होंने अपने बँगले में संगीत विद्यालय स्थापित करने का प्रयत्न किया, लेकिन एक तो बँगला शहर से दूर फिर मिरासियों से वह आजिज आ गए, विश्वविद्यालय बंद हो गया। बड़े भाई सिंहासनसिंह समय-समय पर उनकी थोड़ी-बहुत आर्थिक सहायता कर देते थे, लेकिन किसी पर अवलंबित रहना उन्हें अच्छा न लगता था। सहसा उनकी मुलाकात बाबू चिरंजीलाल बंसल से हो गई जो ओवरसियरी के लंबे अनुभव के बाद तीन-चार साल तक पी. डब्ल्यू. डी. के असिस्टेंट इंजीनियर का पद सुशोभित करने के बाद रिटायर हो रहे थे। निहायत घिसे हुए आदमी, तो उन्होंने लाल साहब को घुमरा हाउस के प्लाट बनाकर बेचने की सलाह दी। उन्होंने इस योजना का ब्ल्यू-प्रिंट बना दिया। चालीस प्लाट बने, हरेक प्लाट की कीमत छह हजार रुपया। दो लाख चालीस हजार रुपयों में दो लाख रुपए लाल साहब ने बैंक में जमा कर दिए, चालीस हजार रुपयों में इस कालोनी के एक किनारे चार कमरों का आधुनिक ढंग का एक काटेज बनवा लिया और उस कालोनी का नाम पड़ा संजीवन कालोनी। आउट हाउसेज तुड़वा दिए गए थे, पुराने नौकरों में चार वहाँ रह रहे थे, तो दो-दो कोठरियों के चार मकान बनाकर उन पुराने नौकरों को उनकी सेवाओं के पुरस्कार में दिए गए। लेकिन उस समय न नौकरों के दिमाग में यह बात आई और न लाल साहब के दिमाग में यह बात आई कि उन कोठरियों की लिखा-पढ़ी हो जाए। दान तो दान ठहरा।

संजीवन कालोनी आदर्श कालोनी थी। सभी मध्य वर्ग के आदमी, शांति-प्रिय, धार्मिक और आस्थावान। कहीं कोई टंटा-बखेड़ा नहीं, आपस में

भ्रातृ-भाव। बाबू चिरंजीलाल बंसल उस कालोनी के मुखिया, सरपंच सभी कुछ थे। और लाल संजीवनसिंह राजा की तरह अपने बँगले में रहते थे। उनके यहाँ संगीत पार्टियाँ जमती थीं। कवि-सम्मेलन या मुशायरे होते थे और लाल संजीवनसिंह की जिंदगी मौज में बीत रही थी। संजीवन कालोनी को बने दस वर्ष से अधिक बीत गए, लेकिन किसी को लालसिंह के चरित्र के विस्फोटक पहलू का पता नहीं चल पाया।

एक कहावत है–ना जाने का भेस में नारायण मिल जाएँ। तो उस कहावत के अनुसार लाल साहब के चरित्र का विस्फोटक रूप एक अति साधारण घटना को लेकर प्रकट हुआ।

बाबू चिरंजीलाल को कालोनीवाले इंजीनियर बाबू कहते थे। बड़े रौबदाब के आदमी, उम्र कोई पैंसठ वर्ष, लेकिन हाव-भाव में, चाल-ढाल में तथा व्यवहार में नौजवानों का उत्साह। तो उस दिन उनके पुत्र रामबिहारी की मँगनी आई थी। दूसरे दिन सत्यनारायण की कथा हुई, और सत्यनारायण की कथा में कालोनी के निवासियों को निमंत्रण था। और संजीवनसिंह को बाबू चिरंजीलाल स्वयं जाकर आमंत्रित कर आए थे।

सत्यनारायण की कथा बाँच रहे थे, चंद्रिकाप्रसाद अवस्थी उर्फ चंद्रिका महाराज। चंद्रिका महाराज राजा सूर्यभानसिंह के पुरोहित शिवाधार अवस्थी के पुत्र थे और लाल संजीवनसिंह ने अपने आउट हाउस में बना दो कोठरियोंवाला एक हिस्सा मुफ्त दे रखा था। आजीविका के लिए चंद्रिका महाराज स्टेट बैंक में चपरासी की सीढ़ियाँ पार करते हुए जमादार बन गए थे। अवस्था कोई पचासी वर्ष की, बड़ी-बड़ी घनी मूँछें चेहरे का रौब बढ़ा रही थीं। हेड जमादार बनने की जितनी योग्यताएँ होनी चाहिए, उनमें सब थीं। कानून का अधकचरा ज्ञान, जिद पर अड़ जाना, यूनियन के बल पर अपनी माँगें मनवा लेना, जनतंत्र के इस युग में बड़े-बड़े अफसरों को चुनौती दे देना आदि-आदि।

मोटी और भद्दी आवाज जो लगातार गाली-गलौज करने के कारण और भी भद्दी और मोटी हो गई थी, मिडिल स्कूल तक पढ़ी हिंदी और संस्कृत का कच्चा-पक्का ज्ञान, लेकिन कथा बाँचने में सिद्धहस्त थे। जैसे-तैसे उठते-बैठते, घूमते-फिरते लाल संजीवनसिंह कथा के अंत तक बैठे रहे, लेकिन कथा समाप्त होने के बाद बाबू चिरंजीलाल बंसल ने खड़े होकर मध्यवर्गीय घरों में प्रचलित 'जय जगदीश हरे' की आरती आरंभ की। और देखा-देखी वहाँ उपस्थित पुरुषों, महिलाओं तथा बच्चों ने खड़े होकर आरती के कीर्तन में योग दिया। लाल संजीवनसिंह को भी शिष्टतावश हाथ जोड़कर खड़ा होना पड़ा।

और तभी लाल संजीवनसिंह को अनुभव हुआ कि किसी ऐसे माहौल में आ फँसे हों जहाँ हरेक व्यक्ति चीख रहा था, चाहे वह स्त्री हो, चाहे पुरुष हो। कहीं भैंस रँभा रही थी, कहीं कौवा काँव-काँव कर रहा था, कहीं गधा रेंक रहा था, कहीं बकरी मिमिया रही थी। उन्हें लगा कि उनके कान के परदे छिलने लगे हैं और जल्दी ही ये पर्दे फट भी जाएँगे। घबराकर उन्होंने इधर-उधर देखा और फिर घूमकर वह तेजी के साथ वहाँ से भागे। उनका भागना किसी ने देखा, किसी ने नहीं देखा। लेकिन इस आरती-गायन में लोग इस कदर व्यस्त थे कि किसी ने उन्हें रोका नहीं।

आरतीवाला कीर्तन समाप्त हुआ, और प्रसाद बँटना आरंभ हुआ। अब बाबू चिरंजीलाल को यह भास हुआ कि संजीवनसिंह बिना प्रसाद लिए ही चले गए हैं। प्रसाद, जैसा एक संपन्न वैश्यकुलीन इंजीनियर के घर का मँगनी के बादवाली कथा का होना था, वैसा ही था। पंजीरी तो औपचारिक थी, उसके साथ एक पाववाले दोने में खोए की मिठाइयाँ तथा कटे हुए फल थे। एक-एक कुल्हड़ बादाम, किशमिश और चिरौंजी पड़ा हुआ दही के साथ अधऔंटे दूध का चरणामृत। सब लोगों को प्रसाद बाँटकर बाबू चिरंजीलाल ने चंद्रिका महाराज से कहा—चंद्रिका महाराज़, लाल साहेब तो बिना परसाद पाए चले गए।

—हाँ बाबू, इहाँ तो आखीर बखत तक रहे, बड़े ध्यान से कथा सुनिन। जब आरती गाय रहे न तबहू रहें। तौन कुछ तबियत खराब हुई गई हई, बड़कवा मनई आएँ।

—राम जाने। बाबू चिरंजीलाल बोले—लेकिन सत्यनारायण बाबा का परसाद तो उन्हें मिलना चाहिए।

—हाँ बाबू! ई माँमला कोनो सकआम! हम उनका परसाद दिए आइत आब, भुला तुमहुँ साथ चलो। मिजाज-पुरसी करि लेव चलिके! और चंद्रिका महाराज हँस पड़े।

एक अधसेरे दोने में प्रसाद भरवाकर बाबू चिरंजीलाल ने लिया, एक अधसेरे गिलास में चरणामृत चंद्रिका महाराज ने पकड़ा। दोनों लाल साहेब के काटेज की ओर रवाना हो गए।

लाल संजीवनसिंह बाबू चिरंजीलाल के यहाँ से जो भागे तो अपने ड्राइंगरूम में पहुँचकर उन्होंने दम लिया। ड्राइंगरूम का दरवाजा उन्होंने अंदर से बंद कर

लिया फिर कुछ देर तक बेचैनी के साथ ड्राइंगरूम में ही चहल-कदमी करते रहे। लेकिन कीर्तन का कौवारोर उनके कानों में लगातार गूँज रहा था। एकाएक उन्हें एक खयाल आया। लपककर उन्होंने अपने ग्रामोफोन के रिकार्डों का कैबिनेट खोला, और वैसे ही प्रसिद्ध ठुमरी गायिका मेहरुन्निसा का ठुमरी का रेकार्ड उनके हाथ में आ गया। तत्काल उन्होंने रिकार्ड रिकार्डप्लेयर पर चढ़ा दिया, और सोफा पर इत्मीनान के साथ पैर फैलाकर ठुमरी के संगीत में लय हो गए।

मुश्किल से दो-तीन मिनट ही बीते होंगे कि उनके काल-बेल की घंटी बोल उठी। उठकर उन्होंने दरवाजा खोला, दरवाजा खोलते ही प्रसाद हाथ में लिए हुए चिरंजीलाल और चंद्रिका महाराज ड्राइंगरूम में घुस आए। चरणामृत का गिलास मेज पर रखते हुए उन्होंने बाबू चिरंजीलाल से कहा—बाबू, लाल साहेब की तबीयत तो ठीकै आय। कइस मगन भाव से गाना सुन रहे आय!

बाबू चिरंजीलाल ने भी प्रसाद का दोना मेज पर रख दिया। कुछ मुसकराते हुए वह लाल साहब से बोले—मैंने तो समझा था कि आपकी तबीयत कुछ खराब हो गई जो आप बिना कुछ कहे एकाएक चले आए। सत्यनारायण बाबा का धन्यवाद कि आप भले-चंगे हैं।

—धन्यवाद सत्यनारायण बाबा का नहीं बल्कि मेहरुन्निसा बेगम के संगीत को है जो कानों में कुछ राहत मिली।

—जी राहत मिली। मैं आपका मतलब नहीं समझा। कौन-सी तकलीफ हो गई थी आपको? चिरंजीलाल ने पूछा।

एकाएक लाल संजीवनसिंह अपना संयम खो बैठे, गुर्राकर बोले—कान के परदे फटते-फटते बच गए। निहायत भोंड़ी आवाज में और अशुद्ध भाषा में सत्यनारायण की कथा, और उसके बाद वह कीर्तन। हद हो गई। एक से एक मोटी, भद्दी और बेसुरी आवाजों का सम्मिश्रण।

लाल साहब अभी अपनी बात पूरी भी न कर पाए थे कि चंद्रिका महाराज ने तमककर कहा—भगवान के कीर्तन से कान केर परदा फाटत आय और पतुरिया के गाना पुरखन की आत्मा तार रहे हैं।

चंद्रिका महाराज का इतना कहना था कि लाल साहब तमककर उठ बैठे—क्यों बे हरामजादे, गाली देता है। और इसके पहले कि लाल साहब हमला बोलें, चंद्रिका महाराज उलटे पैर भागे। लाल साहब ने मुड़कर चिरंजीलाल से कहा—खैरियत इसी में है कि आप इसी समय यहाँ से मुँहकाला करें, वरना मैं आपके हाथ-पैर तोड़कर रख दूँगा।

चिरंजीलाल चुपचाप सिर झुकाए हुए चल दिए । उनका हृदय प्रतिहिंसा से जल रहा था । इस तरह उन्हें किसी ने कमरे से नहीं निकाला था । घर लौटकर उन्होंने देखा कि चंद्रिका महाराज भरे बैठे हैं, चिरंजीलाल के घर पहुँचते ही वह बोले—बाबू तुम्हारे कारण हम खून का घूँट पी के रहि गयेन नाही तो चंद्रिका महाराज के हाथन आज एक हत्या हुई गई होत । तुम्हारी पद-मर्जादा केरे भी खयाल नाही कीन्हिस !

चिरंजीलाल ने दाँत किटकिटाते हुए कहा—उस बदमाश ने हम लोगों का नहीं भगवान का अपमान किया है ।

—तो भगवान उसे बदला लेहिएं, ऊका नष्ट करिके रख देहिएं ।

चिरंजीलाल धीरे-धीरे संयत हो रहे थे, कुछ सोचकर उन्होंने कहा—भगवान खुद बदला लेने को अवतार लेंगे नहीं, दसवाँ कालकी अवतार जब होगा, तब होगा, इस लाल से तो बदला हमें लेना होगा, हमें !

चंद्रिका महाराज इस बात से उत्साहित नहीं हुए—बाबू, हाथ-पैर से तो हम लोग ई लाल साहब से बदला लै ना पाइब । लंबे तड़ंगे आदमी । फिर उनके पास तमंचा है राइफल है । और उनकेर खिदमतगार रामसिंह । पूरे भेड़िया समझौ ऊका ! तौन कौनो जुगत भिड़ोवै का पड़ी, तुमही सोचो ।

चिरंजीलाल कुछ देर तक सोचते रहे फिर एकाएक उछल पड़े—आ गया समझ में । बड़ा साला कलावंत बनता है । अखंड कीर्तन होना चाहिए चंद्रिका महाराज एक हफ्ते का । भगवान अपने गुणगान कराके बदला लें ।

—आप कीर्तन करहियो तो लाल साहब का रूप तो आज और देख चुके आप, जान जोखिम मां समझिए लेंय ।

—अरे, मैं इतना बेवकूफ नहीं हूँ कि अपने घर में अखंड कीर्तन कराऊँ ।

—तो बाबू हमहूँ ऐस गदहा न आन कि हम अपने घर मां कीर्तन बैठाई । नाहीं, यू ना चली ।

—चलेगा तो कीर्तन ही । चिरंजीलाल बोले—ध्यान से मेरी बात सुनो । वह जो लाल साहेब के काटेज के पास छोटी-सी मढ़िया पड़ी है, उसका उद्धार होना चाहिए । तो यह लो मुझसे सौ रुपया, कालोनीवालों से चंदा करके हजार-डेढ़ हजार रुपया इकट्ठा कर लो थोड़ी-बहुत टीप-टाप करके नई मूर्ति की स्थापना हो और मूर्ति की स्थापना के उपलक्ष्य में अखंड कीर्तन करा डालो । लेकिन अभी नहीं, तीन-चार महीना चुप रहो, वरना यह लाल कुछ बवाल पैदा कर देगा ।

—वाह बाबू—का बात कहेस । रुपिया आनन-फानन इकट्ठा और अखंड कीर्तन के लिए एक-से-एक जवाँ मर्द आदमी बाहर से आए जइहें । मान गए न

तुम्हारी बुद्धि का।

तीन महीने बीत गए और इन तीन महीनों में यह घटना आई-गई हो गई। कालोनीवालों के दिन हँसी-खुशी में बीत रहे थे। और तीन महीने बाद एक दिन चंद्रिका महाराज हाथ जोड़कर लाल साहब के सम्मुख उपस्थित हुए—लाल साहेब, अपने पितामह की बनाई भगवान की मढ़िया टूट गई आय तो हम सोचा कि ई केर मरम्मत हुई जाय और मूरती की स्थापनौ हुई जाय!

—हाँ-हाँ, लेकिन—लेकिन, लाल साहब कहते-कहते रुक गए।

—अरे खरिचा की कौनो चिंता न करें लाल साहेब, मंदिर का उद्धार कारण तो कालोनी के निवासियों का धरम समझो। तौन हम कालोनीवालों से चंदा करिलीन हव। चौदह सौ रुपया हुई गए हैं। एक मंदिर उद्धार कारण कमेटी बनाय दीन है। तौन आपसे विनय आय कि आप सौ रुपया दै के डेढ़ हजार पूरा करि देव और कमेटी के अध्यक्ष बन जाएँ। बाकी आपके काम करें की कौनो आवश्यकता नहीं—हम पंच करि लेइब।

लाल साहब ने तत्काल सौ रुपए दिए, अध्यक्ष बन गए।

मंदिर की मरम्मत में चार-पाँच दिन लगे। इस बीच लखनऊ म्यूजियम के दरबान को दस रुपया देकर चंद्रिका महाराज वहाँ विष्णु भगवान की एक पत्थर की मूर्ति उठा लाए, एक कुम्हार से उन्होंने इसे इस तरह रँगाया कि कोई उसे म्यूजियमवाली मूर्ति पहचान न सके। रामनवमी के दिन ठीक बारह बजे दोपहर को जब भगवान राम का जन्म हुआ था, बद्रीनाथ ट्रस्ट एवं अन्य मंदिरों के प्रबंधवाले प्रदेश के मंत्री श्री वर्मा के कर कमलों से मूर्ति की स्थापना हो गई।

इस अवसर पर कालोनी के सब निवासी मौजूद थे। उत्सव की अध्यक्षता स्वयं लाल संजीवनसिंह ने की। बड़ा शानदार उत्सव था। लाल साहब प्रसन्न मन वापस लौटे। भोजन करके उन्होंने अपनी दोपहरवाली नींद पूरी की। शाम के समय वह घूमने निकले। आठ बजे रात को जब वह घूम-फिर कर वापस लौटे, उन्हें लगा जैसे कालोनी में एक हंगामा-सा मचा हुआ है। लाउडस्पीकर से निहायत बेसुरी चीख और चिल्लाहट की आवाजें निकलकर कालोनी के शांत वातावरण में एक बवंडर-सा ढाए हुए हैं। यह आवाजें मंदिर से आ रही थीं। लाल साहब ने अपने खिदमतगार रामसिंह रावत को देखने भेजा कि यह हंगामा कहाँ और कैसे मच गया है। उसने लौटकर बतलाया—सरकार, मंदिर में आठ-दस आदमी ढोलक और मजीरा लिए कीर्तन कर रहे हैं। चंद्रिका महाराज

को तो हम पहचानते हैं बाकी आदमी कालोनी के बाहर के हैं।

लाल साहब करीब आधे घंटे तक प्रतीक्षा करते रहे कि कीर्तन बंद हो और उन्हें चैन मिले लेकिन कीर्तन बंद होने के स्थान पर जोर पकड़ता जा रहा था। आखिर लाल संजीवनसिंह स्वयं उठे। उन्होंने मढ़ियानुमा मंदिर में जाकर देखा–दस आदमी गला फाड़-फाड़कर रामायण का पाठ कर रहे हैं। न कहीं सुर, न ताल। ढोलक कहीं जा रही है, मजीरा कहीं जा रहा है। माइक्रोफोन लगा हुआ है और लाउडस्पीकर का रुख ठीक उनके बँगले की तरफ है। लाल साहब चुपचाप विमूढ़-से कुछ समय तक यह दृश्य देखते रहे, किसी ने जैसे लाल साहब को पहचाना तक नहीं। उन्होंने अंदाजा कि वहाँ एकत्र लोग बैंकों या सरकारी दफ्तरों के चपरासी या दरबान हैं। हट्टे-कट्टे, लंबे-तड़ंगे आदमी। हारकर लाल साहब को पूछना पड़ा–यह क्या हंगामा मचा रखा है तुम लोगों ने?

कीर्तन चलता रहा, उत्तर चंद्रिका महाराज ने दिया–ई हंगामा दिखत है लाल साहेब! ई कीर्तन, भगवान की पूजा!

लाल साहब ने अपने को दबाते हुए कहा–भगवान की पूजा इस शोर शराबे से की जाती है? और चंद्रिका महाराज बोले–भगवान की पूजा पतुरिया और भाँड़न के गाना सो तो नाही होत है।

बिजली की तरह तीन-चार महीने पहलेवाली बात लाल संजीवनसिंह के मस्तिष्क में कौंध गई, जब चंद्रिका महाराज के पीछे वह दौड़े थे। इस बीच कालोनीवाले कुछ लोग इकट्ठा हो गए थे। एकाएक लाल साहब गरज उठे–बंद करो यह कीर्तन-वीर्तन। नहीं तो मैं लाउडस्पीकर फेंक दूँगा। चंद्रिका महाराज के दो तगड़े शिष्यों ने आगे बढ़कर कहा–लाउडस्पीकर में हाथ न लगे, समुझ लेव, ई धरम का मामला आय। खून-खराबा हुई जाई।

तभी चंद्रिका महाराज ने आगे बढ़कर कालोनी-निवासियों की भीड़ से पूछा–आप लोगन का तो भगवान के कीर्तन मां कौनो आपत्ति न आय?"

कालोनी-निवासियों की भीड़ की ओर से बाबू चिरंजीलाल ने उत्तर दिया–भला भगवान के कीर्तन से किसी को कोई एतराज हो सकता है, महाराज? और उन्होंने संजीवनसिंह से कहा–आपके ही मंदिर में यह कीर्तन हो रहा है, आप इस कमेटी के अध्यक्ष हैं। आपको अगर कुछ असुविधा हो तो सहन कीजिए।

लाल साहब ने स्थिति ताड़ी, उनके मुकाबिले आठ-दस आदमियों का दल। हट्टे-कट्टे और लड़ाकू, फिर कालोनी का जनमत उनके विरुद्ध। वह चुपचाप

वापस लौट आए। उन्होंने कार निकाली और अपने मित्र चौधरी नईम हैदर के यहाँ सोने के लिए चले गए। यह चौधरी नईम हैदर भी पुराने रईस थे—करीब आधा मील की दूरी पर उनका बँगला था। लाल साहब के बचपन के साथी।

दूसरे दिन करीब ग्यारह बजे दिन में लाल साहब अपने यहाँ वापस लौटे। कीर्तन बदस्तूर चल रहा था। उन्होंने फिर रामसिंह रावत को पता लगाने भेजा, उसने लौटकर बताया कि चंद्रिका महाराज सो रहे हैं। रातवाले आदमी चले गए हैं, कीर्तन करनेवालों का एक नया दल आ गया है। यह दल दफ्तरों और बैंकों के चौकीदारों का है जो रात की ड्यूटी करके कीर्तन करने आए हैं।

झुँझलाकर लाल साहब उठे। उन्होंने जाकर चंद्रिका महाराज को जगाया। बड़े शांत भाव से उन्होंने पूछा—चंद्रिका महाराज! कब तक यह चलता रहेगा?

उसी तरह शांत भाव से चंद्रिका महाराज बोले—राम-राम लाल साहेब! आप ई का हंगामा कहत आय? यू तो अखंड कीर्तन आय—एक हफ्ता समझौ आप, भगवान की महिमा का बखान हुई रहा है।

लाल संजीवनसिंह उबल पड़े—कान के परदे फट जाते हैं, नींद हराम है।

—अरे लाल साहेब, हम तो बड़े सुख की नींद सोय के उठे अन। तौन धरम-करम मां मन लगाओ, हफ्ता की तो बात आय! तौन कीर्तन तो चलिहे!

—यह कीर्तन नहीं चल पाएगा। कहते हुए लाल साहब घूम पड़े। घर पहुँचकर उन्होंने थाने में फोन मिलाया। थानेदार ने धरम-करम के मामले में दस्ताजी करने के संबंध में अपनी विवशता बतलाई। उन्होंने सुपरिंटेंडेंट पुलिस को फोन मिलाया। वहाँ से भी यही उत्तर मिला कि लाउडस्पीकर लगाकर ईश्वर की उपासना या उसका गुणगान करना मनुष्य का जन्मसिद्ध अधिकार है।

—जन्मसिद्ध अधिकार है, धर्मसिद्ध अधिकार है! किटकिटाते हुए उन्होंने रिसीवर पटक दिया।

दोपहर के शोर-शराबे में घर के दरवाजे और खिड़कियाँ बंद कर लेने के कारण कीर्तन के स्वरों का अधिक प्रभाव नहीं पड़ा। लाल साहब ने बियर की दो बोतलें चढ़ाईं और भोजन करके सो गए, लेकिन शाम के समय जब उनकी नींद खुली, कीर्तन चल रहा था। उन्होंने दूसरी रात भी चौधरी नईम हैदर के यहाँ बिताने का संकल्प किया, और तैयारी करने लगे। तब तक कालोनी के एक दर्जन आदमियों का एक शिष्टमंडल लाल साहब के यहाँ पहुँचा। सेल्स-टेक्स इंस्पेक्टर बाबू संकटाप्रसाद, सेक्रेटेरिएट में सुपरिंटेंडेंट पंडित शिवराम पांडे, कपड़े के व्यापारी लाला गिरधारीलाल, काँग्रेस कमेटी के सचिव श्री रामाधार आदि।

लाला गिरधारीलाल ने बड़े विनम्र भाव से कहा—लाल साहब, आपसे विनम्र निवेदन है। आपने एक दिन सत्यनारायण की कथा में चंद्रिका महाराज और बाबू चिरंजीलाल का अपमान कर दिया था। आपको याद होगा।

आँखें फाड़कर लाल संजीवनसिंह ने उस शिष्टमंडल को देखा। फिर बोले—मैंने अपमान कब किया था? बेसुरे चंद्रिका दीक्षित के बेसुरेपन की बात कही थी कि उसने गाली दी तो मुझे क्रोध आ गया था।

अब रामाधार यादव बोले—इस अखंड कीर्तन से आप कितने परेशान है, यह हमको मालूम है। हमने चंद्रिका महाराज से कहा तो वह बोले कि अगर लाल साहेब धर्म के संबंध में अपने अपशब्दों पर खेद प्रकट करें तो कीर्तन बंद हो जाए।

लाल साहब भड़क उठे—तो आप लोगों का मतलब है कि मैं उस हरामखोर से माफी माँगूँ?

बाबू संकटाप्रसाद ने लाल साहब को शांत करने का प्रयत्न किया—इस तरह गाली देना आपको शोभा नहीं देता। चंद्रिका महाराज ब्राह्मण हैं, स्टेट बैंक के हेड जमादार हैं।

लेकिन लाल साहब का पारा चढ़ता जा रहा था—वह साला हमारे बाप-दादा के टुकड़ों पर पला है। मैंने उसे अपनी परजा समझकर उसे सर्वेंट क्वार्टर में दो कोठरियाँ दे दी हैं, अब साले की इतनी हिम्मत हो गई कि वह मुझसे माफी मँगवाए। उससे कह दीजिए कि कीर्तन बंद कर देने में ही उसका भला है, वरना मैं उसे उन कोठरियों से निकाल बाहर करूँगा। माफी माँगे मेरी बला, वही मुझसे माफी माँगे। मैं अपने दोस्त चौधरी नईम हैदर के यहाँ जा रहा हूँ। वहीं वह आ जाए। और लाल साहब उठकर चौधरी नईम हैदर के यहाँ रवाना हो गए।

सब लोगों ने एक-दूसरे का मुँह देखा, तभी बाबू चिरंजीलाल आ गए। उन्होंने ही यह शिष्टमंडल भिजवाया था। इस शिष्टमंडल के साथ वह चंद्रिका महाराज के यहाँ पहुँचे। उन्हें सब बातें बतलाई गईं। चंद्रिका महाराज ने कड़क के साथ कहा—देखी कौन ससूर हमें निकालत है आय के, हम आन चंद्रिका महाराज, ई लाल से हम घुटना टिकवाय के रहिबे।

लाल साहब चंद्रिका महाराज की प्रतीक्षा करते रहे, लेकिन वह नहीं आए। सोने से पहले लाल साहब ने चौधरी नईम हैदर से पूछा—चौधरी साहेब, क्या

कव्वाली मुसलमानों का धार्मिक संगीत है?

—सौ फीसदी धार्मिक। क्यों, क्या बात है?

—सोच रहा हूँ कल से एक हफ्ता के लिए अपने घर पर कव्वाली की महफिल कराऊँ। कोई कव्वाल-पार्टी है आपकी नजर में? कितना खर्च लगेगा?

—अरे अर्च-खर्च की बात नहीं। वह जुम्मन कव्वाल अपने ही बावर्ची का बेटा है। पाँच-छह आदमियों की पार्टी है। पचीस-तीस रुपयों पर एक रात के लिए राजी कर दूँगा।

—तो फिर कल शाम से ही वह कव्वाली का प्रोग्राम होना चाहिए।

—जी हाँ, इंतजाम हो जाएगा। लेकिन लाल साहब, कम्यूनल रॉयट हो जाने का खतरा है। उन लोगों की जान की जिम्मेदारी कौन लेगा?

सीना तानकर लाल साहब ने कहा—उनकी जिम्मेदारी मुझ पर! रघुकुल रीति सदा चली आई, प्राण जाय पै बचन न जाई।

दूसरे दिन लाल साहब ने चंद्रिका महाराज पर बेदखली और ट्रेसपासिग का मुकदमा दायर कर दिया। शाम के समय वह कव्वाली की पार्टी लेकर अपने घर लौटे, एक जबरदस्त माइक्रोफोन और उससे भी जबरदँस्त लाउडस्पीकर वह साथ में लेते आए।

रात आठ बजे कीर्तन की पाली बदली और उसी समय लाल साहब के बँगले में कव्वाली का कार्यक्रम शुरू हुआ। कालोनीवालों को थोड़ी देर तक तो यह पता ही नहीं चला कि यह सब क्या और कैसे हो रहा है, और फिर कीर्तन और कव्वाली में घमासान युद्ध छिड़ गया। दोनों लाउडस्पीकर पूरी ताकत के साथ खोल दिए गए। घंटे-दो घंटे तो कालोनीवाले तमाशा देखते रहे, फिर धीरे-धीरे मंदिर के आसपास लोग इकट्ठा होने लगे। करीब बारह बजे रात तक चंदिका महाराज ने चालीस-पचास आदमियों को इकट्ठा किया। लाठियाँ लिए हुए इस भीड़ ने लाल साहब के बँगले को घेर लिया और चंद्रिका महाराज ने कड़े स्वर में आवाज़ लगाई—लाल साहब, यू मुसलमानी कव्वाली बंद करो—भगवान के कीर्तन मां बाधा पड़त आय।

—यह भी खुदा की परस्तिश है! लाल साहब ने बरामदे में निकलकर कहा, और खुदा की परस्तिश मैं करवा रहा हूँ। जो इसमें दखल देगा, उसे जान से हाथ धोना पड़ेगा। और लोगों ने देखा कि लाल साहब के हाथ में रिवाल्वर है और

उनकी बगल में खड़े रामसिंह रावत के हाथ में राइफ़ल है।

चंद्रिका महाराज गरजे—हम ई कौवालन आगाह किए देहत हैं कि इनकी जान की खैर नहीं आय! आपन कल्याण चहत हो तो उलटे पैर अवहीं वापस जाओ, नाहीं तो दंगा हुई जाई।

लाल साहब ने भी आवाज लगाई—कौन साला दंगा करने आया है? ज़रा दंगा करके तो दिखाए? मैं हूँ लाल संजीवनसिंह, और उन्होंने अपने रिवाल्वर से हवाई फायर कर दिया।

भगदड़ मच गई। चंद्रिका महाराज ने बाबू चिरंजीलाल से कहा—बाबू अब कुछ करो।

बाबू चिरंजीलाल ने काँग्रेस कमेटी के सचिव रामाधार यादव से कहा—यादव जी, आन का मामला है।

चिरंजीलाल के साथ रामाधार यादव थाने पहुँचे। खबर एस.एस.पी. को दी गई। गृहमंत्री सो रहे थे। उन्हें जगाया गया। स्थिति भयानक रूप से गंभीर हो गई थी। उसी समय पी.ए.सी. का एक सशस्त्र दस्ता संजीवन कालोनी में तैनात कर दिया गया। रात जैसे-तैसे बीती।

दूसरे दिन सुबह के समय गृहमंत्री स्वयं संजीवन कालोनी में आए। अखंड कीर्तन और कव्वाली में घमासान मचा हुआ था। समस्त कालोनी लाल साहब के विरुद्ध हो गई थी, क्योंकि वह विशुद्ध हिंदू कालोनी थी और वह इस हिंदू कालोनी में मुसलमानों को बुला लाए थे और सांप्रदायिक दंगा करवाने पर तुले हुए थे।

गृहमंत्री ने दोनों ओर के तर्क सुने। बहुत सोच-विचारकर उन्होंने निर्णय दिया—कीर्तन और कव्वाली, दोनों ही भगवान के गुणगान हैं। उन पर प्रतिबंध नहीं लगाया जा सकता। लेकिन इस कालोनी में बाहरवाले लोगों के आने से, विशेष रूप से शुद्ध हिंदू कालोनी में मुसलमानों के आने से शांति भंग हो रही है, इसलिए इन कव्वालों को कालोनी से बाहर कर दिया जाए।

लोगों ने हर्षध्वनि की, चंद्रिका महाराज ने नारा लगाया—गृहमंत्री जिंदाबाद!

अपमानित और पराजित लाल संजीवन ने बड़ी हिकारत की नजर से गृहमंत्री को देखते हुए कहा—आपने कहा है कि कव्वाली और कीर्तन पर कोई प्रतिबंध नहीं लगाया जाएगा, केवल व्यक्तियों पर प्रतिबंध लग सकता है।

गृहमंत्री ने उत्तर दिया—बिलकुल यही बात कही है मैंने।

—तो फिर यह जो कालोनी के बाहर से कीर्तन करनेवाले आए हैं, उनके सबंध में आपको क्या कहना है?

गृहमंत्री ने चंद्रिका महाराज को देखा और चंद्रिका महाराज ने कहा—ई हमार नाते-रिश्तेदार आय। भाई-भतीजा पर तो रोक नहीं लगा सकते हैं?

—ठीक है, लेकिन जो लोग रिश्तेदार न हों, वे भी यहाँ से चले जाएँ, गृहमंत्री ने आज्ञा दी।

लाल साहब ने कव्वालों को विदा किया, चंद्रिका महाराज ने गैर-रिश्तेदारों को। कालोनी के ही चार आदमी अब कीर्तन में शामिल हो गए। अखंड कीर्तन को टूटने के पाप से बचाने के लिए। गृहमंत्री चले गए।

कालोनी के निवासियों ने संतोष की गहरी साँस ली।

लेकिन शाम के समय जंब कीर्तन बाकायदा चल रहा था, लाल साहब के यहाँ कव्वाली का कार्यक्रम आरंभ हो गया। हुआ यह कि दिन में लाल साहब एक दर्जन ग्रामोफोन रेकार्ड खरीद लाए और उन्होंने अपने इलाके से रामसिंह के छोटे भाई श्यामसिंह रावत को बुलवाकर लगातार रिकार्ड बजाने की ड्यूटी पर लगा दिया।

लाल साहब रिवाल्वर लेकर बैठ गए, और लाउडस्पीकर तेज कर दिया गया।

नोट : कल से लगातार तार आ रहे हैं कि कहानी भेजो, तो आज तक की कहानी इतनी ही है—आगे क्या होगा, कहा नहीं जा सकता। इतना तै है कि दंगा नहीं होगा—यह मोर्चाबंदी भी कुछ दिनों की है। सुलह हो ही जाएगी। लेकिन चंद्रिका महाराज पर जो मुकदमा दायर कर दिया गया है, वह बरसों चलेगा।

• • •